Coaching

Paidós Empresa

Últimos títulos publicados:

Coaching

El método para mejorar
el rendimiento de las personas

Sir John Whitmore
y Tiffany Gaskell
Performance Consultants International

PAIDÓS Empresa

Título original: *Coaching for performance 6th edition*, de Sir John Whitmore y Tiffany Gaskell
Publicado por primera vez en Reino Unido por Nicholas Brealey Publishing en 1992, un sello de John Murray Press
Sexta edición publicada por primera vez por John Murray Business en 2024

1.ª edición, febrero de 2026

Diseño de la cubierta: John Murray Press
Adaptación del diseño original: Planeta Arte & Diseño

ISBN: 978-84-493-4490-9
Fotocomposición: Realización Planeta
Depósito legal: B. 67-2026
Impresión y encuadernación en Liberdúplex

Impreso en España – *Printed in Spain*

A todos los facilitadores de cambio en el mundo

SUMARIO

PRIMERA PARTE
EL COACHING ES MÁS QUE COACHING

SEGUNDA PARTE
LOS PRINCIPIOS DEL COACHING

TERCERA PARTE
LA PRÁCTICA DEL COACHING

CUARTA PARTE
COACHING: APLICACIONES ESPECÍFICAS

QUINTA PARTE
CÓMO HACER REALIDAD EL POTENCIAL DEL COACHING

PREFACIO

He tenido el privilegio de contribuir al desarrollo de varias de las empresas más importantes del mundo, primero en el sector de la automoción y más tarde a la cabeza de tres importantes instituciones financieras, como CEO y como presidente. Sin embargo, muy pocas de ellas estaban en una situación estable, y me encontré desde casos de crecimiento acelerado a recuperaciones corporativas que exigían decisiones firmes y urgentes.

El primer recuerdo que tengo de estas experiencias es de éxito, no solo en términos económicos o de mercado, sino también en lo relativo a la creación de organizaciones enérgicas con una vibrante cultura derivada de un liderazgo inteligente y de la liberación de la energía, hasta entonces desaprovechada, de miles de personas en muchos países. El segundo es el desconcierto absoluto al ver por qué se tambalearon algunas empresas y al darme cuenta de que aunque solucionarlo era necesario, no era suficiente; teníamos que asegurarnos de que no volviera a suceder.

Cuando reflexionamos sobre qué es una empresa, tendemos a fijarnos en la estrategia, en el liderazgo del mercado, en los resultados económicos y en el valor para los accionistas. Para ser sincero, aunque todo eso es realista y básico, también es técnico y estéril. Cuando me enfrenté a la enorme complejidad e incertidumbre que supone liderar hacia una senda de éxito a largo plazo, descubrí que una empresa es más que un negocio: es un ecosistema que ejerce un impacto enorme en las personas, en otras empresas, en los gobiernos y en la sociedad en su conjunto.

En las empresas extraordinarias, el liderazgo se basa en principios. Hay una diferencia tangible entre un sistema que se rige por principios y otro que se rige por normas. Los principios defienden el centro de gravedad, o el estado ideal, de lo que se desea realmente. Las normas definen los límites de lo que es aceptable y, en muchos casos, limitan el crecimiento de lo que es posible. Dirigir una organización según normas suele dar lugar a una empresa que opera en los límites de lo pasable, en lugar de desarrollar todo su potencial. Regirse por principios exige contar con una sólida base ética y emocional, así como fijarse en lo que realmente quiere conseguir la empresa a largo plazo. Crea un entorno en el que las personas se sienten inspiradas a aprender, a tener éxito, a crecer y a hacer lo correcto.

En este libro, sir John Whitmore y Tiffany Gaskell revelan con sagacidad cómo usar el coaching para cerrar la brecha entre lo que es meramente pasable y lo que es verdaderamente posible en el rendimiento de las personas y de las organizaciones. Lo que es más, creo, al igual que creía John, que todos y cada uno de nosotros venimos al mundo para aportar algo al planeta a lo largo de nuestra vida. Las personas buscamos sentido a la vida y el modo de hacer nuestra aportación única. Vivimos en una era en que la humanidad y la comunidad son tan importantes como los resultados económicos. Y sobre estos cimientos se construyen una filosofía a largo plazo y principios energizantes.

Las empresas extraordinarias se centran en servir a largo plazo y de manera duradera a todas las partes interesadas, además de obtener resultados económicos superiores. Sus líderes tienen muy claro por qué su gente debe tener una sensación de aventura en su vida laboral, por qué los clientes deben acudir a ellos y no a otros, por qué los proveedores han de darles prioridad, por qué la comunidad ha de confiar en ellos y por qué los inversores deben elegirlos a ellos.

Lo que también hemos de recordar es que es nuestra gente quien atiende a los clientes, quien diseña, construye y distribuye los productos y también quien genera ideas nuevas. Es nuestra gente la que innova y produce resultados, y la que decide dedicar su energía a una visión o a una causa que la trasciende.

Soy banquero, así que entiendo muy bien que las empresas necesiten generar beneficios. Sin embargo, también tengo muy claro que una organización es más que una creación financiera. Una empresa vibrante es más que la suma de sus partes y tiene un propósito más elevado que rige todas sus decisiones. Las empresas que cuentan con un motivo sostenible para existir superan sistemáticamente a las que no.

Los líderes debemos adoptar las medidas necesarias para ganarnos la confianza y el compromiso continuados y sentar así los cimientos de la creación de valor a largo plazo. Nuestras acciones y decisiones han de ser socialmente beneficiosas, culturalmente deseables, éticamente justificables, económicamente factibles, ecológicamente responsables y, sobre todo, convincentes y transparentes. En última instancia, es nuestra mentalidad interna y nuestro estilo de liderazgo externo lo que determina lo viva y enérgica que es nuestra organización y el grado de compromiso con su propósito.

Nuestra responsabilidad, en tanto que líderes, es crear para nuestra gente una aventura emocionante, pero segura. Cómo se sienten las personas que trabajan en una organización y cuál es su grado de pasión y compromiso con esta es lo que marca la diferencia entre las buenas empresas, las empresas magníficas y las empresas extraordinarias. Tiffany Gaskell se ha unido como coautora en esta sexta edición de *Coaching*. Lideró la importante revisión de la quinta edición, que conmemoró el 25.º aniversario del libro, antes de que John falleciera. Ahora, como Co-CEO de Performance Consultants, ha tomado el testigo de John y prosigue su trabajo en todo el mundo. Este libro desmonta los mitos que rodean al coaching y explica qué hace falta para generar un alto rendimiento. Los líderes y los empleados de todo el mundo podemos considerarnos realmente afortunados de poder beneficiarnos del impacto duradero que ejercen sobre nuestras vidas profesionales.

JOHN MCFARLANE
Expresidente de Barclays plc,
Expresidente de TheCityUK,
Expresidente de Aviva

PRÓLOGO

La sexta edición de *Coaching* es una guía de valor incalculable para el crecimiento personal y profesional mediante el coaching. El énfasis en integrar el cambio, el *feedback*, la acción y la responsabilidad personal ofrece un marco sólido para quienes desean obtener los máximos beneficios del coaching ejecutivo. Esta obra es la piedra angular del desarrollo del liderazgo y seguirá inspirando a coaches profesionales, a líderes que aplican habilidades de coaching, a clientes de coaching, a personas que sienten curiosidad acerca del coaching e incluso a los escépticos.

En la actualidad, hay más de 100.000 coaches profesionales en todo el mundo, entendiendo como a tales a personas formadas como coaches y que obtienen más del 50 por ciento de sus ingresos ejerciendo como coaches. La International Coaching Federation (ICF), de la cual soy directora general, se enorgullece de contar con miembros en más de 170 países. Es verdaderamente global y no deja de expandirse.

Cada vez son más las personas que conocen el coaching profesional, sobre todo si hablamos de directivos jóvenes al comienzo de sus carreras profesionales. Ahora, ya no se considera al coaching una herramienta para remediar algo que no funciona como debiera, sino que es motivo de orgullo y una señal de que la empresa invierte en sus empleados. El coaching es una inversión en el crecimiento y en el futuro. Sí, exige un compromiso de tiempo y dinero, pero la rentabilidad que ofrece es exponencial.

Las personas que participan en procesos de coaching suelen referir que están satisfechas o muy satisfechas con los resultados y que repetirían la experiencia si tuvieran la oportunidad de hacerlo. Las organizaciones con una cultura de coaching sólida cuentan con empleados mucho más comprometidos y obtienen mejores resultados financieros. Además, los *millennials* esperan poder acceder a procesos de coaching a medida que crecen y avanzan en sus carreras profesionales.

¿Por qué coaching profesional? ¿Por qué ahora? ¿Y por qué a una escala tan grande?

La investigación de la ICF ha hallado una clara relación entre el uso de habilidades de coaching y la relación profesional entre el directivo o líder y los miembros de su equipo:

- Las personas que recibieron coaching refirieron que se sintieron apoyadas, respetadas, atendidas y valoradas, que sentían que se confiaba en ellas y que se las trataba como a iguales.
- Consideraban importante que su jefe o líder confiara en ellas, y esa confianza se asociaba a la sensación de empoderamiento.

El estudio también reveló el alcance del desarrollo de los miembros del equipo:

- En todos los grupos hubo menciones frecuentes a jefes y líderes que retaban a sus miembros para que desplegaran todo su potencial y que fomentaban la autoconciencia y la introspección. Estos equipos rendían muy por encima del promedio.
- Otras respuestas recurrentes aludían a jefes y líderes que facilitaban el aprendizaje, ofrecían *feedback* constructivo, ayudaban a desarrollar habilidades de pensamiento crítico y ofrecían oportunidades de formación. Una vez más, estos equipos lograban o superaban sus objetivos.

Por lo tanto, podemos ver que existe una fuerte correlación entre una mentalidad de liderazgo basada en el coaching y la mejora de los resultados. Tiffany Gaskell, codirectora ejecutiva de Performance Consultants, ha incluido en esta sexta edición de *Coaching* ejemplos de ello basados en el trabajo de su empresa.

En palabras de Sir John Whitmore, el cofundador del modelo GROW: «El coaching libera el potencial de la persona para que pueda alcanzar su máximo rendimiento y la ayuda a aprender en lugar de enseñarle». ¡Y lo dijo hace cuarenta años! John fue un verdadero visionario que vio cómo el coaching profesional se convertía en un fenómeno global, para la mejora de las personas, las organizaciones y el planeta.

Tuve el placer, el honor y el privilegio de conocer a John y de conversar con él en varias ocasiones. Mi momento más preciado fue durante un viaje a Estambul (Turquía). Nos invitaron a hablar en la misma conferencia y compartimos el taxi que nos llevó a la sede. Si has estado en Estambul alguna vez, sabrás que todas las historias sobre el tráfico denso y los largos trayectos son ciertas; para mí fue una gran suerte: me permitió mantener una conversación maravillosa y disfrutar de un tiempo privado con uno de los pensadores más reconocidos y respetados en la profesión del coaching.

Yo era una relativa recién llegada al mundo del coaching, y John, que nunca fue tímido a la hora de compartir sus opiniones, me ayudó a comprender el poder transformador del coaching y el impacto que puede llegar a tener. La responsabilidad y la rendición de cuentas del coach. El equilibrio de la interacción en la relación de coaching. Los derechos del cliente y del coach. El impacto del coaching.

El mundo actual se caracteriza por el cambio constante y, ahora, el liderazgo es tanto una oportunidad como un desafío. Los líderes se ven sometidos al escrutinio y se espera de ellos que tengan un impacto a largo plazo; en consecuencia, han de ser capaces de adaptarse a condiciones sociales y económicas cambiantes al tiempo que mantienen su integridad. Una experiencia que puede ser aterradora y solitaria. Cuando se encuentran ante una encrucijada, necesitan todo el apoyo posible para tomar la decisión acertada y estar dispuesto a asumir las consecuencias. Y es aquí donde el coaching puede ser útil, tanto si se trata de recibirlo como de adoptar un estilo de liderazgo basado en el coaching.

En pocas palabras, el coaching empodera. Ser coach empodera; recibir coaching empodera. Aplicar los aprendizajes y percepciones que provienen del coaching empodera.

El coaching es transformador y se orienta al crecimiento. Crea oportunidades que superan lo que al principio parecía posible. Y, sin embargo, para obtener todos los beneficios del coaching profesional, nos hemos de abrir él; en otras palabras, hemos de ser *coacheables*.

Coaching proporciona una base para todo el que quiera comprender el potencial y el poder del coaching. La sexta edición es una lectura tan obligada como deseada; incluye actualizaciones, casos de estudio potentes y evidencias empíricas de que el coaching marca la diferencia, ejerce un impacto duradero y transforma sociedades.

Espero que disfrute de este libro tanto como lo he disfrutado yo.

MAGDALENA NOWICKA MOOK
CEO, International Coaching Federation

NOTA PARA LOS LECTORES

Este libro se dirige a dos tipos de público: líderes y coaches (y a aquellos que aspiran a ser lo uno o lo otro, o ambas cosas). Veamos qué queremos decir con esto.

Cuando hablo de líderes, nos referimos a líderes de personas y a gerentes en organizaciones. Para ellos, este libro es un manual que les permitirá desarrollar su propio estilo de liderazgo de alto rendimiento. Por lo general, los líderes no quieren convertirse en coaches certificados, pero saber cómo liderar con un estilo de coaching que libera potencial y proporciona el más alto rendimiento es una habilidad que cada vez se enseña más en todo el mundo. Este es el ámbito en el que Performance Consultants fue pionero y que sigue liderando aún hoy. Efectivamente, es el camino que lleva a la nueva generación de líderes y al nuevo tipo de liderazgo que corresponde al siglo XXI y al que llamamos liderazgo transformacional. Nuestra ambición es que el liderazgo transformacional se convierta en el estándar de liderazgo global y sustituya a los antiguos hábitos que no permiten que las personas desplieguen todo su potencial. Ya no bastará con que un líder sea un técnico brillante. También deberá ser capaz de facilitar el potencial y el rendimiento de quienes lo rodean. A medida que cada vez más organizaciones y los líderes de estas adopten este nuevo estándar, se convertirán en la plataforma a partir de la cual las personas pueden desplegar todo su potencial, y la relación entre las organizaciones y las personas evolucionará y se transformará en una verdadera simbiosis.

Cuando hablo de coaches, nos referimos a personas que ofrecen sesiones formales de coaching en organizaciones, que normalmente reciben el nombre de coaching ejecutivo, coaching individual o coaching para mejorar el rendimiento, un término que sir John Whitmore y sus colegas acuñaron a finales de la década de 1970. Este grupo abarca coaches internos (empleados de la organización a jornada completa) y coaches externos (ajenos a la organización, que los contrata para programas concretos). Creemos que es crucial que este grupo de personas aprendan a ejercer el coaching en el contexto de las organizaciones, porque es ahí donde trabajarán. Por eso, nuestra certificación Coaching for Performance incluye las herramientas clave que usamos en nuestro trabajo con organizaciones de todo el mundo. Ser coach también consiste en combinar la magia del coaching con los engranajes de la empresa, para crear una experiencia absolutamente potente, tanto para la organización en su conjunto como para el coachee individual.

A lo largo del libro utilizamos el término «coach» para referirnos tanto al líder como al coach, porque las organizaciones y los líderes con los que trabajamos suelen adoptar el término de «líder coach» para expresar que practican un tipo de liderazgo o de gestión absolutamente distinto y que lleva sus habilidades a un ámbito totalmente nuevo. Hemos escrito el capítulo 15 específicamente para coaches externos e internos, y explicamos cómo combinar todas las habilidades y llevar a cabo una sesión formal de coaching. Cuando hablamos de habilidades específicas que solo se aplican a líderes o a coaches, lo indicamos explícitamente en el texto.

En aras de la sencillez, utilizamos el término «coachee» para referirnos a la persona receptora del proceso de coaching, ya se trate de un compañero, de un miembro del equipo, de un líder o de un coachee en una sesión formal de coaching.

El coaching que se enseña en este libro es de gran calidad, en tanto que los principios y la calidad son fundamentales. Los ejemplos de diálogos en el puesto de trabajo pretenden reflejar el grado de coaching que se exige a un coach certificado por la ICF. Los líderes acostumbrados a otro estilo plantean con frecuencia preguntas del tipo: «¿Cuándo se lo digo?». En lugar de responder a esa pregunta ahora, le invitamos a que juegue con las herramientas que se describen en el libro y a que vaya desarrollando su competencia con ellas. De este modo, descubrirá su propio estilo de liderazgo. A los líderes con los que trabajamos les resulta útil explicar a sus colegas que están desarrollando sus habilidades de liderazgo y que están probando cosas nuevas para suscitar comprensión y apoyo en relación con el cambio en las conductas que observarán más adelante.

Tanto si es un líder en una organización como un coach que quiere ejercer el coaching en organizaciones, este libro es para usted.

INTRODUCCIÓN

La pandemia por COVID-19 puso en el punto de mira la relación entre las organizaciones y sus empleados y, tal y como se hizo evidente con la Gran Renuncia, las organizaciones no estuvieron a la altura. Ver que nuestra vida corría peligro hizo que nos diéramos cuenta de algo que parecía que se nos había olvidado a todos: que la vida es preciosa y que cada minuto cuenta. Esto significa algo distinto para cada persona en el contexto del trabajo, pero la investigación ha demostrado que, por lo general, se divide en tres categorías: la primera, y principal, sentir que podemos hacer una aportación significativa en nuestro trabajo; la segunda, encontrar sentido y propósito en lo que hacemos; y la tercera, estar alineados personalmente con los valores, la visión y la misión de la organización en la que trabajamos. De hecho, los *millennials* ya iban por delante en ese sentido: habían comenzado a redefinir la relación entre las organizaciones y sus empleados. Antes de la pandemia, ya habíamos visto esta tendencia en las mentes más brillantes que se licenciaban en la universidad y que, en lugar de competir para conseguir entrar en empresas de valor seguro y consolidadas como Goldman Sachs, soñaban con entrar en Google, Meta o empresas similares, organizaciones que hacían las cosas de otra manera y que se comprometían a ofrecer a sus empleados una trayectoria valiosa y emocionante.

En 2017, cuando escribimos la quinta edición de este libro, explicamos que la siguiente evolución del mundo empresarial consistiría en la reconexión de las organizaciones con su propósito, con su razón de ser. Al fin y al cabo, ¿no es el fin de todas las empresas satisfacer una necesidad? Por supuesto, no teníamos idea de que una pandemia global aceleraría esta evolución. Nuestra comprensión ha avanzado a pasos agigantados, mientras que la demanda de las habilidades que describimos en este libro y que enseñamos a nivel mundial ha crecido exponencialmente. Al leer o escuchar este libro, adquirirá una nueva conciencia de lo que es posible a través del coaching y aprenderá habilidades valiosas que podrá aplicar de inmediato. Si desea ir más lejos en este sentido, encontrará opciones para ello en <**performanceconsultants.com**>.

La profesión de coaching le debe a sir John Whitmore una enorme deuda de gratitud por el trabajo extraordinario que llevó a cabo. La última edición se terminó poco antes de su fallecimiento, lamentado por muchos. Vivió una vida notable y ahora, como coautora en el título, deseo agradecerle personalmente que encendiera la antorcha y nos la cediera. Siento que John me acompaña mientras trabajo en el libro. Su voz sigue muy presente en cada capítulo. Su visión, filosofía y metodología han inspirado a millones de líderes y coaches (como, por ejemplo, yo) a sacar lo mejor de sí mismos y de los demás. Este libro es una parte importante de su legado. Ha vendido más de un millón de copias, se ha traducido a más de veinte idiomas y sigue siendo el libro de coaching de referencia en todo el mundo.

Siempre fue nuestra intención que *Coaching* fuera el libro imprescindible para coaches, líderes y organizaciones enteras que deseen crear culturas de alto rendimiento. Hace cuatro décadas, John identificó que las empresas eran una fuerza potencial para el bien, así como impulsoras de la evolución humana. Vio una oportunidad para unir el propósito individual y el organizativo en beneficio de las personas, de los resultados económicos y del planeta (la famosa triple cuenta de resultados), y esta sigue siendo la fuerza motora que impulsa el trabajo de Performance Consultants International, que mi marido David Brown y yo cofundamos junto a John.

En nuestro trabajo, colaboramos con nuestros clientes para sacar a la luz las capacidades latentes de sus empleados y crear una cultura que coloque la conciencia y la responsabilidad personal en el corazón de la organización. Performance Consultants puede demostrar que aplicar nuestra filosofía, estructura y herramientas consigue un rendimiento de la inversión promedio del 800 por ciento, por el impacto que el cambio de conducta ejerce sobre la cuenta de resultados. A lo largo del libro, compartiremos ejemplos de estas transformaciones y de las mejoras resultantes en el rendimiento, inclusive el de la cuenta de resultados.

Tal y como afirma McFarlane en el prólogo, cada vez hay más personas que buscan sentido y propósito en el trabajo, una aventura emocionante pero segura que merezca que le dediquen sus vidas. La transformación que McFarlane lideró en el banco ANZ sigue siendo el modelo de lo que se puede conseguir si facilitamos que las personas conecten con el sentido y el propósito de su trabajo. Liberó el potencial de 35.000 empleados y ANZ pasó de ocupar la última posición a ser el primero en términos de satisfacción del cliente. Las empresas pueden conseguir muchísimo si invierten en lo que ya tienen: personas. El coaching desempeña aquí un papel fundamental, como veremos en el libro.

Se estima que, de los 8.000 millones de personas que habitan en el mundo, unos 3.300 millones están empleadas. El *State of the Global Workplace Report* de Gallup en 2023 (el estudio más amplio de su tipo) concluyó que el 77 por ciento de los trabajadores no están comprometidos con su organización. En el Reino Unido, esa proporción asciende al 90 por ciento. Un estudio pionero del Chartered Management Institute y de YouGov muestra una preocupación generalizada por la calidad de los directivos y describe al 82 por ciento de los nuevos directivos como «accidentales», es decir, sin formación formal que los ayude a tener éxito. Casi una tercera parte de los trabajadores del Reino Unido dicen que han dejado un trabajo debido a una cultura laboral negativa. Las razones citadas incluyen una relación negativa con un jefe (28 por ciento) y discriminación o acoso (12 por ciento). Es una descripción demoledora del estado del lugar de trabajo global. Claro que también representa una oportunidad: ¿y si pudiéramos comprometer de nuevo a los empleados de todo el mundo y aprovechar todo ese potencial?

Ahora es un momento histórico que requiere del ingenio colectivo para dar respuesta a los desafíos globales que enfrentamos. Mientras escribimos, el Departamento de Defensa de Estados Unidos informa de que el cambio climático es la principal amenaza para la seguridad nacional y para la estabilidad en el exterior. Los crecientes fenómenos meteorológicos extremos, los incendios forestales y la apertura de rutas marítimas en el Ártico están ejerciendo presión sobre los recursos naturales y creando vulnerabilidades y disrupciones sociales y económicas a largo plazo. Otras preocupaciones principales para el Departamento de Defensa estadounidense son los ciberataques y la inestabilidad global provocada por Rusia y China. Ya somos testigos de desplazamientos de personas y de crisis humanitarias consecuencia de las guerras y las hambrunas. Jamie Dimon, director ejecutivo de JPMorgan Chase, advierte que nos podríamos estar enfrentando «al momento más peligroso que el mundo ha visto desde hace décadas». Explica que la guerra en Ucrania y los ataques de octubre de 2023 en Israel por parte de Hamas podrían ejercer «impactos de gran alcance en los mercados de la energía y los alimentos, el comercio global y las relaciones geopolíticas». Por último, el desarrollo de las tecnologías de inteligencia (IA) avanza a una velocidad vertiginosa y se empiezan a alzar voces que llaman a una estrategia coordinada para contenerlas. En resumen, la evolución humana debe igualar los cambios científicos, tecnológicos y planetarios que estamos presenciando y que hemos generado.

Ya vislumbramos destellos de interdependencia y de colaboración con el desarrollo de una vacuna durante la COVID-19. Necesitamos volver a encontrar eso en nuestro interior y recordar que la situación requiere una mentalidad que no se base en el «nosotros contra ellos», sino en el «estamos juntos en esto», porque trabajar juntos y aprovechar el extraordinario potencial humano nos permitirá obtener los mejores resultados posibles. La humanidad necesita con urgencia un nuevo paradigma de liderazgo, que presentamos en este libro y que creará una nueva forma de trabajar de manera interdependiente.

Cuando John escribió la primera edición en 1992, fue uno de los primeros libros dedicados específicamente al coaching, y el primero en abordar el coaching en el lugar de trabajo; desde entonces ha servido para definir el coaching en todo el mundo. Sin embargo, ha logrado mucho más que eso: ha inspirado a empresas de todo el planeta a adoptar el coaching. Este libro se ha escrito para esos lectores, para quienes quieren aplicar el coaching en las organizaciones, tanto si son líderes como si son coaches. Originalmente, su objetivo era definir y asentar los principios básicos del coaching antes de que demasiada gente se subiera al incipiente carro sin entender plenamente la profundidad psicológica y el alcance potencial del coaching, o su encaje en el contexto social más amplio. Si no se entiende esto, resulta demasiado fácil distorsionar la metodología fundamental, la aplicación, el propósito y la reputación del coaching.

Coaching se convirtió en el libro definitivo sobre la metodología del coaching para líderes, departamentos de recursos humanos y escuelas de coaching de todo el mundo y, ahora, a pesar de que son muchos los excelentes libros que han ampliado este campo de conocimiento, la mayoría suscriben un conjunto de principios comunes. La profesión del coaching se ha extendido y ha madurado más allá de cualquier expectativa, y superó los problemas y las dificultades de crecimiento con dignidad y con poco sufrimiento. Cuando fundamos Performance Consultants a principios de la década de 1980, éramos uno de los escasos proveedores de coaching en Europa. Ahora hay más de mil empresas de coaching y más de diez mil coaches certificados en Europa que ejercen en organizaciones empresariales, educativas, sanitarias, sin ánimo de lucro, gubernamentales y dedicadas a cualquier otra actividad imaginable. Y, por nuestra parte, Performance Consultants ha ampliado sus actividades a 40 países de todo el mundo.

Cada vez hay más asociaciones profesionales de coaches y es gratificante comprobar que, en su mayoría, cooperan en lugar de competir entre sí. Se acuerdan y se controlan acreditaciones, cualificaciones, estándares y principios éticos sólidos de un modo responsable y gracias en gran medida a la International Coaching Federation (ICF) y otras organizaciones acreditativas de coaching. El coaching ha pasado de ser una industria de estar por casa a convertirse en una profesión respetada con varias publicaciones periódicas dedicadas a ella. La intención de Performance Consultants es seguir defendiendo la profesionalización del sector. Ahora que cedo el testigo a mis colegas más jóvenes para que lideren el coaching en organizaciones, reconozco que aún queda mucho camino que recorrer, pero estoy encantado con el que ya hemos recorrido y con la diferencia que hemos marcado en las organizaciones. Prueba de ello es que este libro se ha traducido a más de veinte idiomas, como el japonés, el chino, el coreano, el ruso y la mayoría de los idiomas europeos, como el español.

Una advertencia: la mala práctica del coaching supone el riesgo de que se malinterprete, se perciba erróneamente o se descarte como algo que en realidad no es nuevo ni distinto o que no consigue cumplir lo que promete. Mi intención es que este libro ponga las cosas en su sitio y elimine las malas hierbas, describiendo e ilustrando qué es el coaching en realidad y explicando las raíces psicológicas que lo sustentan, para qué puede utilizarse y cómo crear el estilo de liderazgo definitivo para impulsar medidas razonables que mejoren el rendimiento.

¿QUÉ NOVEDADES APORTA ESTA EDICIÓN?

El propósito de cada nueva edición es actualizar y renovar este libro para mantenerlo a la vanguardia de la profesión de coaching y del desarrollo del liderazgo. La sexta edición es el resultado de aún más años de experiencia en coaching, pero también, y más importante, del estudio de las tendencias evolutivas de las actitudes, las creencias y las conductas humanas, y de la propia conciencia. Es un reflejo de los avances en este campo y del proceso de maduración de la industria del coaching. Expone las razones por las que todas las organizaciones deberían adoptar una nueva forma de hacer las cosas, explica por qué el coaching es central en ello y presenta por qué supone una victoria triple para las personas, el planeta y la cuenta de resultados.

Generar un alto rendimiento

Quizá decir que *Coaching. El método para mejorar el rendimiento de las personas* se centra en cómo generar un alto rendimiento parezca una obviedad. Sin embargo, a lo largo de toda esta edición quiero destacar que los principios del coaching mejorarán el rendimiento en cualquier actividad sobre la que se apliquen. Cuando hablamos de rendimiento, nos referimos al resultado que se obtiene al reducir las interferencias y aumentar el potencial.

Esto queda plasmado en una tabla actualizada que describe las cuatro fases del desarrollo de la organización, en el capítulo 2. Ahora, refleja los datos obtenidos a partir de las respuestas de más de 10.000 participantes en Impact, nuestra encuesta de liderazgo 360 grados.

Actividades prácticas, estudios de caso y diálogos de muestra

Vista la popularidad de las «conversaciones de coaching» de la quinta edición, hemos añadido «conversaciones de coaching» a los capítulos relativos al modelo GROW. Estas muestras de conversaciones de coaching proceden de la amplia experiencia que mis colegas en Performance Consultants y yo misma hemos acumulado en nuestro trabajo con organizaciones de todo el mundo y con los miles de personas que han participado en nuestros programas durante los años que han transcurrido desde la primera publicación del libro.

También compartimos ejemplos y estudios de caso nuevos y extraídos de una amplia variedad de sectores y países, e incluimos referencias a artículos recientes. Todo ello confirma que el coaching genera un alto rendimiento y muestra la aplicación práctica de un estilo de coaching en el liderazgo cotidiano.

GROW como marco de referencia para el feedback

Hemos reformulado completamente el capítulo sobre «Voluntad» para ampliar nuestra visión del GROW como marco de referencia para el *feedback*, un elemento crucial para el alto rendimiento. Muchas organizaciones desean centrarse en la mejora y el aprendizaje continuados y alejarse de los enfoques tradicionales de la gestión del rendimiento. Cuando explicamos a sus líderes cómo pueden usar GROW como marco de referencia para el *feedback*, se muestran agradecidos y aliviados, porque aplica el enfoque del coaching y trasforma las conversaciones de *feedback* en conversaciones en las que se comparten puntos de vista y aprendizajes, en lugar del «Te voy a decir todo lo que has hecho mal» que sigue dominando en muchos lugares de trabajo.

Cómo medir el impacto de los líderes y la cultura de la organización

El coaching, como la educación, la motivación y la gestión, se ha de mantener al día del desarrollo psicológico y de la comprensión de cómo las personas pueden dar lo mejor de sí mismas. Llevamos años proclamando el extraordinario impacto que el coaching ejerce en el lugar de trabajo y que el coaching lleva al rendimiento óptimo. Con este libro, ofrecemos a los líderes la oportunidad de completar una encuesta de liderazgo gratuita con la que descubrirán el tipo de cultura y el nivel de desempeño que permite su estilo de liderazgo. Los coaches pueden pasar esta encuesta de liderazgo a clientes individuales y usarla como punto de partida del proceso de coaching. Al final de la relación de coaching, la pueden repetir. En Performance Consultants, partimos de la base de que es necesario que los líderes tomen conciencia del tipo de líder que son y de la cultura que crean antes de poder crecer y convertirse en los mejores líderes que pueden llegar a ser. Siempre hay un desfase temporal entre lo que se sabe en algunos círculos y su adopción generalizada. Nuestro ideal es que las organizaciones midan su cultura y la gestionen activamente. Para ello, nuestros clientes utilizan nuestro Leadership Impact Survey como referencia para el desarrollo del liderazgo y la transformación cultural. Si desea hacerlo también en su organización, visite <**performanceconsultants.com/solutions**>.

Una nueva visión de la jerarquía de las necesidades de Maslow

La «Gran Renuncia» que presenciamos después de la COVID-19 anunció el mayor cambio en las dinámicas laborales desde la Revolución Industrial. Es necesario que entendamos la urgencia de la necesidad de rediseñar la relación entre empleador y empleado. La posibilidad del trabajo híbrido, flexible o remoto significa que los jefes y directivos a quienes les gusta supervisar de cerca el trabajo de las personas ya no pueden hacerlo. A esta pérdida de control del rendimiento se ha sumado un contexto general de incertidumbre e imprevisibilidad. Nuestra respuesta ha sido reinterpretar la Pirámide de Maslow, y proponemos que ahora están emergiendo «necesidades secundarias». Estas necesidades reflejan los avances clave de nuestro tiempo, como la mayor comprensión de la seguridad psicológica, de cómo una fuerza laboral diversa e inclusiva genera mejores resultados y de la necesidad de que la resiliencia forme parte integral de la cultura.

¡A POR ELLO!

Por atractivas que puedan resultar las afirmaciones de *El ejecutivo al minuto*, en el mundo de la empresa no hay soluciones rápidas. El buen coaching es una habilidad, incluso un arte, que exige una comprensión profunda y mucha práctica para poder liberar su asombroso potencial. En este libro le mostraré por qué el coaching es clave para crear una cultura de alto rendimiento y cómo conseguirlo. Leer el libro no lo convertirá en un coach experto, pero sí que será un buen punto de partida y le ayudará a reconocer el enorme valor y el potencial del coaching, y quizá le lleve a emprender un viaje de autodescubrimiento que ejerza un profundo impacto tanto en usted como en el éxito de su organización, de su práctica deportiva y de otras habilidades, así como en la calidad de sus relaciones con los demás, en el trabajo y en casa.

Tal y como sucede con cualquier habilidad, actitud, estilo o creencia nuevos, adoptar un espíritu de coaching exige compromiso, práctica y tiempo antes de que pueda fluir de forma natural y alcanzar su eficacia óptima. A algunos les resultará más fácil que a otros. Si el coaching ya es su estilo, este libro le puede ayudar a llevar lo que ya hace a niveles nuevos o proporcionar una base más sólida para hacerlo de un modo más intuitivo. Si no ha sido su estilo hasta ahora, el libro le puede ayudar a adoptar nuevas maneras de pensar acerca del liderazgo, del rendimiento y de las personas, y que le ofrezca algunas directrices de coaching que le permitan empezar a practicarlo. Con frecuencia nos preguntan qué se puede hacer para mantener y mejorar las habilidades de coaching. La respuesta es siempre la misma: practicar, practicar y practicar, pero con una conciencia mayor de uno mismo y de los demás, así como con un compromiso con el desarrollo personal continuado.

No hay una única manera correcta de practicar el coaching. Este libro no es más que un compañero que le ayudará a decidir a dónde quiere ir y le mostrará algunos de los caminos que pueden llevarle a su objetivo. Será usted quien tendrá que explorar el territorio, porque nadie más que usted puede empezar a cartografiar la infinita variedad del paisaje de las interacciones humanas de su vida. La riqueza de ese paisaje puede transformar el coaching y el liderazgo en una forma de arte personal única con la que decorar, valorar y disfrutar su lugar de trabajo.

Las personas pueden evolucionar y transformar sus puestos de trabajo y sus vidas si deciden embarcarse en un proceso de desarrollo personal. Por su parte, las organizaciones pueden evolucionar y transformar los puestos de trabajo y las vidas de su gente si deciden embarcarse en un proceso de desarrollo que abarque a toda la organización. En la práctica, el proceso de coaching fomenta la evolución en cada etapa, porque la evolución procede del interior y jamás puede enseñarse desde una postura prescriptiva. El coaching no consiste en absoluto en enseñar, sino en crear las condiciones necesarias para el aprendizaje y el crecimiento personal. ¡A por ello!

Primera parte

EL COACHING ES MÁS QUE COACHING

1
¿QUÉ ES EL COACHING?

El coaching se centra en las posibilidades
del futuro, no en los errores del pasado.

A pesar de la existencia de organizaciones profesionales como la International Coaching Federation (ICF), que cuenta con miembros en 170 países, buscar la definición inglesa de *coach* o *coaching* en la página web de Oxford Dictionaries no le ayudará a saber a qué se dedica esa gente. En la definición del primer término, normalmente le hablarán de autocares, carruajes, vagones de tren y viajes en general. Otras definiciones le remitirán a entrenamientos deportivos, clases particulares y clases de refuerzo. Quizá le sorprenda saber que la primera es la que más se acerca a lo que nos interesa. El coaching tiene todo que ver con un viaje y nada en absoluto con enseñar o instruir. Se ocupa tanto, si no más, de cómo se hacen las cosas como de qué cosas se hacen. En gran medida, los resultados del coaching se deben a la potencia de las relaciones colaborativas que crea, así como al medio y al estilo comunicativo que emplea. El coachee recaba información y desarrolla habilidades y conductas nuevas, pero no porque alguien se lo diga o se lo enseñe, sino porque lo descubre por sí mismo, en su interior, estimulado por el proceso de coaching. Por supuesto, el objetivo de mejorar el rendimiento es fundamental, y este libro revela la mejor manera de conseguirlo y mantenerlo.

EL JUEGO INTERIOR

Antes de que compartamos cómo definimos nosotros el coaching, echaremos un vistazo al nacimiento del coaching moderno. Es muy posible que Timothy Gallwey fuera el primero en demostrar, hace ya más de cuarenta años, un método de coaching tan sencillo como completo. Este pedagogo de Harvard y experto en tenis lanzó el guante en 1974 con un libro titulado *El juego interior del tenis* al que siguieron rápidamente *Inner Skiing* («El juego interior del esquí») y *El juego interior del golf*.

Utilizaba el término *interior* para aludir al estado interno del jugador. En sus propias palabras: «El oponente que habita en la cabeza del propio jugador es más formidable que el que hay al otro lado de la red». Cualquiera que haya tenido uno de esos días en que no hay manera de hacer nada a derechas en la pista sabe bien a qué se refería Gallwey, que también afirmó que si el entrenador (*coach*, en inglés) pudiera ayudar al jugador a eliminar o a reducir los obstáculos internos de su rendimiento, este descubriría una capacidad natural e inesperada de aprendizaje y desempeño, y ya no necesitaría de una gran aportación técnica por parte del entrenador.

LA ECUACIÓN DEL JUEGO INTERIOR

Para ilustrarlo, cuando Gallwey publicó *El juego interior del trabajo* en el año 2000, incluyó la «ecuación del juego interior» que, con el beneficio que nos da la experiencia, ahora podemos ver que sintetiza a la perfección el objetivo del coaching moderno:

$$\text{Rendimiento} = \text{potencial} - \text{interferencias}$$
$$R = p - i$$

El objetivo común del juego interior y del coaching es mejorar el rendimiento (R) aumentando el potencial (p) y reduciendo las interferencias (i).

Los obstáculos internos suelen ser más intimidantes que los externos.

Cuando los libros de Gallwey se publicaron por primera vez, pocos entrenadores, instructores o profesionales se mostraron demasiado dispuestos a creer las ideas que presentaban, y mucho menos a adoptarlas, aunque los jugadores los devoraron con ansia y los convirtieron en un éxito de ventas atronador. Los profesionales se sentían amenazados porque creían que Gallwey quería poner patas arriba la enseñanza del deporte y minar su ego, su autoridad y los principios en los que tanto habían invertido. Aunque en cierto modo era así, sus temores exageraron sus fantasías acerca de las intenciones de Gallwey. No los amenazaba con llevarlos al paro, sino que les sugería un cambio de filosofía que les permitiría aumentar su eficacia.

LA DEFINICIÓN DEL COACHING

En vista de ello, se puso de manifiesto que Gallwey había dado de lleno en la esencia del coaching. De hecho, la definición de coaching de sir John Whitmore describe el juego interior y todo lo que representa: **el coaching consiste en liberar el potencial de las personas para que puedan llevar su rendimiento al máximo.** Trata de ayudarlas a aprender en lugar de enseñarles. Al fin y al cabo, ¿cómo aprendimos a caminar? ¿Nos enseñaron nuestros padres? La enseñanza entorpece la capacidad natural e innata del aprendizaje.

La idea no era nueva, puesto que Sócrates ya había hablado de ello hacía dos milenios, pero, de algún modo, su filosofía acabó perdiéndose en la vorágine del reduccionismo materialista de los últimos dos siglos. El péndulo ha vuelto a oscilar hacia el otro lado y el coaching, si no Sócrates, está aquí para quedarse durante un par de siglos o tres. Los libros de Gallwey coincidieron, además, con la aparición de un modelo psicológico de la humanidad más optimista que la anterior perspectiva conductista según la cual somos poco más que recipientes vacíos en los que todo debe verterse. El nuevo modelo sugería que nos parecemos más a las bellotas y que cada uno de nosotros esconde en su interior el potencial necesario para convertirse en un roble magnífico. Necesitamos alimento, aliento y luz para crecer, pero la capacidad de convertirnos en roble se halla en nuestro interior desde el principio.

Si aceptamos este modelo, que ya solo cuestionan unos pocos, debemos replantearnos la manera en que aprendemos y, aún más importante, la manera en que enseñamos e instruimos. Lamentablemente, cuesta mucho cambiar de hábitos y los antiguos métodos persisten a pesar de que la mayoría conozcamos sus limitaciones. Quizá sea más difícil dejar de instruir que aprender a acompañar como coach.

Y seguimos con la analogía de la bellota. Los brotes de roble que crecen a partir de bellotas en la naturaleza desarrollan rápidamente una finísima raíz central que se encarga de buscar agua. Puede alcanzar hasta un metro de profundidad, mientras que el brote quizá no supere ni los treinta centímetros. Cuando se cultivan con fines comerciales en viveros, la raíz tiende a enrollarse en el fondo de la maceta y se rompe cuando el brote se trasplanta, por lo que su desarrollo se retrasa significativamente hasta que crece otra. No se protege la raíz el tiempo suficiente y la mayoría de los cultivadores ni siquiera saben de su existencia o finalidad.

Cuando el jardinero sabio trasplanta un brote, desenrosca cuidadosamente la frágil raíz, la sujeta por la punta y la entierra desenrollada en un hoyo largo y vertical, con la ayuda de una barra metálica. El breve tiempo invertido en este proceso al principio de la vida del árbol garantiza su supervivencia y permite que se desarrolle más rápidamente y que crezca más fuerte que sus compañeros de vivero. Los líderes empresariales sabios utilizan el coaching emulando al buen jardinero.

Hasta hace poco, resultaba complicado encontrar pruebas universales que demostraran el éxito de los nuevos métodos de coaching, ya que eran pocos los que lo habían entendido y aplicado plenamente. Eso está cambiando, y espero que los modelos adicionales que he incluido en este libro refuercen la tendencia. A pesar de todo, muchos coaches se han mostrado reticentes a dejar a un lado las antiguas fórmulas de efectividad comprobada y recoger las grandes recompensas de las nuevas. En los últimos tiempos, y tanto por evolución natural como por necesidad, se ha demostrado que el compromiso del empleado está vinculado al rendimiento, por lo que todas las conductas que sustentan el compromiso (todas ellas, por cierto, conductas de coaching, como la colaboración, el establecimiento de objetivos significativos, la delegación y la responsabilidad personal) han entrado en el vocabulario empresarial. Y lo que es más importante, también en la conducta.

Mentoring

Ya que estamos definiendo el coaching, quizá deberíamos mencionar también el mentoring, otro de los términos que se ha introducido en la jerga empresarial. Tiene su origen en la mitología griega, que explica que Ulises, antes de partir a Troya, confió su casa y la educación de su hijo Telémaco a su amigo Mentor: «Enséñale todo lo que sabes», le dijo. Y así, sin saberlo, definió los límites del mentoring.

Hay quien usa indistintamente los términos mentoring y coaching. Sin embargo, el mentoring es muy distinto al coaching porque el segundo no depende de que una persona experta y de mayor edad transmita sus conocimientos. De hecho, esto dificulta la generación de la seguridad en uno mismo que lleva a un alto rendimiento sostenido, como veremos más adelante. Para ser coach hay que ser experto en coaching, no en el área de trabajo. Y esa es una de sus grandes ventajas. Una de las mayores dificultades con que suelen encontrarse los líderes coach, a pesar de ser una habilidad fundamental, es aprender cuándo han de compartir su conocimiento y experiencia y cuándo no. Mike Spracklen fue entrenador y mentor de la invencible pareja de remo formada por Andy Holmes y Steve Redgrave. «Estaba atascado, les había enseñado toda la técnica que sabía —explicó Spracklen al acabar un curso de coaching para mejorar el rendimiento hace ya muchos años—. Pero eso abrió la posibilidad de avanzar más, porque ellos podían sentir cosas que yo ni siquiera podía ver». Había descubierto una manera nueva de avanzar: trabajar a partir de las experiencias y las sensaciones de sus pupilos, en lugar de las propias. El buen coaching y el buen liderazgo, como el buen mentoring ya que estamos, pueden y deben llevar a la persona más allá de las limitaciones del coach, líder o mentor.

COACHING PARA MEJORAR EL RENDIMIENTO

Hace muchos años, sir John Whitmore buscó a Tim Gallwey, se formó con él y trajo el Inner Game («Juego Interior») a Europa. Pronto contó con un pequeño grupo de coaches a los que Gallwey había formado en la teoría del «juego interior», pero pronto el equipo empezó a formar a sus propios coaches y a impartir formaciones de tenis, esquí y golf. No pasó mucho tiempo antes de que clientes deportistas empezaran a preguntar si podrían aplicar los mismos métodos a las dificultades con que se encontraban en sus empresas; IBM fue la primera. Sobre las pistas de esquí alpinas, los líderes descubrían una manera revolucionaria de aprender a esquiar usando el juego interior y pedían que el equipo los ayudara a aplicar ese mismo enfoque en sus empresas. Lo importante aquí es que se trataba de métodos sencillos que podían aplicarse con facilidad en casi cualquier situación. Por supuesto, lo demás es historia: fueron pioneros de este nuevo enfoque empresarial, al que llamaron «coaching para mejorar el rendimiento». Los que ahora lideran el coaching empresarial o bien se formaron en la escuela de coaching de Gallwey o se vieron profundamente influidos por ella.

John creó un mapa de la actitud, las conductas y los procesos necesarios para alcanzar el máximo rendimiento. Y, al hacerlo, fundó la industria del coaching tal y como la conocemos hoy. Desde 1982, Performance Consultants ha desarrollado y elaborado la metodología original y la ha adaptado a las dificultades prácticas y las condiciones del entorno empresarial actual. Nuestro equipo ha trabajado con los clientes para aplicar el coaching a áreas tan diversas como el compromiso y la colaboración de los empleados, la retención de talento, las ventas, la metodología Lean, la seguridad en el trabajo, la resiliencia, el bienestar, la gestión del cambio y cuestiones ambientales, sociales y de gobernanza (ASG). Nos hemos especializado en formar a líderes para que puedan ejercer como coaches en sus organizaciones y transformarlas, así como en ofrecer coaching experto a ejecutivos y equipos empresariales. Aunque los coaches compiten entre sí en el mercado, tienden a ser amigos y es habitual que colaboren. Esto habla por sí solo de las virtudes del método, ya que fue Tim Gallwey quien sugirió que nuestro oponente en el tenis es, en realidad, nuestro aliado, porque hace que nos esforcemos y corramos más. Si se limitara a devolver la pelota, no nos ayudaría, puesto que nuestro juego no mejoraría en absoluto. Y ¿no se supone que eso es, precisamente, lo que todos queremos hacer en nuestros respectivos ámbitos?

Cuando introdujimos el coaching en la empresa hace cuarenta años, la palabra era nueva en ese contexto y no contaba con la larga historia de práctica en el ámbito deportivo, donde, tradicionalmente, los entrenadores (coaches) eran instructores que decían a los deportistas qué debían hacer para mejorar. Por lo tanto, pudimos introducir conceptos nuevos sin tener que enfrentarnos a prejuicios antiguos ni con practicantes de métodos de coaching desfasados.

Eso no significa que no nos encontráramos con cierta resistencia al coaching empresarial. De hecho, aún nos la encontramos en algunas ocasiones, cuando nos cruzamos con personas que han permanecido curiosamente aisladas del cambio o que han experimentado algo a lo que nosotros no llamaríamos coaching. El coaching como práctica empresarial ha venido para quedarse porque, aunque el término pueda desaparecer como tal, está asociado a valores, creencias, actitudes y conductas que se están convirtiendo en la norma para todo el mundo, tal y como exploramos en este libro. Esperamos que la sexta edición sirva como puntal de esta transformación.

MASLOW Y LA ACTITUD

Gallwey también se basó en el trabajo de otros. En la década de 1940, el psicólogo estadounidense Abraham Maslow se alejó de la tradición que estudiaba la patología mental para centrarse en intentar entender la naturaleza humana. Estudió a personas maduras, completas, exitosas y realizadas, y concluyó que todo el mundo podía llegar a ser así. De hecho, afirmó que ese era el estado humano natural. En su opinión, lo único que teníamos que hacer era superar los obstáculos internos al desarrollo y a la madurez. Maslow, junto a Carl Rogers y otros, fue el padre de una orientación psicológica más optimista que aún está en proceso de desalojar al conductismo de la zanahoria y el palo como la mejor manera de liderar y motivar a la gente. El optimismo psicológico es esencial si queremos adoptar plenamente el coaching como un estilo de liderazgo.

En el ámbito empresarial se conoce a Maslow, sobre todo, por su pirámide de las necesidades humanas (Figura 1). Este modelo sugiere que la necesidad humana más básica es la de recibir alimento y agua, y que es muy poco probable que nos preocupemos de nada más (a excepción, quizá, del teléfono móvil) hasta que no hayamos satisfecho esa necesidad fisiológica. Una vez que nos hemos asegurado el alimento y el agua, podemos empezar a preocuparnos por cuestiones como el cobijo, la ropa y la seguridad. Y una vez satisfechas estas necesidades físicas, aunque sea en parte, pasamos a ocuparnos de las necesidades sociales, como la necesidad de pertenecer a un grupo. La familia satisface parcialmente las necesidades sociales, aunque luego también las resolvemos en escuelas, clubs y equipos, además de nuestro local de copas preferido.

FIGURA 1: *La pirámide de las necesidades de Maslow*

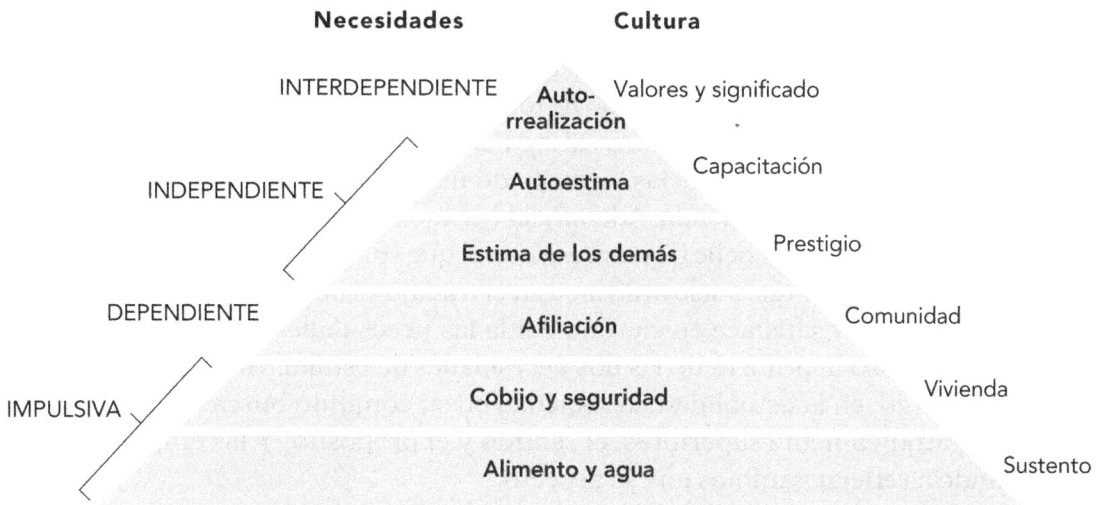

A continuación, necesitamos satisfacer la necesidad de respeto y admiración (de estima de los demás) mediante la exhibición de poder, victoria o reconocimiento y compitiendo por ellos. Estas necesidades emocionales se acaban viendo desplazadas cuando damos un sutil cambio hacia la necesidad de autoestima, o, como preferimos llamarlo, de creer en uno mismo (la seguridad en uno mismo es la piedra angular del coaching y un requisito indispensable para el alto rendimiento). Llegados a este punto, nos imponemos expectativas elevadas y nos evaluamos a partir de los criterios que hemos fijado para nosotros mismos, en lugar de según cómo nos perciben los demás. En términos de actitud, nos hemos vuelto **independientes**.

El nivel más elevado de Maslow era el de la persona autorrealizada, que se da cuando se satisfacen las dos necesidades de estima (el respeto de los demás y la seguridad en uno mismo) y ya no se siente la necesidad de demostrar nada, ni a uno mismo ni a los demás. Las dos últimas necesidades son personales y no dependen de circunstancias externas. Cuando hablaba de este último escalón, Maslow se refería al proceso de autorrealización personal, no hablaba de personas autorrealizadas, porque lo concebía como un viaje sin fin. La primera necesidad asociada a la realización personal es la necesidad de encontrar sentido y propósito en la vida. El trabajo, las actividades y la propia existencia han de tener valor y aportar algo a los demás. Las personas que llegan a esta etapa son **interdependientes**. En el siguiente capítulo hablaremos del salto de la independencia a la interdependencia, que resulta vital para el rendimiento.

La motivación en el trabajo

Las personas harán por implicarse en actividades que las ayuden a satisfacer sus necesidades, aunque lo más probable es que solo sean parcialmente conscientes de este proceso. El trabajo ha evolucionado de forma natural para ayudar a satisfacer esas necesidades, y ahora tiene que avanzar al siguiente nivel. A un nivel básico, el trabajo satisface las necesidades primarias, ofreciendo un salario que permite adquirir alimentos, agua, ropa y una vivienda. Además, el trabajo ofrece ascensos, prestigio, escalas salariales e incluso un coche de empresa con el que solicitar la estima de los demás. El elemento motivador que suele utilizarse en el trabajo es la recompensa en forma de distintas monedas y satisface en cierta medida las necesidades de supervivencia, de afiliación e incluso la primera de las dos necesidades de estima. Hasta aquí, perfecto.

Sin embargo, en la actualidad, la sociedad en su conjunto busca satisfacer necesidades jerárquicamente superiores, el sentido y el propósito. Y las empresas están empezando a reflejar cambios en ese aspecto.

La seguridad en uno mismo

Maslow usó el término colectivo «necesidad de estima» e hizo la importante distinción entre la estima de los demás y la autoestima. Personalmente, preferimos utilizar los términos «prestigio y reconocimiento» para la primera y «seguridad en uno mismo» para la segunda.

La seguridad en uno mismo no depende del prestigio y el privilegio, que son más simbólicos que sustanciales. Se construye cuando alguien se considera digno de tomar decisiones. Los ascensos sin la capacitación ni la oportunidad genuina para expresar el potencial son contraproducentes. Decirle al otro qué ha de hacer niega la capacidad de decisión, incapacita, limita el potencial y desmotiva; el coaching hace justo lo contrario.

En palabras de Simon Losasso, consultor de talento global en Medtronic, una empresa de instrumentación médica donde Performance Consultants imparte el programa global para desarrollar a líderes coach:

> Cuando, de repente, los líderes se dan cuenta de que existe una habilidad capaz de marcar una diferencia tan positiva tanto en el rendimiento de las personas como en sus vidas en general, se entusiasman. Descubren que la persona que tienen delante puede llegar a conclusiones nuevas y a una nueva sensación de claridad en muy poco tiempo y... así se vuelve más fácil explicar el valor del coaching.

La generación Z anhela sentido y propósito

Incluso antes de la pandemia por COVID-19, algunos empleados, sobre todo los más jóvenes, ya daban signos de estar buscando satisfacer la necesidad de autorrealización. Ahora, los empleados quieren que su trabajo sea valioso y tenga sentido y propósito, y por lo tanto, las organizaciones tradicionales salen perdiendo. De hecho, la British Academy llevó a cabo un amplio programa de investigación y colaboración en el que estudió el propósito de las empresas y la función de estas en la sociedad, y concluyó que el propósito es clave para el éxito de las organizaciones. Esto plantea una manera nueva de entender para qué existen las empresas, que es para «resolver de un modo rentable los problemas de las personas y del planeta, sin lucrarse creando problemas».

Algunas empresas lo han entendido. Por ejemplo, una empresa energética global donde Performance Consultants impartió un programa de desarrollo de liderazgo para mandos superiores se esforzó mucho en garantizar que sus empleados más jóvenes se involucraran durante la pandemia por COVID-19. Al contrario de lo que cabría esperar, un líder lanzó la reflexión siguiente:

> La COVID nos ayudó a confiar más en las personas, porque trabajaban desde casa y cumplían los objetivos. Hubo momentos en los que teníamos al menos a la mitad de la plantilla en casa y a la otra mitad en las oficinas... dependíamos de los líderes jóvenes; nos hubiera sido imposible cumplir nuestros objetivos sin ellos. Dejamos que las personas más mayores se quedaran en casa, para protegerlas, lo que significó que los líderes más jóvenes pudieron hacer más cosas por sí solos.

Reconocer las distintas maneras de trabajar que buscan las personas más jóvenes es importante para esta empresa, tal y como dijo uno de sus directivos:

> Hemos de preparar a la empresa para la juventud, además de a la juventud para la empresa. Con una edad promedio inferior a los treinta y cinco años y una diversidad de género mucho mayor que antes, somos fundamentalmente una compañía joven. Sin embargo, la mayoría de los líderes llevan aquí entre veinticinco y treinta años y pertenecen a otra generación. Aunque se respeta muchísimo y se escucha a la dirección, no acostumbramos a detenernos a hacer preguntas a nuestra gente.

Estas son las cuestiones que todo el mundo plantea cada vez con más frecuencia. Las empresas buscan un cambio en el estilo de liderazgo y los empleados ya lo están exigiendo. Si no queremos que estos empleados jóvenes y, en términos de Maslow, más maduros se desencanten, hay que empezar a cambiar inmediatamente. Esto es tan importante y supondrá un beneficio tan enorme para el rendimiento y, en última instancia, para la cuenta de resultados triple de personas, beneficios económicos y planeta, que en esta edición lo exploramos con aún más detenimiento.

Elegir la conducta de liderazgo

La generación Z y los *millennials* exigen este cambio en el estilo de liderazgo, y son muchos los líderes que son conscientes de que han de hacer las cosas de otra manera. Anhelan adquirir el conocimiento que les permita conseguirlo.

Nuestros estudios demuestran que la mayoría de los líderes siguen instalados en un estilo de liderazgo de «ordeno y mando», mientras que la calidad del trabajo y la necesidad de desarrollo exigen coaching. El cambio en las expectativas de los empleados más jóvenes ya ha dado el toque de atención. En las entrevistas de trabajo quieren saber qué oportunidades de formación y desarrollo pueden esperar en la empresa y con qué tipo de liderazgo se van a encontrar. También quieren saber cuán flexibles son las condiciones de trabajo. No buscan (ni quieren) un trabajo para toda la vida, y cambiarán de empleo si sus necesidades no se ven satisfechas. Y lo que necesitan son cosas que los ayuden a fomentar la seguridad en sí mismos, como un estilo de liderazgo basado en el coaching.

EL ESTILO DE LIDERAZGO DEBE EVOLUCIONAR

La mayoría de los líderes empresariales actuales ha alcanzado el nivel de estatus y reconocimiento de Maslow. Y es desde ahí donde pueden causar el mayor daño. Suelen mostrarse arrogantes, asertivos, dominantes y vanidosos. Harán lo que sea para cobrar más. Es posible que ni lo necesiten ni lo merezcan, pero es su manera de medir y afirmar su estatus.

Sin embargo, si consiguen escapar de esta trampa y avanzar al siguiente nivel, la necesidad de creer en uno mismo, el liderazgo mejora. Los líderes que aspiran a llegar allí, o que ya han llegado, intentan hacer lo correcto de verdad, en lugar de intentar «aparentar» que hacen lo correcto o que lo hacen bien. La autenticidad es lo único que proporciona la sensación de bienestar que acompaña a la seguridad en uno mismo. Por supuesto, todo esto tiene que ver con la emergencia de valores altruistas más amplios: liderar para los demás en lugar de para uno mismo.

El liderazgo por parte de personas que se hallan en escalafones inferiores de la pirámide tiene un elemento de egoísmo, por muchas otras capacidades que puedan poseer. Este liderazgo solo resulta útil a los liderados si estos tienen las mismas aspiraciones que el líder. Y aunque la motivación de los líderes que se hallan en el nivel de la seguridad en uno mismo es buena, es posible que intenten tener un perfil algo más alto que los líderes que han llegado al siguiente nivel, el de la autorrealización, que en ocasiones también recibe el nombre de nivel del servicio a los demás. Con frecuencia, ponerse al servicio de los demás se ve como la respuesta a la búsqueda de sentido y de propósito, algo que antes muchos buscaban en la religión, pero que ahora buscan en otros sitios, como el trabajo. El servicio a los demás se manifiesta de múltiples maneras, es muy gratificante y es la manera universal de satisfacer esta necesidad. Un líder de una multinacional que asistió a un curso para líderes en nuestras instalaciones dijo: «Me he dado cuenta de que mi trabajo consiste en contribuir a diario al desarrollo personal de otros. ¡Y me encanta!». Aprender un estilo de coaching le permitió acceder al potencial de sus empleados.

Maslow añadió el nivel de la autorrealización hacia el final de su vida. Sin embargo, tal y como hemos dicho antes, el desarrollo personal es un viaje, no un destino. Algunas voces más recientes también definen la realización personal de un modo más modesto y halagan a los líderes empresariales con la sugerencia de que ellos, y muchos otros, ya la han alcanzado. Nosotros no compartimos esta postura. Creemos que para ganarse el título de líder, uno ha de haber evolucionado más allá del estatus y del reconocimiento y más allá del interés personal. Los aspirantes a líderes pueden perfeccionar sus habilidades de liderazgo en los niveles inferiores mientras se preparan para ello, pero su poder para ejercer el control sobre los demás debería ser limitado hasta que hayan evolucionado.

Lo que es más, las investigaciones más recientes sugieren que, en lugar de ser un nirvana en el que todo lo demás sucede como por arte de magia, la autorrealización es una cuestión mucho más compleja. La pandemia por COVID-19, las cada vez más frecuentes manifestaciones del cambio climático provocado por el ser humano y la guerra de Rusia en Ucrania han acelerado cambios que, de otro modo, habrían tardado años. El trabajo desde casa se convirtió en una realidad de la noche a la mañana, y la gente empezó a querer y a exigir más opciones y flexibilidad. El crecimiento corporativo ilimitado en un planeta finito ya no era posible. Como resultado, tanto las preocupaciones medioambientales como las de igualdad se están empezando a integrar en la estrategia empresarial y han dejado de ser un mero ejercicio de marcar casillas de cara a la galería, gracias al respaldo que supone la demanda de trasparencia absoluta por parte de los consumidores y de la opinión pública. El prisma ASG (ambiental, social y de gobernanza) a través del que las empresas se miden y se comparan ahora permite informar sobre estas medidas en los informes anuales, con claras ventajas para las compañías proactivas:

> Las empresas socialmente responsables que invirtieron en la salud y el bienestar de sus empleados registraron una apreciación del 325 por ciento en el valor de sus acciones, frente a la apreciación promedio del mercado de un 105 por ciento durante un periodo de seguimiento de 14 años.

El coaching encaja en la «S» de ASG, con beneficios indirectos cuantificables en la «A» y en la «G».

Estos cambios «tectónicos» revelaron un conjunto de necesidades secundarias que entran en juego una vez que las necesidades primarias de la pirámide de Maslow están cubiertas (véase la Figura 2).

FIGURA 2: *Necesidades primarias y secundarias*

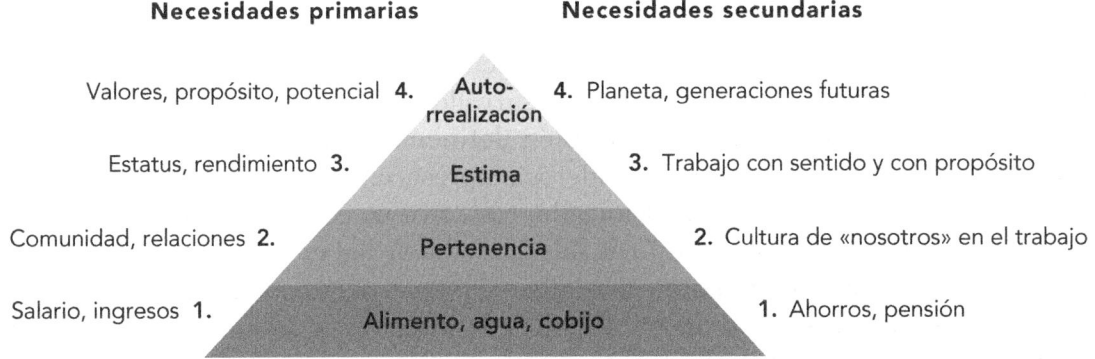

Muchas pequeñas empresas y algunas grandes están abriendo camino. Sin embargo, la mayoría siguen a los pies de la montaña, tirando de las palancas tradicionales de cambio de manera insostenible mientras intentan solucionar el problema (más salario, más recortes, más velocidad, más crecimiento, etcétera). Esto apunta a la necesidad de abandonar el contrato transaccional que empleados y empleadores han tenido hasta ahora y evolucionar hacia una relación transformadora que permita a las organizaciones convertirse en la plataforma a través de la cual las personas despliegan su potencial y encuentran su propósito. El coaching es una de las maneras de ayudar a los líderes a aumentar el compromiso y a generar este cambio en el contrato social.

En esencia, el coaching equivale a sentar las bases de un lugar de trabajo de alto rendimiento que promueva la autorrealización mediante la cooperación, la colaboración y la convicción en el potencial de las personas. En la segunda parte del libro hablaremos detenidamente de los principios del coaching y explicaré mi premisa básica, que afirma que el coaching y el alto rendimiento surgen de la **conciencia** y de la **responsabilidad**. Para alcanzarlas es necesario contar con las habilidades básicas de coaching, que son las **preguntas potentes** y la **escucha activa**, además de una estructura que oriente el proceso de coaching (el **modelo GROW**), que explicaremos en la tercera parte del libro. Sin embargo, antes empezaremos por centrar la atención en los atributos de una cultura de alto rendimiento.

2
CÓMO CREAR CULTURAS DE ALTO RENDIMIENTO

Fomentar una cultura de coaching
genera un alto rendimiento.

¿Cuáles son las implicaciones para las organizaciones cuyos líderes adoptan un estilo de liderazgo basado en el coaching o que trabajan con un coach en sesiones de coaching ejecutivo? Indiscutiblemente, esos líderes sentarán las bases para una cultura de alto rendimiento. El recorrido evolutivo de nuestra especie ha llegado a un punto en que las jerarquías del pasado se ven sustituidas por una nueva forma de liderazgo delegado y de responsabilidad colectiva. ¿Puede ser que el coaching como profesión haya crecido tan rápidamente porque satisface la amplia necesidad de autorresponsabilidad que, al fin y al cabo, es su principal producto? ¿Puede ser que el coaching haya surgido para ser el comadrón de una era nueva, o ese es un concepto demasiado grandioso? ¿Puede ser que lo único que nos limita sean la magnitud de nuestra visión y las creencias con que nos limitamos a nosotros mismos?

EL COACHING ES MÁS QUE COACHING

El estudio *C-Suite Outlook 2023* de The Conference Board demuestra que atraer y retener al mejor talento y desarrollar la siguiente generación de líderes son las dos preocupaciones máximas de los directores ejecutivos (CEO) globales, incluso en un contexto global de inestabilidad económica y geopolítica. Es un buen augurio para el cambio y, en la actualidad, el capital humano se valora principalmente como una de las mayores aportaciones al rendimiento y el crecimiento sostenidos de una empresa. Los CEO encuestados reconocen que, si quieren retener al talento, han de abordar problemas como el *burnout*, el deterioro de la salud mental y la demanda creciente de modelos de trabajo híbridos. El coaching para aumentar la resiliencia y promover la inclusividad puede desempeñar un papel importante en este sentido.

En el contexto más amplio, la riqueza y la influencia corporativas son tales que las organizaciones son más poderosas que los gobiernos en lo que respecta a los grandes retos sociales y medioambientales de nuestra era. Manny Amadi, CEO de C & E Advisory, insiste en esto cuando afirma lo siguiente: «La carga de los fundamentos económicos es tan grande que los gobiernos ya no pueden satisfacer sus obligaciones sociales por sí solos. Por otro lado, el enorme poder e influencia de las empresas en la economía son ahora gigantescos». La lógica dicta que los líderes empresariales han de desempeñar un papel crucial en el planeta. Y, en nuestra opinión, esto es una invitación para que avancen en el mapa evolutivo, dejen de ser adolescentes egoístas y se conviertan en adultos respetados. Es una invitación para que los líderes desempeñen un papel positivo y, en efecto, crucial en las vidas de las personas que tocan y en sus relaciones con el propio planeta. Es una invitación a que lideren la carga hacia el cambio transformacional.

¿DE QUÉ A QUÉ?

Necesitamos ser capaces de adoptar una estrategia sistémica que sea producto del desarrollo personal, del abandono del antiguo paradigma del miedo en aras de otro de confianza, y del reconocimiento de que la humanidad evoluciona tanto social como espiritualmente. El coaching es el facilitador del alto rendimiento y la cultura de coaching crea las condiciones para el mismo, algo que explicaremos cuando presentemos la curva de rendimiento más adelante en este mismo capítulo. La cultura empresarial debe cambiar, pero ¿de qué a qué?

Cualquier cultura nueva tendrá que ofrecer un nivel de rendimiento más elevado, pero también con mucha más responsabilidad social que la anterior. Ninguna empresa asumirá los riesgos y los trastornos inherentes a todo cambio importante por el mero hecho de cambiar o para ser más amable con los empleados; aunque quizá debería. El cambio cultural estará, y debe estar, orientado al rendimiento, pero la definición de lo que entendemos por rendimiento es ahora mucho más amplia. La competencia y el crecimiento están perdiendo fuerza, mientras que la estabilidad, la sostenibilidad y la colaboración están ganando impulso. Las empresas y las personas que no cambien su manera de hacer de lo que ha sido aceptable en el pasado a lo que será aceptable en el futuro no sobrevivirán en nuestros mercados inestables, fracturados y saturados. Las oportunidades de promoción interna y de aumentos de sueldo son cada vez más limitadas en la mayoría de los sectores. En esta situación, ¿cómo pueden las empresas mantener, gestionar y motivar a sus empleados?

Las expresiones como «las personas son nuestro mayor activo», «debemos capacitar a todos nuestros empleados», «liberar el potencial latente», «simplificar y delegar la responsabilidad» o «sacar lo mejor de nuestra gente» se han convertido en meros clichés. Su verdadero significado sigue siendo tan válido hoy como cuando se acuñaron, pero con demasiada frecuencia no son más que palabras huecas. Se pronuncian, pero no se aplican en la práctica. El coaching para mejorar el rendimiento es precisamente eso, un medio para obtener el rendimiento óptimo, pero exige cambios fundamentales en las actitudes, en las conductas de liderazgo y en la estructura de las organizaciones.

Por supuesto, la necesidad de cambio también se debe a motivos más pragmáticos, como el aumento de la competencia global, que ha obligado a acelerar la evolución hacia organizaciones y equipos más eficientes, eficaces y ágiles, y con mayor capacidad de respuesta. El ritmo de la innovación tecnológica suele provocar que los líderes se encuentren con que no tienen tiempo para adquirir las habilidades que sí tienen los equipos que gestionan. La globalización, los cambios demográficos, la mayor integración o desintegración de Europa, la inmigración y los efectos múltiples que ejercen internet y las comunicaciones instantáneas obligan a las empresas a cambiar su manera de funcionar.

Sin embargo, creemos que el mayor reto al que se enfrentan las organizaciones es, con diferencia, el de afrontar las exigencias de responsabilidad social y legal que siguen al consenso experto de que el cambio global es real y, además, obra del ser humano. Es imperativo que encontremos el modo de que las empresas tengan éxito y estén en armonía con el planeta. Ahora más que nunca, la conducta y el éxito de las organizaciones están indisolublemente vinculados a factores globales, sociales, psicológicos, medioambientales y económicos. Además, las exigencias comerciales y económicas que plantean las empresas, sumadas a su poder, hacen que también ejerzan una profunda influencia sobre las culturas que las rodean, y esas culturas ejercen cada vez más su poder como consumidoras y les devuelven la pelota.

Un estilo nuevo

La mayoría de las organizaciones con las que trabajamos acuden a nosotros porque quieren mejorar su rendimiento y se han embarcado en un proceso de cambio fundamental, o al menos eso es lo que desearían. Se han dado cuenta de que si quieren que la mejora del rendimiento sea real, sus líderes deben adoptar un estilo de liderazgo basado en el coaching. Estas empresas ya han detectado que el coaching es el estilo de liderazgo de una cultura transformada y que a medida que el estilo cambia y pasa de ser directivo a ser un estilo de coaching, la cultura de la organización también cambia. La jerarquía da paso al compañerismo y a la colaboración, la culpabilización se convierte en una evaluación honesta que conduce al aprendizaje, la motivación externa se ve sustituida por la interna, las barreras de protección caen a medida que los equipos se refuerzan, el cambio ya no asusta, sino que es bienvenido, y satisfacer al jefe se convierte en complacer al cliente. La apertura y la honestidad sustituyen al secretismo y a la censura, la presión laboral se convierte en un reto y las reacciones de apagafuegos a corto plazo desaparecen en favor de un pensamiento estratégico a largo plazo. En la Tabla 1 encontrará algunas de las características de la cultura de alto rendimiento emergente, si bien cada empresa tendrá una combinación y unas prioridades únicas.

TABLA 1: *Características de una cultura de alto rendimiento*

Cultura antigua	Cultura nueva
Crecimiento	Sostenibilidad
Normas impuestas	Valores internos
Miedo	Confianza
Cantidad	Calidad
Exceso	Suficiencia
Enseñanza	Aprendizaje
In/dependencia	Interdependencia
Éxito	Servicio a los demás
Control de la naturaleza	Sistemas naturales
Degradación	Recreación

Prestar atención a estas tres áreas permitirá tanto a líderes como a coaches abrir la puerta a otro nivel de rendimiento en las organizaciones.

- **Articular el propósito.** Los líderes han de expresar claramente las razones emocionales por las que existe la empresa. Todas las empresas tienen claras sus motivaciones comerciales, lógicas y racionales, y las plasman en su estrategia. Esto habla a la cabeza, o a la mente racional, y ofrece seguridad acerca del futuro de la empresa. Por el contrario, son pocas las que articulan las razones emocionales por las que existen. Esto habla al corazón y ofrece un motivo para comprometerse con la empresa. ¿En qué se centra la energía colectiva de la empresa? ¿Cómo sirve la empresa al planeta y a las generaciones futuras? ¿A qué estamos pidiendo que nuestros empleados dediquen sus vidas? La resiliencia viene de serie en las empresas capaces de responder a estas preguntas (exploraremos esto con más detalle en el capítulo 14).
- **Crear una cultura que haga prosperar a su gente.** Las personas ya no quieren ir a trabajar cada día solo para cubrir sus necesidades básicas. Quieren formar parte de algo más grande y emocionante; de una comunidad agradable; y de un lugar donde puedan aprender y crecer. Un lugar donde exista la seguridad psicológica necesaria para aprender y prosperar, y don-

de se comprenda que la diversidad y la inclusión producen resultados mejores. Más del 80 por ciento de las organizaciones con las que hablamos nos dicen que su cultura se encuentra entre las fases de dependencia e interdependencia de la curva de rendimiento (véase Figura 3). Una cultura dependiente es aquella que satisface las necesidades primarias, pero no así las secundarias (véase Figura 2). De hecho, la cultura interdependiente es la única que satisface las necesidades secundarias. Un banquero sénior que ya lo había entendido dijo lo siguiente ante su consejo de dirección: «Al principio, no será un ejercicio agradable, pero al final obtendremos unos beneficios enormes».

- **Transformar el contrato social.** Las organizaciones tienen la oportunidad de estar a la altura del momento y, así, crear un valor extraordinario. Es necesario que transformen no solo su mentalidad acerca de la relación entre empresas, empleados y el planeta, sino también las estructuras fundamentales de la propia organización. ¿Cómo? Yendo más allá de satisfacer las necesidades de los clientes para convertirse en la plataforma a través de la cual los empleados encuentran propósito y desarrollan su potencial. Esto anuncia un nuevo paradigma de colaboración con los empleados, las partes interesadas y el planeta.

Implicación

En la ecuación del rendimiento hay otro factor que, aunque quizá sea más sutil, está tan omnipresente que a algunos les cuesta mucho identificarlo y, de momento, recibe el nombre de «activismo». La gente de la calle da muestras de una conciencia cada vez mayor y eso la lleva a exigir más implicación en las decisiones que la conciernen en el ámbito laboral, de ocio, local, nacional e incluso global. Las decisiones que toman las autoridades, los gobiernos y otras instituciones tradicionales, que antes no se cuestionaban, cada vez se ponen más en duda y, a veces, son criticadas por medios de comunicación, grupos de presión o personas comprometidas. ¿Acaso no es eso lo que ha sucedido con movimientos de cambio social descentralizados, como Black Lives Matter? El alcance de grupos ecologistas comunitarios, como Extinction Rebellion, o de activistas como Malala Yousafzai o Greta Thunberg es global, y no se los ve como representantes de intereses marginales. En la sociedad actual es más fácil que nunca hacerse oír, y la respetabilidad de las ciudadelas impenetrables, que ya era dudosa, está empezando a hacer aguas. Es posible que quienes tienen algo que ocultar se atrincheren y se resistan (solo hay que recordar algunas de las reacciones al movimiento #MeToo que denunciaba el acoso sexual en el trabajo), pero la mayoría de las «personas pensantes» agradecen los cambios, incluso aunque generen cierta sensación de inseguridad.

Poner fin a la cultura de la culpa

Las empresas suelen hablar mucho de eliminar la «cultura de la culpa», pero también acostumbran a no hacer nada al respecto. La culpa es endémica en las organizaciones y en la filosofía dictatorial, y, admitámoslo, es una tendencia humana. Sin embargo, la culpa guarda relación con la historia, el miedo y el pasado, cuando lo que necesitamos es centrarnos en la aspiración, la esperanza y el futuro. El miedo a la culpa no solo inhibe la capacidad de asumir incluso el riesgo más calculado, sino que, además, bloquea la capacidad para reconocer, identificar y aceptar con honestidad los fallos del sistema. La culpa suscita una actitud defensiva, y la actitud defensiva reduce la conciencia. Es imposible llevar a cabo las modificaciones necesarias si no recibimos un *feedback* sincero. Los cambios culturales básicos no pueden darse si persiste la culpa. Sin embargo, a la mayoría de las empresas, al igual que a la mayoría de las personas, les cuesta mucho dejar atrás la culpa.

Reducir el estrés

Hay otro buen motivo para aumentar la responsabilidad personal en el trabajo. Se dice que el estrés laboral está alcanzando dimensiones epidémicas, sobre todo cuando se le suman las repercusiones de la pandemia por COVID-19. Según un informe elaborado conjuntamente por la Fundación Europea para la Mejora de las Condiciones de Vida y de Trabajo (Eurofound) y por la Agencia Europea para la Seguridad y la Salud en el Trabajo, las personas que trabajan en países con mayor autonomía laboral experimentan menos estrés que las que tienen trabajos con la misma presión, pero con menos autonomía. Esto, en sí mismo, ya sugiere la urgente necesidad de cambiar a prácticas laborales que fomenten la responsabilidad personal.

¿A qué se debe la correlación entre el estrés y la ausencia de control personal? La autoestima es la fuerza vital de la personalidad, y si se suprime o se reduce, la persona hace lo propio. El estrés es una consecuencia de periodos prolongados de supresión. Ofrecer control personal y capacidad de elección en la medida de lo posible en el puesto de trabajo reconoce y valida la capacidad y la autoestima de los empleados. Los estilos de liderazgo que no lo hacen aumentan el estrés: «falta de acompañamiento» y «baja autoestima» eran dos de las fuentes principales de estrés laboral identificadas por el Sindicato Canadiense del Funcionariado, por ejemplo.

Para Simon Losasso, uno de los impactos del enfoque de coaching implantado en Medtronic fue que la gente se sentía más cómoda compartiendo sus opiniones, lo que condujo a más *feedback* y a más conversaciones productivas, a una mejora del rendimiento y a una reducción del estrés y del *burnout*.

El trabajo remoto y las reuniones virtuales, que fueron una parte necesaria de los confinamientos por la COVID-19 para tanta gente, revelaron las posibilidades de la nueva tecnología, y las personas más jóvenes, sobre todo las que tienen hijos, esperan que la flexibilidad se mantenga. No obstante, una plantilla remota o híbrida requiere un estilo de liderazgo diferente y no siempre es un desarrollo positivo, ya que la pérdida del contacto cara a cara es fuente de estrés adicional para algunas personas.

Una empresa energética global cuyos líderes recibieron coaching por parte de Performance Consultants aprovechó la tecnología para sacar el máximo partido del trabajo remoto. «Antes me basaba en conversaciones en persona», informó uno de los participantes. «¿Cómo sostengo eso cuando trabajan desde casa? Lo abordamos desde varios frentes, como el uso de tecnologías que nos permiten tener a más personas en la "sala". Invito a los miembros jóvenes del equipo a reuniones como las sesiones informativas semanales con mis subordinados directos, y los animo a participar, para que experimenten lo que es interactuar con el Consejo o con interlocutores externos». Como resultado, según informó otro directivo, «hemos pasado de una sensación de desconexión a la conexión virtual. Por ejemplo, celebramos "asambleas generales" y dejamos espacio para que la gente comparta sus sentimientos».

La responsabilidad personal es clave para la supervivencia

Muchas personas tienen miedo al cambio, del tipo que sea. Tampoco es sorprendente, si tenemos en cuenta que podemos hacer muy poco para preparar a nuestros hijos para el mundo en el que van a vivir. Si hay algo seguro, es que no se parecerá al que hemos conocido nosotros; pero tampoco sabemos cómo será. Lo que nos proporcionará la flexibilidad y la capacidad de adaptación necesarias para afrontar lo que sea que nos aguarda es el cambio, y no solo el cambio externo, sino también el interno. Cuando gran parte de lo que conocemos y amamos está en constante cambio, la aceptación plena de la responsabilidad personal se convierte en la necesidad física y psicológica de supervivencia.

PRESENTACIÓN DE LA CURVA DE RENDIMIENTO™

En el pasado hemos defendido estudiar el proceso de desarrollo psicológico humano para averiguar qué puede decirnos acerca de la dirección en la que evolucionan empresas, comunidades y culturas, así como las fases por las que pasarán durante el proceso. Y esto queda plasmado con gran sencillez en un modelo que han desarrollado colegas en Performance Consultants. Se trata de la curva de rendimiento.

Se atribuye al ya fallecido Peter Drucker, profesor de gestión empresarial, la afirmación de que «la cultura se come a la estrategia para desayunar». No podríamos estar más de acuerdo, puesto que la cultura es clave y, sin embargo, muy pocas organizaciones se muestran proactivas a la hora de crear y medir su cultura. *The Conference Board CEO Challenge* también confirma que «a lo largo de todo el espectro, el ADN cultural de una organización es clave para el éxito, desde la eficiencia operativa a una mejor atención al cliente, a una mayor captación y retención del talento, a niveles más elevados de rendimiento económico y a avances en innovación».

La curva de rendimiento se fija en la actitud colectiva prevalente en la cultura empresarial y en cómo esta sienta las bases para el rendimiento (Figura 3). Los líderes son quienes más influyen en la cultura de la organización, por lo que no resulta sorprendente que estudios llevados a cabo por Hay Group y otros concluyan que el impacto de la conducta de liderazgo sobre la cuenta de resultados puede llegar al 30 por ciento. Los líderes son los guardianes del rendimiento, y en este libro nos centraremos en la palanca que es la conducta de liderazgo.

En la curva de rendimiento, cada una de las cuatro fases está representada por una actitud cultural general (en cursiva). Le resultará útil recordar la jerarquía de las necesidades de Maslow que hemos visto en el capítulo 1 mientras lee acerca de este modelo evolutivo del rendimiento. También le irá bien tener presente la ecuación del juego interior: por encima de la línea vemos cómo se reduce la interferencia y, por debajo de la línea, vemos cómo el potencial aumenta a medida que el rendimiento mejora. Cada actitud da lugar a características organizativas diferenciadas y se relaciona con un grado de rendimiento específico. Cuando mire el modelo, reflexione sobre la actitud desde la que usted opera a diario.

Obviamente, la curva de rendimiento estudia la madurez de la conducta de una organización, no la madurez de los sistemas de gestión de la misma. De todos modos, sí que podemos extrapolar lo que sería más probable encontrar, y eso es lo que hemos hecho en la Tabla 2.

La pregunta que cabe formularse es: ¿cuál es la cultura de su equipo u organización? Al plantearnos esto, es importante recordar que buscamos la actitud prevalente en la organización o en el equipo, aunque es posible que distintas partes de la organización operen en distintas partes de la curva. La curva de rendimiento es una herramienta útil para los coaches, porque les permite explorar la cultura y la actitud prevalentes junto a sus coachees, y para los líderes, porque les permite explorar su propia cultura. Una vez que son conscientes de su actitud actual y de la relación directa que existe entre la actitud y el rendimiento, pueden elegir cambiar. La conciencia es verdaderamente terapéutica, tal y como veremos en la segunda parte del libro.

FIGURA 3: *La curva de rendimiento*^{TM}

Cada desplazamiento hacia la derecha conduce a un aumento de la productividad, la innovación y la agilidad.

TABLA 2: *Curva de rendimiento: las cuatro fases del desarrollo de la organización*

	Impulsiva	Dependiente	Independiente	Interdependiente
Vista rápida	• *«No hago más que apagar fuegos».* • Falta de sistemas y estructura. • Liderazgo caótico e incoherente.	• *«Cumplo las normas y hago lo que me dicen».* • Jerarquía. • Líderes de tipo «ordeno y mando».	• *«Soy una persona altamente productiva».* • Los sistemas dan apoyo a los objetivos individuales. • Líderes que capacitan.	• *«Tenemos éxito juntos».* • El sentido y el propósito van de la mano. • Equipos que se autogestionan.
Rendimiento	Bajo	Bajo-medio	Medio-alto	Alto
Motivadores de Maslow	Supervivencia	Afiliación	Estima	Autorrealización

TABLA 2: *Curva de rendimiento: las cuatro fases del desarrollo de la organización (cont.)*

	Impulsiva	Dependiente	Independiente	Interdependiente
Interferencia frente a potencial	Interferencias elevadas Potencial bajo	Interferencias elevadas-medias Potencial bajo-medio	Interferencias medias-bajas Potencial medio-alto	Interferencias bajas Potencial elevado
¿Qué aspecto tiene la cultura?				
Actitud cultural prevalente	«No hago más que apagar fuegos».	«Cumplo las normas y hago lo que me dicen.»	«Soy una persona muy productiva».	«Tenemos éxito juntos».
¿Quién es responsable del éxito?	No lo sé	Ellos	Yo	Nosotros
Características culturales	Conciencia y responsabilidad personal mínimas. La organización reacciona ante las situaciones a medida que surgen. Es impredecible, debido a un patrón conductual reactivo. Confusión cuando una dirección se ve sustituida por otra aparentemente contradictoria. Los líderes funcionan con niveles elevados de adrenalina, y es posible que les parezca divertido. Sin embargo, pueden acabar quemados debido a la ansiedad y el estrés elevados. Comunicación, implicación y desarrollo escasos. Mentalidad de supervivencia.	Conciencia y responsabilidad personal bajas-medias. La organización se centra en el mantenimiento de la estabilidad y el cumplimiento de las normas. Los empleados sienten que no se los apoya y que los procesos, las normas y la operativa los limita. Es posible que sientan que no se los valora y que se los deja a su suerte. Fuerte identidad grupal: las personas sienten la necesidad de encajar. Comunicación fuertemente unidireccional y distintos niveles de reconocimiento. Control elevado. Autonomía, implicación y confianza bajas. Mentalidad de aversión al riesgo.	Conciencia media-alta. Elevada responsabilidad personal respecto al propio rendimiento. La organización fomenta la innovación y el desarrollo individual. Los empleados creen que sus acciones pueden marcar la diferencia y se centran en sus propios objetivos, por encima de los del equipo o de la organización. Es posible que sientan la necesidad de competir con sus compañeros para tener éxito. Conciliar la vida laboral y la personal puede ser complicado. Comunicación bidireccional ocasional, lo que lleva a una mayor implicación. Autonomía elevada. Mentalidad de logro.	Conciencia y responsabilidad, personal y colectiva, elevadas. La organización promueve una cultura de coaching sólida basada en la confianza mutua, la atención y la colaboración. Los empleados trabajan hacia una visión compartida. Los equipos se comprometen con un rendimiento elevado y creen que la colaboración y la adaptabilidad son esenciales para el éxito. Se sienten valorados y se implican con los demás, para entender puntos de vista diversos. Equilibrio sano entre la vida personal y la laboral. Comunicación y feedback honestos y continuados. Implicación elevada. Mentalidad de potencial colectivo.

TABLA 2: *Curva de rendimiento: las cuatro fases del desarrollo de la organización (cont.)*

	Impulsiva	Dependiente	Independiente	Interdependiente
Sistemas de la organización	Ausencia de los sistemas fundamentales; es poco probable que se hayan definido las funciones y las responsabilidades. Toma de decisiones dubitativa o reactiva, sin una estrategia a largo plazo. Ausencia de feedback. Ausencia de factores de alineación.	Los sistemas y procesos se centran en la eficiencia, suelen ser rígidos y carecen de innovación. Énfasis excesivo en la recogida de información. Las normas se aplican estrictamente. La toma de decisiones es lenta. El feedback es unidireccional y, con frecuencia, negativo. Los factores de alineación son las normas y los objetivos.	Los sistemas fomentan la mejora y el aprendizaje continuados y los objetivos individuales. Toma de decisiones dinámica, con equilibrio entre la estrategia y la ejecución. El feedback es una oportunidad de aprendizaje y se considera importante, aunque no siempre es una experiencia positiva. Los factores de alineación son los valores y estándares.	Los sistemas son adaptativos y se rigen por principios. Sustentan la agilidad, el aprendizaje colectivo continuado y el rendimiento a todos los niveles. Se toman decisiones con agilidad. El feedback se ve como una oportunidad de aprendizaje positiva, y es transformacional. Los factores de alineación son la visión, el sentido, el propósito y la dirección comunes.
Relación con la visión y el propósito de la organización	Relación escasa o inexistente. Ausencia de una visión coherente.	Poca relación. La visión llega hasta la búsqueda de beneficios (ej.: «Nuestro objetivo es ser la mayor empresa de telecomunicaciones del mundo»). Saldría reforzada si incluyera a las personas.	Relación media-alta. La visión abarca a personas y beneficios; se reforzaría si incluyera al planeta (ej.: «Estamos comprometidos con mejorar la vida de nuestros clientes mediante la conexión»). Saldría reforzada si se expandiera con una perspectiva global que incluyera al planeta.	Relación elevada. La visión abarca las tres claves de la interdependencia: las personas, los beneficios y el planeta (ej.: «Con gran valor, integridad y amor acometemos la responsabilidad de cocrear un mundo en el que cada uno de nosotros, nuestras comunidades y nuestro planeta pueda prosperar, al tiempo que celebramos la alegría y nuestro amor absoluto por la comida»).*

* Whole Foods Market (2023). El resto de las visiones se han creado con fines ilustrativos.

TABLA 2: *Curva de rendimiento: las cuatro fases del desarrollo de la organización (cont.)*

	Impulsiva	Dependiente	Independiente	Interdependiente
¿Qué hacen los líderes?				
Estilo de liderazgo	Liderazgo reactivo: caótico e incoherente. Es posible que el líder se muestre entusiasta, pero haga lo que considere necesario para alcanzar el éxito a corto plazo y suela intervenir en todo. Es más reactivo que proactivo. Falta de comunicación, planificación estratégica, visión a largo plazo o dirección clara.	Liderazgo autoritario: controlador y transaccional. El líder insiste en una jerarquía clara para conseguir que el trabajo se haga y para mantener la estabilidad y la coherencia. Puede presentar conductas territoriales y competir con los iguales. Comunicación arriba-abajo, control elevado y poco apoyo. Tendencia al control excesivo y a culpar a los demás.	Liderazgo capacitador: Delega y apoya. El líder empieza a adquirir una mentalidad de coaching, capacitando a las personas para que aumenten su rendimiento y materializcen su potencial. Motiva a las personas y a los equipos a lograr los objetivos. Se centra en generar un rendimiento elevado y eficiente, adaptabilidad, aprendizaje continuo y transformación individual	Liderazgo transformacional: cooperación y colaboración. El líder asume una función de líder de servicio, crea una cultura de coaching e inspira a equipos de alto rendimiento que se autogestionan. Énfasis en el bien común, el potencial del equipo y la transformación colectiva.
Impacto del líder	La conducta del líder genera confusión, frustración y estrés. La falta de dirección puede frenar la innovación.	El líder limita (sin saberlo) el potencial de sus empleados. El miedo al fracaso puede acabar con la iniciativa y la creatividad y mermar la implicación. Los resultados se anteponen al bienestar.	El líder permite a las personas que alcancen sus objetivos y hacerse responsables. Es posible que algunos miembros se sientan aislados y se impliquen menos activamente que otros.	El líder inspira y fomenta un trabajo en equipo y un compromiso extraordinarios. El espíritu comunitario impregna la organización en el contexto de ponerse al servicio de un propósito más elevado.

TABLA 2: *Curva de rendimiento: las cuatro fases del desarrollo de la organización (cont.)*

	Impulsiva	Dependiente	Independiente	Interdependiente
Puntos ciegos del líder y cómo mejorar el rendimiento	Cortoplacismo. Este líder reacciona a cada situación desde una postura de miedo, lo que genera una experiencia incongruente a corto plazo y a que se pierdan oportunidades. Este líder debe aumentar la conciencia personal y desarrollar habilidades básicas de estrategia, gestión y liderazgo.	Juicios y falta de confianza. Este líder se considera el experto y juzga si los demás tienen razón o se equivocan, lo que crea un efecto polarizador. También tienden a deshumanizar a las personas y a tratarlas como a máquinas. Tratar a las personas como a tales y creer que tienen buenas intenciones y usar la curiosidad en lugar del juicio hará que la cultura pase del miedo a la confianza y evolucione a la siguiente fase de la curva.	Control. Este líder sigue implicándose hasta cierto punto y puede estar demasiado apegado a sus objetivos personales. Centrarse en abandonar el control, dejar a un lado sus objetivos personales, entender los retos a que se enfrenta el equipo y trabajar para el bien común permitirá que el líder pueda sustentar la transición a la interdependencia y al énfasis en lo colectivo.	Importancia personal. Este líder puede experimentar lapsus en los niveles de conciencia superiores en los que suele operar. Por ejemplo, puede pasar de la seguridad en sí mismo al «estatus de gurú» y no atender al feedback o presentar incongruencias a la hora de vivir según sus estándares éticos. Este líder debe hacer introspección con regularidad, para conservar el equilibrio y mantener los pies en el suelo. También ha de mostrarse receptivo al feedback. Debería fomentar las relaciones personales y conectar con las objeticos y experiencias colectivas.
Énfasis del coaching ejecutivo o del estilo de liderazgo basado en el coaching para mejorar el rendimiento	Coaching para la toma de conciencia y responsabilidad sobre el impacto personal, desarrollo de habilidades de gestión clave.	Coaching para capacitar y hacer responsables a los niveles inferiores de la organización, para mejorar la agilidad y la adaptabilidad.	Coaching para ampliar el punto de vista, fomentar la inclusividad y el bienestar e inspirar colaboración.	Coaching para el rendimiento colectivo, la unidad y la responsabilidad social. Dedicar el tiempo necesario para crear de forma consciente la dirección del viaje y para desarrollarse y mejorar de forma continuada y sin perder el equilibrio.

Una mentalidad de coaching genera alto rendimiento

¿Por qué el coaching da lugar a un alto rendimiento? ¿Qué ha de hacer una organización para conseguirlo? ¿Cómo sabemos que el alto rendimiento correlaciona con una cultura **interdependiente**?

A continuación, presentamos tres estudios de caso que responden a estas preguntas mediante ejemplos de la vida real que permiten ver en acción a la teoría de la curva de rendimiento.

ESTUDIO DE CASO 1: JOHNSON & JOHNSON

En Performance Consultants, creemos que las empresas pueden ser una fuerza positiva en el mundo. Nos valemos del coaching y de la transformación cultural para que las organizaciones se conviertan en una plataforma que apoya a sus empleados para que alcancen sus objetivos. De esta manera, las organizaciones se pueden convertir en un conducto para generar un impacto económico, social y medioambiental positivo, lo que en última instancia beneficia a las personas y al planeta.

A nivel mundial, vemos cómo organizaciones gubernamentales y multinacionales reconocen la importancia de crear un entorno inclusivo en el que sus empleados puedan prosperar. Un buen ejemplo de ello es la conocida empresa Johnson & Johnson.

Sandra Humbles destaca por ser una persona emprendedora que irradia una enorme energía positiva mientras forja su camino hacia el éxito. De hecho, es la primera directora de formación y desarrollo (CLO, por sus siglas en inglés) de Johnson & Johnson y representa una nueva y poderosa generación de «CLO transformadores». Entrevistas a los CLO de diecinueve grandes empresas revelaron que los CLO no son solo formadores, sino «transformadores que están remodelando las capacidades y la cultura de las organizaciones». Se trata de una premisa apasionante y, de hecho, Sandra parece ser precisamente eso.

Sandra, que tiene una visión muy clara de cómo Johnson & Johnson está acometiendo el futuro, afirma que «todo comienza con nuestro Credo». Adelantado a su tiempo, el Credo de Johnson & Johnson es la intención compartida redactada por primera vez por el general Johnson en 1943 sobre cómo funcionaría la empresa que él creó. Desde entonces, la empresa ha crecido hasta contar con 130.000 empleados en ochenta y cinco países y medio millón de solicitudes de empleo al año. Sandra señala el hecho de que el Credo reconoce la capacidad de liderazgo de las personas como algo crucial. «¿Qué cómo lo ponemos en práctica?», pregunta. Responde con sencillez: «El coaching es la principal habilidad de liderazgo en Johnson & Johnson. Nuestro objetivo final es que todos los líderes sean grandes coaches».

Los clientes nos preguntan a menudo: «¿Cómo se consigue que una iniciativa de este tipo tenga éxito?». Nuestra respuesta es siempre la misma: que se debe «dirigir desde arriba». De hecho, la solidez del mensaje de Johnson & Johnson acerca de su visión de los líderes de personas nos impresionó tanto que entrevistamos a Michael Ehret, director de gestión global del talento, para conocer su opinión al respecto. En cuanto al lugar que ocupa Michael en el panorama general, Sandra depende de Michael, y Michael trabaja directamente con el director general, el consejo de administración y el comité ejecutivo. El alineamiento y el apoyo a este nivel son factores cruciales. Michael afirma: «Si pensamos en el origen de la palabra "coach", vemos que proviene de *stagecoach* ('diligencia'). Las diligencias se remontan al siglo XIII y se utilizaban para trasladar físicamente a las personas de un lugar a otro. En la gestión del talento, adoptamos un enfoque similar centrado en el viaje. Nuestra función como coaches es transportar a las personas desde su estado actual a nuevos niveles de capacidad y logros profesionales. No solo les guiamos, sino que les facilitamos un paso transformador en sus trayectorias profesionales». Michael tiene claro qué es lo que hace que la creación de una cultura organizativa sea un éxito. Además de liderarla desde arriba, cita lo siguiente:

- Vincularla con la historia y el propósito de la organización: Michael se refiere aquí a su filosofía de gestión, redactada en 1957, que establece que la función de un líder es «servir».
- Tener una visión clara y basada en datos de los ingredientes del éxito para poder responder a la pregunta «¿Qué significa ser un líder en Johnson & Johnson?».

El presidente y director ejecutivo de Johnson & Johnson, Joaquín Duato, dice lo siguiente: «El efecto dominó de formar a todos los empleados para que sean coaches es enorme, ya que crea una cultura de aprendizaje continuo y de colaboración en todos los rincones de nuestra organización». Aquí vemos coherencia en el enfoque y el mensaje del director ejecutivo, incluyendo la junta directiva y el comité ejecutivo, pasando por el director de gestión global del talento, hasta llegar a la directora de formación y desarrollo y la aplicación sobre el terreno. Volviendo al Credo, el desarrollo y el aprendizaje ocupan un lugar central en lo que es el liderazgo en Johnson & Johnson. Sandra dice que «a Joaquín le apasiona hacer de Johnson & Johnson una cultura de aprendizaje».

Sobre el terreno, encontramos ejemplos de cómo el enfoque de coaching lo impregna todo:

- Una importante renovación del proceso de incorporación de nuevos líderes ha integrado la formación en coaching como componente fundamental del plan de estudios.
- Un itinerario digital de aprendizaje centrado en este objetivo: todos los empleados de Johnson & Johnson tienen acceso a Coaching: El método para mejorar el rendimiento de las personas en formato electrónico.
- En cuanto a la inclusión del GROW en la formación de liderazgo básica, Sandra afirma: «Empezamos con una evaluación comparativa: ¿cuál es el mejor modelo de coaching del mundo? Y elegimos el modelo GROW de sir John Whitmore. Así empezó todo. Ahora forma parte del vocabulario habitual en todos los ámbitos».

Esa es la situación en la cúpula de la organización, pero ¿qué ocurre más abajo? Lo que observamos al trabajar con organizaciones de todo el mundo es que la chispa inicial suele provenir de una persona que tiene una visión de cómo podrían ser las cosas. Una de las personas que albergaba ese sueño en Johnson & Johnson es Charlene Higgins, directora global de coaching y desarrollo:

> El coaching puede tener un profundo impacto en nuestro negocio. Al dar vida a nuestro Credo, el coaching beneficiará a nuestros pacientes y clientes, empleados, comunidades y accionistas.

Cuando Charlene y su colega subieron al escenario ante más de ciento ochenta socios comerciales globales en la sede mundial de Johnson & Johnson, vestidos con el uniforme de coach con el logo de Johnson & Johnson y al son de «We Will Rock You» de Queen, encarnaron otra clave para el éxito de las iniciativas: la comunicación eficaz. Y funcionó. Al mes siguiente, y en las veinticuatro horas posteriores al lanzamiento global del programa Transformational Leader, todos los talleres se llenaron y se crearon listas de espera. El lanzamiento estableció un récord mundial para Johnson & Johnson con la aceptación más rápida de un programa hasta la fecha. El sueño se estaba haciendo realidad.

Entonces, ¿cuál es el impacto de un líder coach? Sandra dice: «Hay ciertas áreas de nuestra organización que ya son buenas en esto, como nuestras organizaciones de ventas. Los líderes de ventas tienen que ser grandes coaches; es el 50 por ciento de su trabajo».

Tuvimos la oportunidad de poner a prueba esta teoría cuando trabajamos con Kevin Frost, director de Liderazgo de Ventas de Johnson & Johnson Innovative Medicine. Kevin es un líder apasionado que cree que «disponer de datos sobre la eficacia del coaching y su correlación con los resultados de ventas nos proporciona información sobre cómo nos podemos desarrollar como coaches y nos ofrece la oportunidad de centrarnos en mejorar». Encuestamos a más de 300 líderes de ventas y 2.000 subordinads directos de Johnson & Johnson Innovative Medicine y los resultados fueron sorprendentes y concluyentes:

- La capacidad de coaching transformacional proporciona a los líderes una ventaja significativa en cuanto al rendimiento.
- Los equipos dirigidos por un líder transformacional consiguen un mayor rendimiento y un mayor compromiso.

Este interesante estudio es la última investigación que demuestra que los líderes que practican el coaching obtienen mejores resultados que los que no lo hacen.

Entonces, ¿cómo es vivir y trabajar en una cultura de coaching interdependiente?

> Los líderes de alto rendimiento suelen mostrar comportamientos que fomentan una cultura de confianza, adaptabilidad y alto compromiso. Cuentan con equipos que a menudo superan las expectativas, lo que sugiere un grado significativo de empoderamiento y confianza en la capacidad de sus equipos. Estos líderes no necesitan saber todas las respuestas para sentirse cómodos, lo que denota humildad y apertura al aprendizaje.

Son flexibles en sus estilos de liderazgo y confían en que sus equipos lograrán los resultados deseados sin interferencias innecesarias. Estos líderes prestan tanta atención a cómo se logran los resultados como a lo que se entrega, lo que indica un enfoque tanto en el proceso como en el resultado. La capacidad de un líder de alto rendimiento para recuperarse rápidamente de los fracasos y su enfoque en crear un entorno seguro para una conversación abierta y honesta respaldan aún más una cultura resiliente y transparente.

Mientras leemos esto, nos llama la humanidad de los líderes de Johnson & Johnson Innovative Medicine y la cultura que crean. Y, por supuesto, Johnson & Johnson tiene claras las razones comerciales que hay detrás de esta iniciativa. Kevin afirma: «El coaching para los líderes de ventas se consideraba el área principal en la que centrarse para mejorar el rendimiento; los datos respaldan que, cuando se imparte un buen coaching, se puede observar un aumento de hasta 20 por ciento en el rendimiento». Aquí vemos claramente la definición de coaching en la práctica.

ESTUDIO DE CASO 2: LINDE AG

Linde AG, líder mundial en gases industriales e ingeniería, se puso en contacto con nosotros para implantar una cultura de rendimiento en materia de seguridad en todas sus plantas. Quizás no haya oído hablar de Linde, pero sus gases se utilizan en casi todas las industrias, en hospitales y en el transporte público, e incluso para añadir burbujas neutras para el clima a la Coca-Cola en Suecia. Cuando nuestro equipo analizó el trabajo que ya se estaba llevando a cabo en Linde, quedó muy impresionado al ver hasta qué punto se medía la cultura. En Performance Consultants creemos desde hace ya mucho tiempo que es algo que se debería hacer de forma universal, pero, como ya hemos dicho, pocas empresas lo hacen. Cuando el equipo ahondó en por qué Linde medía su cultura de un modo tan sofisticado, lo entendió: estaban en juego las vidas de las personas.

Las empresas como Linde se denominan «organizaciones de alta fiabilidad».

Las empresas como Linde se denominan «organizaciones de alta fiabilidad» (HRO, por sus siglas en inglés) y son organizaciones que buscan un rendimiento sin errores sostenible a pesar de que operan en condiciones complejas y peligrosas en las que las consecuencias de un error podrían ser catastróficas; son situaciones de vida o muerte. Otros tipos de organizaciones a las que se puede calificar de HRO son las compañías petroleras, las compañías aéreas, las autoridades de control aéreo, las centrales nucleares y las plantas petroquímicas.

Nuestro equipo investigó el trabajo llevado a cabo por las HRO y otras organizaciones en el ámbito de la «madurez de la seguridad» y descubrió que, efectivamente, se había llevado a cabo una labor exhaustiva. Los modelos de madurez de la seguridad analizan la madurez del comportamiento de una organización en materia de seguridad mediante la evaluación de su cultura. Existen muchos modelos que clasifican los resultados de seguridad en entre tres y ocho etapas de madurez del comportamiento, tal y como informan Foster y Hoult. Desde la perspectiva del coaching, cada una de esas etapas se relaciona con el desarrollo humano y los niveles de la jerarquía de necesidades de Maslow (véase el capítulo 1) y la teoría de William Schutz sobre el comportamiento interpersonal en equipos (véase el capítulo 16). También se correlacionan con el nivel de inteligencia emocional del líder. Al igual que las personas, se considera que las culturas se desarrollan por etapas.

Los modelos de madurez en materia de seguridad se centran en la seguridad, pero el equipo reconoció en ellos los principios del coaching y se dio cuenta de que el trabajo en materia de seguridad se podía ampliar de modo que incluyera una visión del rendimiento global de una organización. La estructura de mando y control de la gestión tradicional crea interferencias porque, por definición, lo que hacen las personas es seguir las normas que se les han impuesto. Hay poco espacio para que se manifieste el potencial del ser humano, y el resultado es que tanto el rendimiento como los niveles de disfrute serán bajos. Así, a medida que el enfoque descendente de mando y control se sustituye por un estilo de liderazgo basado en el coaching, la interferencia disminuye, el potencial dispone de espacio emergente y el rendimiento mejora.

Aquí es donde la curva de rendimiento difiere de los modelos de seguridad. Hemos cambiado el enfoque de la seguridad para aplicarlo a un indicador clave general: el rendimiento. Al observar la curva de rendimiento, las organizaciones o las personas pueden hacerse una idea inmediata de dónde se encuentran, ya sea desde la perspectiva de «esta es la cultura de mi organización» o «esta es la cultura que yo contribuyo a crear». A partir de esa conciencia, obtendrán una visión de lo que hay que cambiar para mejorar el rendimiento. Profundizamos en el coaching para el rendimiento en materia de seguridad en la parte IV, capítulo 18.

Quizá, el modelo de madurez en materia de seguridad más conocido sea la curva de Bradley. La historia de cómo surgió ayuda a entender el impacto directo que la madurez cultural de una organización ejerce sobre el rendimiento general. En la década de 1990, el gigante químico DuPont se propuso determinar por qué el rendimiento en términos de seguridad operativa era mejor en algunas de sus plantas que en otras. Su equipo de investigación realizó encuestas a los trabajadores de cada una de sus plantas en todo el mundo y descubrió una correlación directa entre la cultura del grupo y su nivel de seguridad, productividad y rentabilidad. En otras palabras, descubrieron que, a medida que la cultura maduraba, el rendimiento mejoraba en todos los ámbitos. Inspirado por el libro de Stephen Covey *Los 7 hábitos de la gente altamente efectiva*, Verlon Bradley, entonces director de planta de DuPont, se dio cuenta de que podía correlacionar los comportamientos observados en cada planta con las tres etapas de madurez de Covey (dependencia, independencia e interdependencia) y relacionarlos con el rendimiento en materia de seguridad. Por supuesto, Covey hablaba de un modelo de desarrollo individual y la genialidad de Bradley consistió en traducirlo de un modo articulado y práctico en un modelo de eficacia de liderazgo. Los datos recopilados posteriormente por DuPont demostraron una correlación directa entre la madurez de la cultura de la organización y su índice de frecuencia de lesiones y el rendimiento sostenible en materia de seguridad, exactamente como predecía la curva de Bradley. A partir de las respuestas a su encuesta sobre la percepción de la seguridad, se pudo calcular una fuerza cultural relativa, que mostró que la madurez cultural está correlacionada con un alto rendimiento organizativo.

Linde había llevado a cabo un estudio sobre la cultura de la organización mediante una encuesta en la que participaron sus sesenta y cinco mil empleados y que usaba la curva de Bradley. Concluyó que se encontraba en el sector dependiente de ese modelo. Un miembro del equipo de ingeniería de Linde, James Thieme, entonces director global de HSE (Salud, Seguridad y Medioambiente), había asistido a nuestro taller público de coaching y se dio cuenta de que el enfoque de liderazgo basado en el coaching reflejaba los comportamientos necesarios para una cultura interdependiente. Consiguió que Kai Gransee, entonces director de Construcción y Puesta en Marcha de HSE y que también vio la conexión, financiara un programa interno y se puso en contacto con nosotros para que colaborásemos con su equipo y lleváramos esas conductas a su organización. El equipo combinó talleres presenciales para altos directivos y aprendizaje electrónico a demanda para gerentes y supervisores, y enseñó al personal de Linde cómo abordar la seguridad laboral con un enfoque de coaching.

Pasar de la jerarquía al coaching fomenta el aprendizaje y la responsabilidad

En una cultura **dependiente**, como la de Linde era al principio, los empleados han de cumplir las normas. La mentalidad prevalente entre los jefes es un «ojalá hicieran lo que les pido», lo que conduce a la culpa y a las críticas. Al fin y al cabo, cuando creemos que alguien se ha equivocado, ¿cuál es nuestra primera respuesta? La tendencia humana natural es criticar o culpar. La investigación del psicólogo John Gottman demuestra que cuando la crítica se convierte en la norma, las relaciones fracasan. De hecho, la crítica es un estilo de comunicación tan negativo que se asocia al primero de los cuatro jinetes del Apocalipsis, en referencia a las figuras bíblicas cuya aparición anuncia el fin del mundo. La investigación de Gottman sobre las relaciones de pareja reveló el motivo para ello: si la culpa y la crítica son prevalentes en un estilo comunicativo y eso no cambia, el fracaso de la relación puede predecirse con un 90 por ciento de aciertos.

En las organizaciones, esto se manifiesta en la fractura de las relaciones y en el bloqueo del aprendizaje. Andrew Hopkins lo describe en su libro *Failure to Learn*, que trata de la explosión en 2005 de la refinería de BP en la ciudad de Texas (Estados Unidos), donde murieron 15 trabajadores y más de 170 resultaron heridos. Hopkins dice: «Una de las características interesantes de la psicología humana es que, una vez que hemos encontrado a quién culpar, ponemos fin a la búsqueda de explicaciones». Añade que se trata de una conclusión falsa, porque nadie averiguó por qué esas personas hicieron lo que hicieron de esa manera. Así el aprendizaje se bloquea. Por lo tanto, vemos claramente que la mentalidad prevalente de los líderes crea las condiciones necesarias para un menor rendimiento.

Lo que los líderes podrían hacer en lugar de eso es aplicar la curiosidad, una de las habilidades del coaching y el antídoto de la culpa. Cuando cesan conductas como la culpabilización, disminuyen las interferencias como el miedo y la inseguridad. Cuando enseñamos principios y prácticas generales del coaching, nuestra formación en Linde sacó a la luz conductas como críticas y culpabilización, que interfieren en el aprendizaje, y enseñó conductas interdependientes alternativas, como la curiosidad y la colaboración, que aumentan el potencial. Uno de los diseñadores de planta de la empresa, Abhinav Singhal, lo explicó así en el *Financial Times*:

> Me empecé a dar cuenta de que, si hablas de verdad con la gente, si de verdad entiendes lo que hacen, cómo pueden mejorar... entonces sí, tenemos margen de mejora.

En este ejemplo, podemos ver el coaching y la transformación cultural en acción. El impacto del proceso de coaching fue un asombroso descenso del 74 por ciento de los incidentes en el trabajo, lo que supuso un beneficio evidente para las personas, el planeta y la cuenta de resultados. En 2018, y por primera vez en su historia, Linde no perdió tiempo debido a accidentes de trabajo en ninguna de sus obras. En términos de la curva de rendimiento, eso supone una mejora tangible y significativa del rendimiento. Cada avance hacia la interdependencia lleva a una mejora del rendimiento. Y, para Christian Bruch, entonces director ejecutivo de Linde, el impacto general fue aún mayor: «En mi opinión, la formación de Performance Consultants no solo tuvo que ver con la seguridad, sino que fue una prueba piloto acerca del liderazgo... La cuestión era: si no podemos gestionar la seguridad, ¿cómo vamos a gestionar la empresa?

ESTUDIO DE CASO 3: MICHELIN

Michelin, el fabricante de neumáticos, es otro ejemplo de organización que se quiso alejar de forma consciente de una cultura de dependencia y lanzó una iniciativa exitosa para sustituir la jerarquía por confianza en las plantas de producción de seis países. Andrew Hill, del *Financial Times*, afirma que los empleados de la fábrica en Le Puy-en-Velay (Francia) describen ahora a sus líderes como coaches. Olivier Duplain, el jefe de producción, admite que es posible que, al no dar órdenes, pueda dar la impresión de que se ha perdido poder, «pero ahora el equipo rinde diez veces más». No es sorprendente, entonces, que el CEO, Jean-Dominique Senard, haya anunciado un plan para todo el grupo (más de 105.000 empleados en diecisiete países) para aumentar la agilidad y la capacidad de respuesta ante los clientes a partir de la capacitación y de la responsabilidad personal.

UNA MENTALIDAD INTERDEPENDIENTE EQUIVALE A UNA MENTALIDAD DE ALTO RENDIMIENTO

Para terminar, la curva de rendimiento plasma lo que muchos expertos en desarrollo humano saben desde hace mucho tiempo: el estilo de liderazgo basado en el coaching facilita una cultura de alto rendimiento, porque cambia la mentalidad de la organización hacia la interdependencia. En su pirámide, Maslow describió las condiciones para la autorrealización, que se corresponden con la interdependencia. Y en *Los 7 hábitos de la gente altamente efectiva*, Stephen Covey dijo:

Al observar el terreno que tenemos por delante, vemos que estamos ingresando en una dimensión completamente nueva. Sea uno el presidente de una compañía o el portero, el momento en que pasa de la independencia a la interdependencia, avanza hacia un rol de liderazgo.

Invitamos a los líderes a que se desarrollen y a que adquieran la capacidad de dirigir organizaciones interdependientes en que las personas puedan crecer y desplegar su potencial. Las organizaciones que facilitan una cultura interdependiente acceden al potencial de todos y cada uno de sus empleados y transforman la relación entre empleado y empresa. Esta es la ventaja única del coaching y del desarrollo organizacional.

Aún queda una gran pregunta por resolver: ¿Por qué no evalúan activamente su cultura todas las organizaciones? Las HRO como Linde no tienen más remedio que adoptar una actitud proactiva con respecto a la cultura porque para ellas es, literalmente, una cuestión de vida o muerte. Creemos que, en el futuro, todas las empresas evaluarán su cultura y adoptarán una actitud proactiva hacia ella. Al fin y al cabo, si no puede medirse, no puede gestionarse.

Ahora que entiende lo importante que es el coaching para mejorar el rendimiento y que el coaching es realmente más que coaching, exploremos juntos los principios del coaching: las actitudes y las conductas que sustentan el alto rendimiento.

SEGUNDA PARTE

LOS PRINCIPIOS DEL COACHING

3
EL COACHING ES INTELIGENCIA EMOCIONAL PUESTA EN PRÁCTICA

La inteligencia emocional (IE) tiene el doble de importancia que la capacidad cognitiva (CI) a la hora de predecir el rendimiento extraordinario.

DANIEL GOLEMAN

EL COACHING ES UNA MANERA DE SER

El coaching es más que una técnica que uno se saca de la chistera y aplica con rigidez en circunstancias concretas y prescritas. El coaching es una manera de liderar y gestionar, una manera de tratar a las personas, una manera de pensar y una manera de ser. Anhelo el día en que la palabra *coaching* desaparezca completamente de nuestro vocabulario y se convierta, sencillamente, en la forma en que nos relacionamos con los demás en el trabajo y en el resto de los entornos. Quizá se pregunte por qué defendemos el coaching como una forma fundamental de operar y por qué es tan grande el impacto que se consigue cuando los líderes participan en un proceso de coaching e integran las habilidades del coaching para crear su propio estilo como líderes coach.

El coaching transformacional es la práctica de la inteligencia emocional. Antes de reflexionar sobre qué quiero decir con eso, le invitamos a que haga un ejercicio breve. Ser consciente de que las personas clave que han influido positivamente en su vida son poseedoras de una gran inteligencia emocional le ayudará a entender su potencia. El ejercicio siguiente es uno de los que llevamos a cabo en nuestros talleres y que usted puede completar ahora para experimentar en primera persona el impacto de la inteligencia emocional. Responda por escrito a las siguientes preguntas antes de seguir leyendo.

ACTIVIDAD:

Experimentar la inteligencia emocional

Piense en alguien con quien le gustaba estar cuando era más joven (no en sus padres, pero quizás en un abuelo, un maestro o alguien a quien admiraba). Cuando estaba con esa persona:

1. ¿Qué es lo que le gustaba tanto de lo que hacía?
2. ¿Cómo se sentía usted?

Reflexione sobre las actitudes y las conductas de esa persona. Anote sus respuestas.

Después de haber planteado este ejercicio en países de todo el mundo, hemos visto que casi todos los participantes responden aproximadamente lo mismo. Las características y las cualidades que las personas recuerdan coinciden, independientemente del país o de la cultura. ¿Ve sus propias respuestas, o algunas parecidas, en la lista siguiente?

La persona...	Yo me sentía...
• Me escuchaba	• Especial
• Creía en mí	• Valorado
• Me planteaba retos	• Seguro de mí mismo
• Me demostraba confianza y respeto	• A salvo, cuidado
• Me prestaba atención y me dedicaba su tiempo	• Apoyado
	• Entusiasmado, entretenido
• Me trataba de igual a igual	• Creía en mí mismo

Obviamente, hay otras respuestas, pero estas son las más frecuentes. Desarrollar la inteligencia emocional o elegir las conductas adecuadas no consiste en comparar las competencias y conductas que poseemos con un ideal académico. Es mucho más fácil que eso: basta con recordar a esa persona mayor especial y compararnos con lo que pensaría o haría en esta o aquella circunstancia. Tenía inteligencia emocional a espuertas, así que usémosla como modelo. Reflexione sobre las siguientes preguntas: ¿Qué dirían los demás acerca de usted? ¿Cómo hace sentir a los demás?

La inteligencia emocional es la capacidad de relacionarse con los demás desde un paradigma de confianza en lugar de un paradigma de miedo, por lo que se asienta firmemente en el sector interdependiente de la curva de rendimiento, que es el que da lugar al alto rendimiento. Hubo que esperar a que Daniel Goleman publicara su libro en 1995 para que la inteligencia emocional se convirtiera en algo no solo aceptable, sino deseable, hasta el punto de ser necesario en el mundo empresarial. La investigación de Goleman concluyó que una inteligencia emocional elevada (a la que llamó CE o IE) confiere a los líderes una significativa ventaja en cuanto a rendimiento. Descubrió que la inteligencia emocional es dos veces más importante (66 por ciento en comparación con el 34 por ciento) que el conocimiento académico o técnico para el éxito en el trabajo. Y esto es así para todos, no solo para los líderes, y en términos tanto de relaciones personales como de productividad. En el caso de los cargos de responsabilidad, la proporción es aún mayor y explica más del 85 por ciento del «rendimiento estrella» en los mejores líderes. Ahora todo el mundo quiere tenerla. Es un requisito previo para un coach profesional y clave para todo aquel que desee ser un gran líder.

La inteligencia emocional puede describirse como inteligencia interpersonal o, para ser aún más claro, como habilidades personales y sociales. Goleman y otros han definido muchas competencias, como la seguridad en uno mismo, la empatía, la capacidad de adaptación o ser un catalizador para el cambio, las cuales pueden clasificarse en cuatro grupos: conciencia de uno mismo, gestión de uno mismo, conciencia social y gestión de las relaciones. Parece bastante sencillo y todos poseemos, en mayor o menor medida, todas estas competencias. Las personas con inteligencia emocional las encarnan más plenamente que los demás, eso es todo.

La inteligencia emocional como una competencia para la vida

Si la inteligencia emocional es una competencia tan importante para la vida y se supone que la escuela sirve para preparar a los niños para la vida, que no todas las escuelas incluyan la inteligencia emocional en sus programas es una omisión inexcusable. Por supuesto, esto se debe a que se asume que estas habilidades se adquieren mediante la interacción social con los iguales y con los adultos, y que ni se pueden enseñar ni es necesario hacerlo. Ambas premisas son erróneas. De hecho, la escuela sería un entorno ideal para desarrollar la inteligencia emocional de los más pequeños, a través del juego, de ejercicios interactivos estructurados y del coaching.

CONCIENCIA

Realizar coaching individual o enseñar a un grupo de líderes a adoptar un estilo de coaching transformacional es la manera más potente de desarrollar las competencias de inteligencia emocional que han demostrado ser fundamentales para el alto rendimiento. Y todo empieza con uno de los pilares del coaching: la conciencia (Figura 4). El motivo es que la conciencia es terapéutica: los seres humanos son sistemas de aprendizaje naturales. Una vez que somos conscientes de algo, tenemos la opción de cambiarlo. La conciencia tiene varias facetas:

Conciencia de uno mismo: entender por qué hacemos lo que hacemos

Consiste en aprender a reconocer las propias tendencias humanas, interferencias internas y sesgos, para poder decidir conscientemente cómo responder en lugar de reaccionar. Esto conduce a la mejora del rendimiento, porque nos permite autogestionarnos y superar los obstáculos internos que nos impiden desplegar nuestro potencial.

Conciencia de los demás: ver a la persona que hay detrás del rendimiento

Consiste en aprender a identificar las fortalezas, las interferencias y las motivaciones de los demás, para poder gestionar las relaciones personales e inspirar y colaborar con éxito con las personas y los equipos. Adoptar actitud de curiosidad, escucha y colaboración hacia las personas con las que trabajamos nos ayuda a mejorar las habilidades sociales.

Conciencia de la organización: crear un impacto positivo sobre la cultura

Consiste en aprender a alinear los objetivos individuales, del equipo y de la organización, y en desarrollar un estilo de coaching que permita generar un alto rendimiento, aprendizaje y satisfacción.

FIGURA 4: *El coaching transformacional es la práctica de la inteligencia emocional*

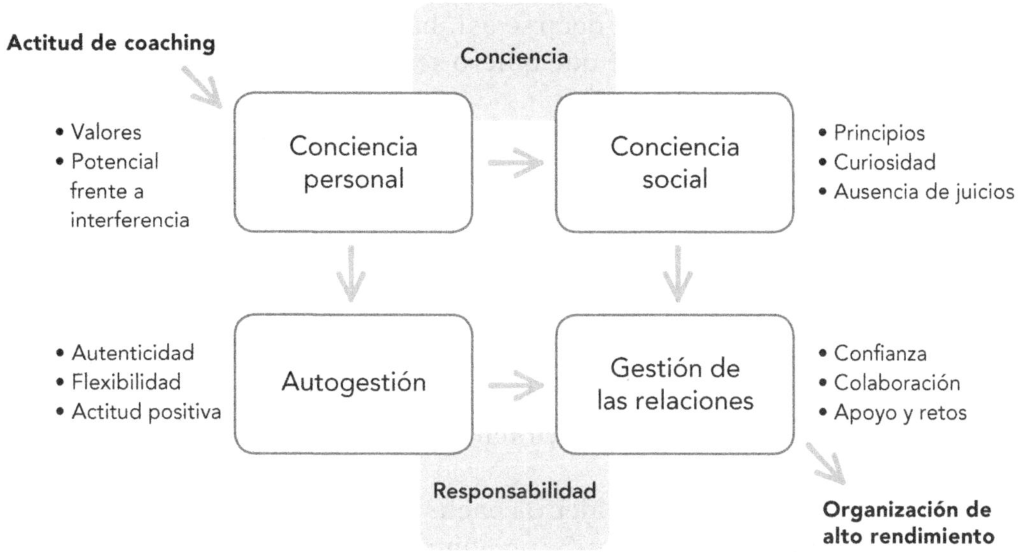

Actitud de coaching

Conciencia

- Valores
- Potencial frente a interferencia

Conciencia personal

Conciencia social

- Principios
- Curiosidad
- Ausencia de juicios

- Autenticidad
- Flexibilidad
- Actitud positiva

Autogestión

Gestión de las relaciones

- Confianza
- Colaboración
- Apoyo y retos

Responsabilidad

Organización de alto rendimiento

LA INTELIGENCIA ESPIRITUAL

Aún no habíamos acabado de digerir el impacto que ejerce la inteligencia emocional cuando empezaron a aparecer libros que defendían los méritos de la inteligencia espiritual. Aquí, espiritual no tiene un sentido religioso, sino que, según la definición de Ian Mitroff y Elizabeth Denton, es «el anhelo básico de encontrar un sentido y un propósito definitivos en la vida y de vivir una vida integrada». El sentido y el propósito son los motivadores del nivel de realización personal de Maslow y de la actitud de interdependencia. En su libro sobre inteligencia espiritual, Danah Zohar e Ian Marshall citan a un empresario de treinta y seis años de edad que describía la crisis de sentido en su vida corporativa:

> Dirijo una gran empresa de mucho éxito, aquí en Suecia. Tengo buena salud, una familia maravillosa y una buena posición en la comunidad. Supongo que puede decirse que tengo «poder». Sin embargo, no tengo claro qué estoy haciendo con mi vida. No estoy seguro de que esté en el camino correcto haciendo el trabajo que hago.

Explicó que estaba muy preocupado por la situación mundial y, sobre todo, por el estado del medioambiente y la desintegración de la comunidad. Creía que la población evitaba enfrentarse a la verdadera escala de los problemas que se cernían sobre ella. Y las grandes empresas, como la suya, eran especialmente culpables de no enfrentarse a dichos problemas. «Quiero hacer algo al respecto —prosiguió—. Quiero, si puede decirse así, hacer que mi vida sirva para algo, pero no sé cómo hacerlo. Solo sé que quiero ser parte de la solución, no del problema».

Tal y como afirma John McFarlane en el prólogo de este libro, «nuestra responsabilidad, en tanto que líderes, es crear para nuestra gente una aventura emocionante, pero segura. Cómo se sienten las personas que trabajan en una organización y cuál es su grado de pasión y compromiso con esta es lo que marca la diferencia entre las buenas empresas, las empresas magníficas y las empresas extraordinarias». Las personas quieren formar parte de la solución y que sus vidas tengan sentido. Las organizaciones pueden aprovecharlo si ayudan a sus líderes a desarrollar un estilo de coaching. Y los coaches externos pueden ayudar a desarrollar la inteligencia emocional de los líderes con sesiones individuales.

¿Qué habilidades necesita el líder o coach? Sin duda, necesita desarrollar las habilidades fundamentales de plantear preguntas potentes que generen **conciencia** y **responsabilidad**, escuchar bien y seguir el modelo GROW, que describo en la tercera parte del libro. Si desean alcanzar la máxima efectividad, han de pasar a un nivel de coaching más avanzado. El coaching puede ofrecer muchísimo más y puede llevar al líder y al coach a la siguiente evolución de sí mismos y, efectivamente, a la siguiente evolución de la organización para la que trabajan. Describir en profundidad el coaching avanzado iría más allá del alcance de este libro, pero en la quinta parte del mismo presentamos algunos de los principios y conceptos que sustentan nuestros talleres de coaching avanzado.

Creemos que actividades como el ejercicio de visualización siguiente ayudan a las personas a conectar con el tipo de líder que quieren ser. El líder que se ven siendo en el futuro suele encarnar la inteligencia emocional. De los atributos de la inteligencia emocional que hemos planteado, ¿cuáles se ven más reflejados en su yo futuro? Si piensa en el presente, ¿en qué medida los encarna ahora? Elija uno y concéntrese en incorporarlo más plenamente en su trabajo. Si cree que el coaching podría ayudarle a desarrollar este aspecto, complete el ejercicio de autocoaching en la «Guía de preguntas de coaching» («Bolsa de preguntas 1»).

	ACTIVIDAD:
Adopte una postura cómoda, sentado y con ambos pies apoyados en el suelo. Preste atención a la sensación del suelo bajo los pies. Haga rotaciones de hombro, para relajarlos. Preste atención a la respiración... inspire, espire... Cuando inspire, imagine que inhala claridad y aire fresco. Cuando espire, imagine que expulsa la angustia y la preocupación. Repita tres veces esta respiración.	*Visualización*

Ahora, imagine que camina por una calle un día soleado. Mire a su alrededor y fíjese en cómo se siente al avanzar por esa calle. En unos instantes se encontrará con alguien que avanza hacia usted. Esta persona es usted en el futuro, su yo futuro. Su yo futuro es el líder que soñaba ser. A medida que camina, ve a esa persona, a su yo futuro, cada vez más cerca. Cuando por fin se encuentren, salúdelo. Fíjese en cómo lo saluda. Fíjese bien en él. ¿Qué ve? ¿Cómo se comporta? ¿Cómo le hace sentir? ¿Le gustaría preguntarle algo? De ser así, pregúnteselo y atienda para escuchar la respuesta.

Ahora despídase de esa persona y agradézcale que haya venido hoy a visitarlo.

Vuelva lentamente al presente. Empiece por centrar la atención de nuevo en su postura. Ahora mueva los dedos de las manos y de los pies. Finalmente, abra los ojos y siéntase plenamente descansado, revitalizado y presente. Escriba lo que desee recordar de la visualización.

PRINCIPIOS GUÍA

¿Cuáles son los principios guía que ayudarán a los líderes con inteligencia emocional a crear un trayecto con sentido y propósito para sus equipos?

- **Los líderes del futuro liderarán desde un estilo de coaching, en lugar de basarse en el «ordeno y mando».** Retener el talento es crucial, y las expectativas acerca de cómo se trata a los empleados aumentan rápidamente. Las órdenes, las instrucciones, la autocracia y la jerarquía cada vez tienen menos tracción y son menos aceptadas. La buena gente quiere más capacidad de elección, más responsabilidad y más diversión en sus vidas. Y eso incluye el puesto de trabajo.
- **El estilo de liderazgo determina el rendimiento, y el estilo de coaching ofrece el rendimiento más elevado.** La relación entre el rendimiento y el

estilo de liderazgo está bien documentada (en el capítulo anterior hemos hablado de ello). ¿Qué empresa no desea mejorar su rendimiento? Las organizaciones, tanto del sector público como del privado, lo aceptan de manera generalizada en el plano intelectual, pero tienen dificultades a la hora de incorporar y encarnar las conductas que defienden. En muchos casos, tanto los líderes como sus equipos se unen en la resistencia al cambio, a pesar de que eso no beneficia ni a los unos ni a los otros.

- **Ayudar a otros a construir su conciencia, su responsabilidad y, en consecuencia, la seguridad en sí mismos sienta las bases de la propia capacidad de liderazgo en el futuro.** Por definición, los líderes han de tomar decisiones a diario y, si quieren ser eficaces, han de contar con estos atributos personales fundamentales. El coaching crea líderes y, en la actualidad, falta liderazgo en todos los sectores, en todas las instituciones y en todos los países.

- **El contexto externo en el que operan las organizaciones cambia con rapidez y, en gran medida, por circunstancias que escapan al control de la empresa o incluso del país.** La globalización, las comunicaciones instantáneas, las crisis económicas, la responsabilidad social corporativa, los problemas con la cadena de suministro global y los enormes problemas medioambientales son algunos de los ejemplos más evidentes, pero hay muchos más. Afrontar tanto estas circunstancias como la propia velocidad del cambio requiere nuevas habilidades de liderazgo.

El siguiente capítulo plantea cómo el líder puede ejercer de coach y ayudar así a lograr una cultura de alto rendimiento.

4

EL LÍDER COMO COACH

*Se ha de percibir al líder como un apoyo,
no como una amenaza.*

Nos encontramos ante una situación paradójica, porque, tradicionalmente, el líder (el jefe) tiene en sus manos la nómina y la llave para el ascenso... o para el despido. Esto está bien siempre que uno crea que la motivación de los equipos pasa por la aplicación juiciosa de la zanahoria y del palo. Sin embargo, para que el coaching pueda dar sus mejores frutos, la relación entre el coach y la persona que se ha puesto en sus manos ha de ser de colaboración, confianza, seguridad y presión mínima. La nómina, la llave y el despido no tienen cabida aquí, ya que solo servirían para inhibir la relación.

¿PUEDE EL LÍDER SER UN COACH?

Entonces, ¿puede un líder ser también un coach para sus empleados? Sí, pero tal y como hemos visto en el capítulo anterior, el coaching es inteligencia emocional puesta en práctica y requiere que el líder demuestre las cualidades más elevadas: empatía, integridad y equilibrio, además de la voluntad, en la mayoría de los casos, de adoptar una actitud fundamentalmente distinta hacia los subordinados. También tendrá que encontrar su propia manera de hacer, porque dispondrá de pocos modelos que seguir, y es posible que incluso deba superar la resistencia de sus propios subordinados, que pueden mostrarse suspicaces ante cualquier desviación de la gestión tradicional. Quizá teman la mayor responsabilidad personal que entraña un estilo de liderazgo basado en el coaching. Estos problemas pueden anticiparse y, por lo general, se resuelven con facilidad con el propio coaching, siempre que se adquieran conductas diferentes a las del pasado. La buena noticia es que las conductas de coaching se pueden aprender mediante programas de formación en coaching como Coaching for Performance. En 2020, la ICF y PricewaterhouseCoopers informaron de que el 93 por ciento de los líderes usaban habilidades de coaching y habían recibido formación específica en coaching; de hecho, el 79 por ciento de ellos habían completado programas acreditados o aprobados por una organización profesional de coaching, y el 78 por ciento habían llevado a cabo sesenta o más horas de formación específica en coaching. Son las mismas horas que se exige para acreditarse como coach.

ESTILO DIRECTIVO TRADICIONAL

Las polaridades de la gestión o del estilo de comunicación a los que estamos acostumbrados ubican el enfoque autocrático en un extremo, y el dejar hacer y esperar lo mejor en el otro. El estilo directivo tradicional, representado en la Figura 5, se enmarca en las fases de dependencia y de independencia de la curva de rendimiento.

FIGURA 5: *El estilo directivo tradicional*

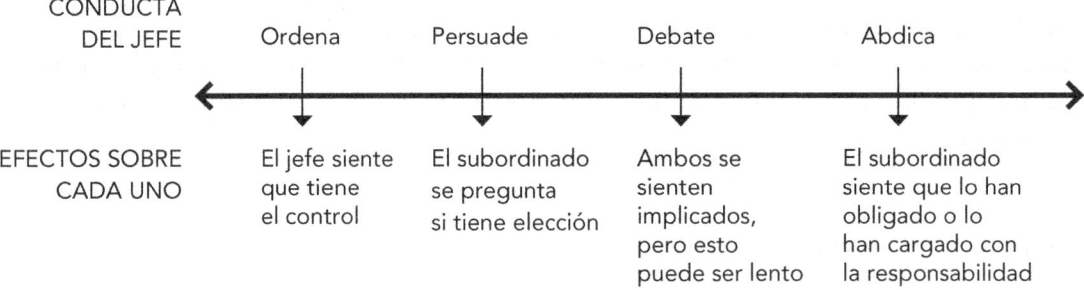

CONDUCTA DEL JEFE	Ordena	Persuade	Debate	Abdica
EFECTOS SOBRE CADA UNO	El jefe siente que tiene el control	El subordinado se pregunta si tiene elección	Ambos se sienten implicados, pero esto puede ser lento	El subordinado siente que lo han obligado o lo han cargado con la responsabilidad

Ordena

Cuando éramos pequeños, nuestros padres nos decían qué debíamos hacer. En la escuela, los profesores nos decían qué debíamos hacer. Cuando conseguimos nuestro primer trabajo, el jefe también nos decía lo que debíamos hacer. Por lo tanto, cuando alcanzamos un puesto de cierta autoridad, ¿qué hacemos? Decirles a nuestros subordinados lo que deben hacer, porque eso es lo que han hecho todos nuestros modelos. Y esto ha sido así para la mayoría de nosotros: nos han criado diciéndonos qué hacer, y la verdad es que se nos da muy bien.

El atractivo de ordenar o dictar reside, además de en su rapidez y sencillez, en que otorga al que da la orden la sensación de tener el control. Sin embargo, es una falacia porque lo que consigue es herir o desalentar a sus subordinados, que no se atreven ni a ofrecer ni a mostrar su opinión, que de todas maneras tampoco sería escuchada. El resultado es que se muestran obedientes ante la presencia del jefe, pero en cuanto desaparece, se comportan de manera distinta, con resentimiento y con un bajo rendimiento en el mejor de los casos, o con franco sabotaje en el peor. Es decir, esa persona no tiene control alguno, sino que se está engañando a sí misma.

El extremo dictatorial del espectro de la gestión tradicional presenta otro problema: acordarse de todo. Sencillamente, no recordamos a la perfección lo que se nos dice verbalmente. La tabla que aparece a continuación forma parte de la formación tradicional en coaching, pero es tan relevante que vale la pena reproducirla aquí.

Forma parte de una investigación llevada a cabo por IBM hace ya un tiempo, cuyos resultados han sido confirmados en estudios posteriores similares. Se dividió aleatoriamente a una muestra de personas en tres grupos, a los que se enseñó una misma cosa bastante sencilla con tres metodologías distintas. Los resultados hablan por sí solos y, una vez más, ponen de manifiesto la teoría del aprendizaje en la edad adulta, que postula que se aprende mejor a través de la experiencia. Sin embargo, lo que nos atañe especialmente es lo mucho que disminuye el recuerdo cuando la transmisión de la información es meramente verbal.

FIGURA 6: *Recuerdo tras la formación*

	Verbal	Verbal y demostración	Verbal, demostración y experiencia
Recuerdo a las 3 semanas	70 %	72 %	85 %
Recuerdo a los 3 meses	10 %	32 %	65 %

Cuando enseñamos esta matriz a un par de instructores de paracaidismo, se quedaron muy preocupados al ver que solo habían enseñado verbalmente los procedimientos de seguridad. Se apresuraron a cambiar el sistema para no tener que enfrentarse a una caída libre.

Persuade

Si nos desplazamos hacia la derecha a lo largo del espectro de gestión tradicional, llegamos a la persuasión o «venta». Aquí, el jefe presenta su buena idea e intenta convencernos de lo fantástica que es. Sabemos que lo mejor es no desafiarlo, así que sonreímos y llevamos a cabo sus instrucciones. Más amable, aunque un tanto falso, y, aparentemente, más democrático. Pero ¿lo es en realidad? Al final, acabamos haciendo exactamente lo que quiere el jefe y no le damos nuestra opinión. Nada ha cambiado demasiado.

Debate

Si avanzamos un poco más hacia la derecha, llegamos al debate, donde realmente se utilizan todos los recursos; es posible que un buen líder se muestre dispuesto a seguir un camino distinto al propio, siempre que vaya en la dirección correcta. Susan Wojcicki, directora ejecutiva de YouTube hasta 2023, declaró lo siguiente a la revista *Forbes*:

> Creo que, muchas veces, cuando la gente nos da feedback tendemos a querer negarlo y nos decimos que nos están criticando. Sin embargo, me he dado cuenta de que, sobre todo a medida que vas ascendiendo en la organización... es importantísimo dar un paso atrás, no tomártelo como algo personal y estar dispuesto a escuchar ese feedback.

En todo caso, y por atractivo que pueda resultar el debate democrático, puede consumir mucho tiempo y generar indecisión.

Abdica

En el extremo final de la escala, en el que se deja que el subordinado haga lo que le parezca mejor, el líder se ve liberado para dedicarse a otras tareas y otorga al subordinado libertad de elección. Sin embargo, esto supone un riesgo para ambos. El líder ha abdicado de su responsabilidad, pero sigue teniendo la última palabra, y el subordinado puede no desempeñar bien la tarea si desconoce aspectos de la misma. A veces, la intención de los líderes que se inhiben es buena, porque desean que los subordinados aprendan a asumir más responsabilidades. Sin embargo, esta estrategia pocas veces logra su objetivo, porque si el subordinado la asume por obligación y no por decisión propia, su responsabilidad personal sigue siendo baja y su rendimiento no reflejará los beneficios que el jefe deseaba generar.

Coaching

La mayoría de los líderes se ubica en algún lugar entre esos extremos, pero el coaching se encuentra en un lugar completamente distinto y combina los beneficios de ambos extremos, al tiempo que evita sus riesgos (Figura 7).

Cuando responde a las preguntas del líder coach, el subordinado toma conciencia de todas las facetas de la tarea y de las acciones que ha de emprender. Esta claridad le permite imaginar un éxito casi seguro y, por lo tanto, asumir la responsabilidad. Al escuchar las respuestas, el líder no solo llega a conocer el plan de acción, sino también el razonamiento que ha llevado a él. Sabe mucho más de lo que sabría si se hubiera limitado a dar órdenes al empleado y, por lo tanto, controla más lo que sucede. Como el diálogo y la relación que se establece en el coaching no son amenazantes y ofrecen apoyo, la conducta no cambia en ausencia del líder. En conclusión, el coaching otorga al líder un control real, no ilusorio, gracias al entendimiento mutuo generado, y da al subordinado una responsabilidad real, no ilusoria.

FIGURA 7: *Estilo de liderazgo basado en el coaching*

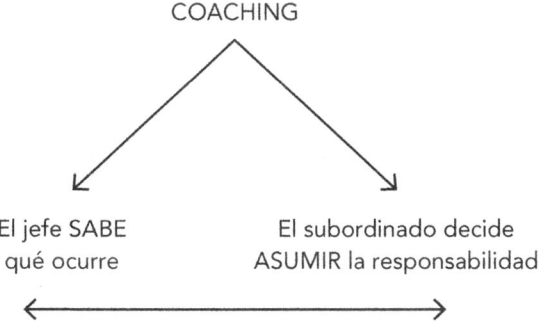

LA FUNCIÓN DEL LÍDER

¿En qué consiste la función del líder? Con demasiada frecuencia, los líderes se encuentran apagando fuegos y con dificultades para que la tarea se lleve a cabo. Ellos mismos admiten que son incapaces de dedicar el tiempo necesario a la planificación a largo plazo, a la programación, a la elaboración de una visión general, a valorar alternativas, a analizar la competencia, a pensar en nuevos productos, etcétera. Aún más importante, les resulta imposible dedicar tiempo al desarrollo de sus equipos, de su personal. Los envían a un par de cursos de formación y se dicen que con eso basta. Sin embargo, la inversión no suele dar gran fruto.

La tarea del líder es sencilla: conseguir que el trabajo se haga y desarrollar las capacidades del personal. Las presiones temporales y económicas dificultan esto último. El proceso de coaching logra ambas cosas.

Entonces, ¿de dónde se supone que deben sacar el tiempo los líderes para practicar el coaching con su personal? Dar órdenes es mucho más rápido. La respuesta, paradójicamente, es que si lo hacen, el personal crece y puede asumir mucha más responsabilidad, lo que libera al líder de la función de apagafuegos, no solo para practicar más coaching, sino también para atender las cuestiones importantes que solo él puede abordar. Por lo tanto, desarrollar las capacidades del personal se convierte en una cuestión de interés propio, en lugar de en una práctica idealista sin ningún valor añadido. Obviamente, habrá momentos en que todos tendrán que achicar el agua y olvidarse de las sutilezas, pero es algo aceptable y aceptado en una cultura en la que las personas se sienten valoradas.

Los directivos suelen preguntarme cuándo deben adoptar el papel de coach o, al menos, cuándo han de decidir entre emplear el coaching o limitarse a dar instrucciones. La respuesta es muy sencilla:

- Si el **tiempo** es el criterio predominante en una situación (por ejemplo, en una crisis inmediata), es muy probable que lo más rápido sea hacer el trabajo uno mismo o decirle a alguien qué debe hacer exactamente. Sin embargo, hay que recordar que esto solo ahorra tiempo a corto plazo; a largo plazo, esta conducta genera dependencia.
- Si lo que importa más es la **calidad** del resultado (por ejemplo, hay que confeccionar un informe completo y detallado), es muy probable que se obtengan los mejores resultados mediante el coaching, porque genera conciencia y responsabilidad personal.
- Si lo fundamental es generar el máximo **aprendizaje** (por ejemplo, alguien desempeña por primera vez una tarea concreta), es obvio que será el coaching lo que optimizará tanto el aprendizaje como la retención del mismo.
- Si es necesario conseguir una aceptación plena y un **compromiso** real (por ejemplo, aplicar una mejora en el servicio), el coaching crea la posibilidad de que esto suceda mucho más que limitarse a dar una instrucción verbal, que probablemente consiga obediencia, resistencia y falta de compromiso.

- Si lo importante son la **implicación** y la retención del talento (por ejemplo, personas con gran potencial, los *millennials*), el coaching es la manera más efectiva de alinear los deseos, las necesidades y las expectativas de las personas con la misión de la organización y, por lo tanto, de crear sentido y propósito para los empleados en el lugar de trabajo.

En la mayoría de las situaciones que se dan en el entorno laboral, el tiempo, la calidad y el aprendizaje siempre son importantes. Sin embargo, lo cierto es que, por desgracia, en la mayoría de las empresas, el tiempo se antepone a la calidad y el aprendizaje queda relegado a un triste tercer lugar. ¿Acaso resulta sorprendente, entonces, que a los líderes les cueste tanto dejar de dar órdenes y que el rendimiento laboral esté tan lejos del nivel que podría, y debería, alcanzar?

Si los líderes gestionaran basándose en los principios del coaching, no solo lograrían que aumentara la calidad del trabajo, sino que también fomentarían a su vez el desarrollo del personal. Parece demasiado bueno para ser verdad que se puedan tener doscientos cincuenta días anuales de trabajo bien hecho y de desarrollo de la plantilla, empleado a empleado. Pero eso es, precisamente, lo que logra el líder coach.

Performance Consultants impartió un programa de coaching para el liderazgo y de formación para formadores a 740 directivos y supervisores de IKEA, el minorista de muebles más grande de mundo. Cuando estos líderes empezaron a gestionar a sus equipos con un estilo de coaching, uno de los departamentos pasó de obtener los antepenúltimos peores resultados a lograr los mejores resultados de la organización. Las puntuaciones acerca de la capacidad de los líderes se dispararon del 60 por ciento al 90 por ciento en todas las categorías. Y los indicadores clave de rendimiento (KPI) aumentaron en un 5 por ciento.

CRECER EN EL PUESTO DE TRABAJO

Las oportunidades para crecer en el trabajo son diarias. Veamos el ejemplo de Sue, una empleada que está trabajando en una tarea que habían comentado y acordado con su líder, Mo, la semana anterior. Tiene un problema y acude a Mo:

SUE: He hecho lo que acordamos, pero no funciona.
MO: Prueba a hacerlo de este otro modo.

Aquí no hay coaching por ningún lado. Sue depende de Mo para que le dé la respuesta y Mo crea esa cultura de dependencia. Sin embargo, hay una alternativa de coaching basada en el principio de la interdependencia:

SUE: He hecho lo que acordamos, pero no funciona.

MO: Sé que le has dado muchas vueltas. ¿Cuál crees que es la mejor manera de continuar ahora?

SUE: Bueno, creo que podría dar marcha atrás para averiguar dónde se tuerce exactamente y ver si aparece algo nuevo.

MO: Parece lógico, sí. ¿Algo más?

SUE: De momento no, pero creo que si esto tampoco funciona, tendremos que revisar los cálculos originales.

MO: Me parece un buen plan. Estás progresando, Sue, aunque te pueda parecer que no. Sé que lo resolverás. Mantenme al corriente.

Al día siguiente, Mo va a ver a Sue:

MO: ¿Cómo fue?

SUE: Pues la verdad es que bastante bien. Descubrí que era una cuestión de tiempo y ahora sé qué hay que cambiar para que funcione.

MO: ¡Fantástico! Tu determinación y tu gran atención al detalle han dado resultado. ¿Cuál es el siguiente paso?

SUE: Ahora tengo que convencer a Sanjeev para que modifique el código lo antes posible, pero sé que ahora mismo está muy liado.

MO: ¿Qué crees que podría convencer a Sanjeev para que dé prioridad a la modificación?

SUE: Que se lo pidas tú.

MO: ¿Y si antes hablas tú con él? Creo que tienes más influencia de la que crees tener. Vuelve a verme antes de comer.

SUE: De acuerdo, lo intentaré.

Justo antes de comer, Sue le explica a Mo cómo ha ido la conversación.

SUE: He podido convencer a Sanjeev para que modificara los códigos inmediatamente. Ahora todo funciona.

MO: Fantástico, Sue. Bien hecho. ¿Cómo has convencido a Sanjeev?

SUE: Le he pedido ayuda y le he explicado lo importante que era solucionarlo hoy.

MO: ¿Y qué ha cambiado respecto a otras veces en que has intentado que hiciera algo rápidamente?

SUE: Le he preguntado si podía hacerlo, en lugar de decirle que tenía que hacerlo. Ha sido tan fácil como eso.

MO: Has hecho algo muy sencillo, pero también muy eficaz. ¿Qué has aprendido de todo el proceso?

SUE: Que he de simplificar las cosas y no asumir nada acerca de los demás.

En el ejemplo alternativo, Mo adopta los dos principios clave del coaching, la conciencia y la responsabilidad, de los que hablaremos en el capítulo 6. En esta breve interacción, Mo no ha culpado a Sue de nada ni ha demostrado irritación, y sí que la ha ayudado a resolver el problema por ella misma, a creer en ella misma y a aprender de la experiencia.

Además, Mo ha contribuido a crear una cultura de interdependencia y de alto rendimiento, ayudando a Sue a construir relaciones más sólidas con sus compañeros.

LA APLICACIÓN DEL COACHING

¿Cómo, dónde y para qué empleamos el coaching? Tal y como hemos explicado, el coaching implica crecer poniéndonos manos a la obra; la actitud basada en el coaching es una manera de ser y, por lo tanto, es relevante hagamos lo que hagamos. Tal y como veremos en el siguiente capítulo, la actitud basada en el coaching es aquella en que vemos al coachee como a un igual y como alguien que tiene la capacidad de superar las barreras y los obstáculos y lograr así desarrollar todo su potencial. Desde esta actitud podemos comunicarnos honestamente con esa persona, sea cual sea el tema de conversación.

En el entorno laboral hay varias situaciones evidentes en que la adopción de una actitud basada en el coaching mejora las interacciones:

- Establecimiento de objetivos
- Planificación estratégica
- Generar compromiso
- Motivar e inspirar
- Delegar
- Trabajo en equipo
- Resolución de problemas

- Planificación y seguimiento
- Desarrollo de personas y de equipos
- Desarrollo profesional
- Gestión del rendimiento
- Evaluaciones del rendimiento
- Feedback y valoraciones
- Alineación de las relaciones

La lista es infinita y las oportunidades que ofrece pueden abordarse o bien mediante un enfoque muy estructurado, o bien desde la postura del líder coach. En el segundo caso, hay que ser consciente de que, en el nivel superficial, la conversación puede parecer normal, y es posible que ni siquiera se mencione la palabra *coaching*. Y esto es más influyente y quizá más importante, porque lo que permite crecer en el trabajo es, precisamente, la conciencia y el empleo continuados de los principios del coaching durante las múltiples interacciones breves que ocurren entre los líderes y sus subordinados. En el siguiente capítulo abordamos este estilo de liderazgo basado en el coaching.

5
LIDERAZGO BASADO EN EL COACHING: COOPERACIÓN Y COLABORACIÓN

La cooperación y la colaboración crean equipos
que creen en sí mismos y se autogestionan.

Exploremos ahora las herramientas básicas que necesitará para practicar el coaching. Las dos características principales de un estilo de coaching son la cooperación y la colaboración, en contraposición a las órdenes y el control. El coaching es una conversación entre iguales y la ICF lo define como «un proceso de acompañamiento reflexivo y creativo con clientes que les inspira a maximizar su potencial personal y profesional». De este modo, una mentalidad de coaching crea inmediatamente una cultura de interdependencia, en contraposición a la cultura de dependencia que genera el estilo directivo tradicional. En lo que parece ser un contexto global de «hacer más con menos», para los líderes supone un gran alivio poder aprender cómo acceder a todo el potencial y a la sabiduría de sus empleados gracias a la cooperación y a la colaboración, en lugar de sentir la presión constante de tener que ofrecer todas las respuestas y tirar del carro solos. Los líderes que asisten a nuestros talleres nos dicen que sienten que se quitan un gran peso de encima y menos estrés.

EL ESPÍRITU DEL COACHING

El coaching es una manera de ser que surge del espíritu del coaching, que consiste en creer en la capacidad, los recursos y el potencial, tanto de uno mismo como de los demás, y que nos permite fijarnos en las fortalezas, las soluciones y el éxito futuro, en lugar de en las flaquezas, los problemas o el rendimiento pasado. Un estilo de liderazgo basado en el coaching nos exige que conectemos en el plano humano y más allá de la tarea (ser antes que hacer) y que abandonemos la creencia de que el líder es «el experto» que ha de decir a todos los demás cuál es la mejor manera de hacer las cosas. El coaching se basa en la confianza, en la seguridad y en el no juzgar al otro; es una cultura en la que las «mejores prácticas» no son las que conocemos, en la que el placer es esencial para el aprendizaje y en la que los tropiezos se conciben como oportunidades. Es un lugar en el que todo es posible y la colaboración es la facilitadora definitiva.

Luc Deflem, entonces director ejecutivo de Securex, participó en uno de nuestros talleres de coaching. Cuando hubo terminado, dijo: «Ha cambiado cómo trabajamos y cómo interactuamos en tanto que personas. Te vuelves muy fuerte en cuanto a las relaciones personales y transformas la interacción en el plano ejecutivo».

Hay algunas cuestiones básicas que crean y mantienen una actitud de coaching, de cooperación y de colaboración. Este capítulo trata de ellas.

MOTIVACIÓN INTERNA

El secreto de la motivación es el Santo Grial que todos los líderes empresariales desearían encontrar. La zanahoria y el palo, motivadores externos simbólicos, resultan cada vez menos efectivos. Muy pocos líderes dudan de que la motivación interna sea mucho mejor, pero obligar a alguien a sentirse motivado es una contradicción en sí misma. La motivación reside en el interior y está fuera del alcance incluso del gerente más persuasivo.

Desde que se inventó el trabajo, las personas han recurrido a una combinación de amenazas y recompensas para lograr que los demás hicieran su voluntad. El miedo es un contundente motivador, pero también un potente inhibidor de la creatividad y la responsabilidad. En la esclavitud solo hay palos, nada de zanahorias. Las zanahorias ayudan a la gente a rendir más y mejor, durante un tiempo, pero si la tratamos como burros, se comportarán como burros. Hemos tratado de lavar las zanahorias, cocinarlas y, además, buscar las más hermosas, mientras simultáneamente acolchábamos el palo o incluso lo escondíamos, como si no lo tuviéramos, hasta que necesitábamos sacarlo. De nuevo, el rendimiento mejoró... un poco.

Tras la pandemia por COVID-19 y las repercusiones financieras de la guerra en Ucrania, los trabajadores se encuentran con que los aumentos de sueldo están muy limitados y hay menos oportunidades de ascender. Durante una crisis económica global, conservar el empleo es lo mejor a lo que muchos pueden aspirar. Nos desespera la idea de aumentar el rendimiento y nos quedamos sin zanahorias. Por lo tanto, si nos falla el sistema de motivación, es crucial que cambiemos las ideas fundamentales que tenemos acerca de la motivación. Si queremos que las personas rindan de verdad, han de estar motivadas. Y los líderes que adopten una mentalidad de coaching facilitarán que esto suceda.

Para que una organización alcance una cultura realmente colaborativa en que las personas estén motivadas por sí mismas, es necesario que impere la creencia de que todas y cada una de ellas son plenamente capaces y disponen de recursos. «El jefe soy yo» es una actitud que no tiene cabida, al igual que sucede con el concepto tradicional de las mejores prácticas, por el que yo sé lo que usted debe hacer a partir de mi propio éxito o del de los demás. La colaboración no es compatible con yo soy el experto« o «aquí hacemos las cosas así».

La estadounidense Simone Biles, una de las mejores gimnastas de todos los tiempos, tiene cuatro técnicas innovadoras que llevan su nombre, incluyendo el Biles II, un doble mortal en cuclillas con triple giro integrado y tan complejo que llevó a que la escala de dificultad del deporte se ampliara con una letra más. Ha ganado más títulos mundiales que cualquier otra gimnasta, pero algunos comentaristas creen que el inflexible código de puntos del Comité Técnico Femenino (WTC) de la Federación Internacional de Gimnasia resiste e infravalora sus innovaciones. *The Guardian* señala que «en lugar de esforzarse por crear un código de puntos que permita prosperar a diferentes tipos de gimnastas, [el WTC] ha intentado construirlo en función de sus propias preferencias, que casi siempre se centran en la nostalgia por la gimnasia del pasado».

CREER EN EL POTENCIAL

La efectividad de lo que haga como coach o como líder depende, en gran medida, de lo que crea acerca del potencial humano. Las expresiones «sacar lo mejor de alguien» o «tu potencial oculto» sugieren que en el interior de la persona hay algo que aguarda a ser descubierto. A no ser que creamos que las personas tienen una capacidad mayor que la que expresan en la actualidad, no podremos ayudarlas a que la descubran. Los líderes deben pensar en sus empleados en términos de su potencial, no de su rendimiento pasado. La mayoría de los sistemas de evaluación tienen fallos graves precisamente por esto. Se coloca a las personas en cuadrículas de rendimiento de las que les cuesta mucho escapar, tanto a sus propios ojos como a los de sus líderes.

Que nuestras creencias acerca de la capacidad de otros ejercen un impacto directo sobre su rendimiento es algo que se ha demostrado en múltiples ocasiones en el ámbito de la educación. En los estudios de este tipo se dice a los profesores que un grupo de alumnos es candidato a obtener matrículas de honor, mientras que el otro está compuesto por alumnos con dificultades de aprendizaje, pero en realidad, los alumnos de ambos grupos son absolutamente corrientes. Los profesores enseñan un programa educativo específico durante un periodo de tiempo. Los exámenes con los que luego se evalúa a los alumnos reflejan, invariablemente, las falsas creencias que los profesores tenían acerca de su capacidad. Es igualmente cierto que el rendimiento de los empleados reflejará las creencias de sus líderes. Para poder cooperar y colaborar plenamente, debemos ver el futuro potencial de nuestros empleados, no su rendimiento pasado.

CREAR UNA CULTURA DE CONFIANZA

Hemos explicado lo importante que es que los líderes reconozcan el potencial que hay en todos y cada uno de sus empleados y que los traten en consecuencia. También es vital que los propios empleados reconozcan su potencial oculto y crean en sí mismos. Todos creemos que podemos hacer mejor las cosas, pero ¿sabemos de lo que somos capaces en realidad? ¿Con cuánta frecuencia oímos o pronunciamos comentarios como «son capaces de mucho más de lo que creen»?

Por ejemplo, Fred cree que su potencial es limitado y solo se siente seguro cuando opera dentro de sus límites definidos. Es como su caparazón. Ruth, su jefa, solo le encarga tareas dentro de ese caparazón. Le encarga la tarea A porque está segura de que Fred puede llevarla a cabo y Fred, efectivamente, es capaz de llevarla a cabo. Sin embargo, no le confía la tarea B porque considera que supera sus capacidades. Encargársela a Jana, que tiene más experiencia, parece una decisión expeditiva y razonable, pero refuerza o valida el caparazón de Fred, con lo que aumenta su fuerza y su espesor. Si quiere ayudar a Fred a aventurarse a salir de su caparazón, Ruth ha de plantearle el reto realista que supone la tarea B y apoyarlo y acompañarlo hacia el éxito. Ha de abandonar todas las creencias limitantes que tenga acerca de Fred y confiar en que es capaz de más de lo que demuestra la experiencia pasada.

Desarrollar la inteligencia emocional y la capacidad para confiar tiene que ver con cómo nos vemos a nosotros mismos y a los demás en términos de **potencial** y de cómo gestionamos los **obstáculos internos** y **externos** que impiden que ese potencial se exprese plenamente.

Le invitamos a que reflexione sobre las tres preguntas reveladoras del siguiente ejercicio. Asegúrese de anotar sus propias respuestas antes de seguir leyendo.

ACTIVIDAD:	1. ¿Qué porcentaje de todo su potencial aporta a su trabajo?
¿Qué bloquea	Interprete la pregunta como mejor le parezca y anote un porcentaje.
su potencial?	2. ¿Qué le impide desplegar todo su potencial?
	3. ¿Cuál es el principal obstáculo que le impide manifestar todo su potencial?

¿Qué porcentaje del potencial humano se manifiesta en el lugar de trabajo?

Las respuestas individuales que nos han dado los participantes en nuestros talleres de coaching para mejorar el rendimiento van desde cifras de un solo dígito hasta porcentajes superiores al 80 por ciento, pero la respuesta promedio a esta pregunta es de un 40 por ciento.

También les pedimos pruebas que sustenten esas cifras. Las tres respuestas más frecuentes son:

- Sé que podría ser mucho más productivo.
- Lo bien que responden las personas ante una crisis.
- Lo que las personas hacen muy bien fuera del lugar de trabajo.

¿Qué obstáculos internos y externos impiden que se manifieste el resto de ese potencial?

Los obstáculos externos que se citan con más frecuencia son:

- El estilo directivo imperante de la organización o de mi jefe.
- La falta de aliento y de oportunidades.
- Las estructuras y las prácticas tan limitantes de la empresa.

El obstáculo interno es único, universal y unánime: el miedo, descrito de varias maneras, como miedo al fracaso, falta de confianza en uno mismo, inseguridad y no creer en uno mismo (Figura 8). En un entorno seguro, la gente tiende a decir la verdad acerca de sí misma. Si la falta de confianza, etcétera, se percibe como algo cierto, se volverá cierto de uno u otro modo. La respuesta lógica sería esforzarnos en reforzar la confianza que los empleados tienen en sí mismos, y el coaching es ideal para eso, pero muchos empresarios son de todo menos lógicos cuando se plantea la necesidad de cambiar la conducta corporativa. Prefieren tener la esperanza, buscar, pagar o incluso esperar a que aparezca una solución técnica o estructural, en lugar de adoptar una mejora del rendimiento humano o psicológico, por sencilla que sea.

FIGURA 8: *Potencial*

¿Qué proporción de nuestro potencial total solemos expresar?   **40%**

¿Cuál es el principal obstáculo interno que impide su expresión?   **MIEDO**

LA ACTITUD DE COACHING

Para ser un coach efectivo, hemos de adoptar una visión mucho más optimista de lo habitual acerca de la capacidad latente de todas las personas; esa es la actitud de coaching. Pero hacer ver que somos optimistas no basta, porque transmitimos de las maneras más sutiles lo que creemos en realidad. Para poder reforzar la seguridad que los demás tienen en sí mismos debemos cambiar el concepto que tenemos de ellos y, al mismo tiempo, dejar ir el deseo de controlarlos o de mantener su creencia de que somos superiores a ellos y fomentar así su dependencia. Una de las mejores cosas que podemos hacer por ellos es ayudarlos a no depender de nosotros. Al fin y al cabo, los momentos más memorables y emocionantes de un niño suelen ser las primeras ocasiones en las que superan a su padre o a su madre en un juego de habilidad. Por eso, a veces los padres se dejan ganar al principio. Quieren que sus hijos los superen y se sientan orgullosos cuando por fin suceda. ¡Ojalá los líderes sintieran ese mismo orgullo cuando los miembros de sus equipos hacen lo mismo! Solo podemos ganar si el rendimiento de nuestro equipo mejora y si sentimos satisfacción cuando observamos cómo crecen y los ayudamos a hacerlo. Sin embargo, con demasiada frecuencia tememos perder el trabajo, la autoridad, la credibilidad o la seguridad en nosotros mismos.

Adoptar una actitud de coaching ayuda a las personas a descubrir la seguridad en sí mismas

Para que las personas puedan creer en sí mismas, es necesario que, además de acumular éxitos, sepan que esos éxitos se deben a sus propios esfuerzos. También han de saber que otras personas creen en ellas, lo que significa que debemos confiar, permitir, alentar y fomentar que tomen sus propias decisiones y elecciones. Eso significa que hemos de tratarlas como a iguales, aunque el título de su puesto sea inferior. Significa que no podemos ser condescendientes, dar órdenes, ignorar, culpar, amenazar o denigrar, ni con palabras ni con hechos. Por desgracia, gran parte de la conducta de liderazgo generalmente aceptada e incluso esperada encarna varios de estos elementos negativos y reduce la seguridad en sí mismas de las personas a las que se lidera.

Nuestra actitud transmite lo que pensamos del otro y ejerce un impacto real, incluso aunque no pronunciemos ni una palabra. La investigación más conocida en este campo es la de Albert Mehrabian. Sus estudios sentaron las bases de las estadísticas, con frecuencia simplificadas en exceso, acerca de la efectividad relativa de la comunicación oral en comparación con los mensajes inconscientes que transmiten las personas con el cuerpo, el tono de voz, las expresiones faciales y el movimiento. Descubrió que en lo que se refiere a emociones y actitudes:

- Las palabras que se dicen transmiten el 7 por ciento del mensaje.
- El modo en que se dicen esas palabras (por ejemplo, el tono y el ritmo) transmiten el 38 por ciento del mensaje.
- Las expresiones faciales transmiten el 55 por ciento del mensaje.

Pruebe la siguiente actividad para explorar y experimentar distintas actitudes.

ACTIVIDAD:
Experimentar distintas actitudes

Acomódese en algún lugar donde nadie pueda interrumpirlo durante unos tres minutos. Piense en alguien con quien trabaje habitualmente y pruebe a adoptar las siguientes actitudes sucesivamente. Manténgase en cada una de ellas durante tanto tiempo como le sea posible antes de pasar a la siguiente y preste atención a las respuestas que evocan en usted:

1. «Creo que esta persona es un problema.»
2. «Creo que esta persona tiene un problema.»
3. «Creo que esta persona está en un proceso de aprendizaje y que es capaz, tiene recursos y está llena de potencial».

¿Qué ha notado en cada una de las actitudes?

¿Qué emociones o sentimientos ha despertado en usted cada una de ellas?

¿Qué opinión tenía del potencial de esa persona en cada uno de esos momentos?

¿Qué ha cambiado en su actitud?

¿Qué actitud tiende a adoptar a diario?

En casi todas las interacciones personales están presentes emociones y actitudes de algún tipo, y la comunicación del líder se examina detenidamente en busca de las emociones y del significado que hay detrás de las palabras, por lo que ser consciente de lo que sentimos en realidad es de una importancia crucial. Luego, necesitamos trabajar para transformar lo que quizá sea una actitud naturalmente escéptica o pesimista de la vida en otra más positiva.

Para empezar, podemos pensar en elegir la actitud como el que elige ponerse gafas de distinto color. Aunque ahora nos vemos a nosotros mismos, a los demás y al mundo a través de nuestras propias gafas, sean del color que sean, lo cierto es que tenemos no uno, sino muchos cristales de colores a través de los que mirar. Algunos van y vienen, y otros parecen estar aquí para quedarse. En cuanto nos damos cuenta de esto, podemos tomar las riendas, autogestionarnos y tomar la decisión consciente de adoptar una mentalidad de coaching.

Le invitamos a que elija adoptar la actitud de que las personas son capaces, tienen recursos y están llenas de potencial, que es la esencia de la actitud de coaching. Así podrán desarrollar la seguridad en sí mismas y la motivación interna que necesitan para florecer. Y con esa actitud podrá ejercer de coach y ayudarlas a tomar sus propias decisiones y a disfrutar de su rendimiento y de su éxito.

El objetivo subyacente y omnipresente del coaching es desarrollar la confianza que otras personas tienen en sí mismas, independientemente de la naturaleza de la tarea o del problema. Si los líderes tuvieran presente este principio y actuaran basándose en él de forma persistente y auténtica, se sorprenderían de cómo mejoran las relaciones y el rendimiento. Piense en cómo ayuda usted a los miembros de su equipo a aumentar la confianza en sí mismos.

INTENCIÓN

Otra manera en la que podemos influir conscientemente en el éxito de una relación de trabajo, de una reunión o de un proyecto es la **intencionalidad**. Debemos determinar nuestra intención, tanto si queremos una conversación rápida con un colega o con todo el equipo como si estamos preparando una sesión de coaching formal o una evaluación del rendimiento. Tener una intención clara acerca del resultado de la reunión influirá en el éxito de la misma. Puede definir la intención como el resultado soñado si nada lo impidiera. Es importante que las intenciones sean claras y específicas, porque serán un ancla y una guía para usted. Practique esta habilidad con el siguiente ejercicio.

| **ACTIVIDAD:** *Determine su intención* | Antes de una reunión, dedique dos minutos de tranquilidad a determinar su intención respondiendo a la siguiente pregunta:

• Si la reunión fuera a superar extraordinariamente todas sus expectativas, ¿qué sucedería durante la misma?

Abandone todas las creencias limitantes que pueda tener acerca de la reunión, de las personas o de sí mismo, y permítase «soñar» con lo mejor que pueda imaginar. Si se centra en un resultado positivo y lo articula, habrá determinado su intención para la reunión. Vuelva a reflexionar sobre ello después de la reunión y fíjese en cómo su intención se ha reflejado durante la misma. Practíquelo hasta que se convierta en una parte natural de su caja de herramientas. |

ACUERDOS DE TRABAJO CONSCIENTES

Cuando creamos nuestro entorno de trabajo de manera consciente, somos más productivos y creativos, y trabajamos mejor en equipo. La cooperación y la colaboración en las relaciones de trabajo necesitan unas bases sólidas, levantadas sobre expectativas claras y un acuerdo creado de forma consciente, no por defecto. Con frecuencia nos lanzamos a un proyecto o a una nueva relación de trabajo sin detenernos a aclarar funciones, responsabilidades, objetivos comunes y acuerdos de trabajo óptimos. Colaborar para crear conscientemente las bases sobre las que vamos a trabajar juntos aborda estas cuestiones con la intención clara de lograr el éxito. El diseño consciente y deliberado de una buena relación de trabajo desde el principio construye el respeto, la confianza y el acuerdo esenciales para la colaboración y el alto rendimiento.

Cuando los plazos son justos, la tentación de saltarse este paso puede ser muy grande. El ser humano es adicto a «hacer», por lo que es muy normal sentir impaciencia la primera vez que dedicamos tiempo a ser conscientes e intencionales en nuestras relaciones. Sin embargo, una vez que lo hemos hecho unas cuantas veces, nos sentimos incómodos si no lo hacemos.

Todos tenemos nuestra propia idea de cómo «deberían» ser las cosas. Si no hablamos de ello cuando vamos a trabajar en equipo, nos afectará negativamente. Pruebe la actividad siguiente si alguien se acaba de incorporar a su equipo o con alguien a quien ya conozca bien, para redefinir y refrescar la relación. También puede realizar el ejercicio en grupo, para crear un equipo sólido. Volverá a encontrar las preguntas en la «Guía de preguntas de coaching», al final del libro («Bolsa de preguntas 2»).

Exploren las siguientes preguntas:

- ¿Qué sería el éxito/sueño en términos de nuestro trabajo juntos?
- ¿Qué sería un fracaso/pesadilla?
- ¿Cuál es la mejor manera de trabajar juntos para lograr el éxito/sueño?
- ¿Qué debemos tener en cuenta para evitar el fracaso/pesadilla?
- ¿Qué permisos queremos darnos el uno al otro?
- ¿Qué haremos cuando las cosas se compliquen?

Se trata de un contrato flexible, por lo que es crucial revisitarlo periódicamente, para repasar los acuerdos y modificarlos si se decide que es necesario una vez abordadas las siguientes cuestiones:

- ¿Qué va bien y qué no?
- ¿Qué tenemos que cambiar para que la relación sea más efectiva, productiva o positiva?

ACTIVIDAD:
Diseñar de forma consciente los acuerdos de trabajo

Permiso

Otro elemento clave para mantener la cooperación y la colaboración es el uso del **permiso**. Genera confianza y seguridad, respeta las sensibilidades individuales, centra la atención y previene los malos entendidos.

Cuando hablamos con alguien que nos gusta y en quien confiamos, tendemos a usar el permiso de forma natural, tanto verbalmente como con el lenguaje corporal, por ejemplo, preguntando: «¿Y si hacemos esto?». Cuando hablamos con personas con las que estamos en conflicto o por las que nos sentimos amenazados, el permiso suele estar ausente y es más probable que digamos: «Creo que tenemos que hacer esto».

El permiso ha de estar incluido en el acuerdo de trabajo consciente, pero también es esencial durante todo el proceso de coaching. Muchas veces creemos que se nos ha ocurrido una sugerencia excelente o que podemos ofrecer nuestra valiosa experiencia. Y cuando eso sucede, la tendencia humana habitual es lanzarnos con un «creo que lo que tendría que hacer usted es...», o un «mire, a mí me pasó lo mismo y lo solucioné así...». Vale más que nos mordamos la lengua un segundo y antes pidamos permiso para compartir lo que sabemos: «¿Le ayudaría saber qué me fue bien a mí?».

Otra de las ventajas de pedir permiso es que hace que el otro se detenga y escuche lo que le vamos a decir, sobre todo en una reunión. La mera pregunta de «¿me permite que añada una cosa?» puede sumir a la sala de reuniones en un silencio expectante por dos motivos:

- Al pedir permiso, entregamos al otro el control de la situación.
- Al ofrecernos a añadir algo a lo que ha dicho el otro, lo estamos validando.

Si nuestros empleados no están familiarizados con un estilo de liderazgo basado en el coaching, pedir permiso antes de adoptarlo nos ayudará a que se sumen al cambio: «Voy a intentar enfocar desde el punto de vista del coaching el modo en que trabajamos. Uno de los cambios que notaréis es que os haré muchas más preguntas, para averiguar qué pensáis. ¿Qué os parece?».

En la «Bolsa de preguntas 3» de la «Guía de preguntas de coaching», al final del libro, encontrará varias maneras de pedir permiso que puede empezar a aplicar a sus actuales relaciones. Pedir permiso antes de probar algo que afecta a otra persona o de ofrecer nuestra experiencia o nuestra opinión es una buena manera de mantener la confianza y el vínculo, y lo que es vital, mantendrá el equilibrio en la relación.

SEAMOS CURIOSOS, NO CRÍTICOS

Colaboración quizá no sea más que una palabra de moda en algunas organizaciones. Cuando las cosas se complican, las personas pueden volver a caer en la crítica y la culpa, que, tal y como hemos visto en el capítulo 2, son muy perjudiciales en cualquier relación. El antídoto de la crítica es la curiosidad. Si somos curiosos en lugar de críticos, nos aseguramos de que la colaboración y la cooperación no descarrilen si las cosas se complican. Y eso no es todo: si demostramos una actitud curiosa hacia lo que ha sucedido, nos permitimos entrar en una perspectiva completamente nueva, la de la persona con la que trabajamos. Esto crea aprendizaje y descubrimiento para ambos y, en definitiva, alineación. Volveremos a hablar de ello en capítulos posteriores, sobre todo en el capítulo 13, donde compartir las opiniones acerca del rendimiento se revelará crucial para el *feedback* y el aprendizaje continuado. Y el problema no es solo que juzguemos el rendimiento de los demás. ¿Con qué frecuencia ha oído (o dicho) la frase: «Soy mi peor crítico»? Por críticos que podamos ser con los demás, con mucha frecuencia somos diez veces más duros con nosotros mismos. Reconocer y gestionar la voz crítica interior, o como la llama Gallwey, «el oponente en nuestra propia cabeza», es fundamental en el coaching. En un entorno sin críticas y sin culpa podemos aprender de nuestros errores y estar dispuestos a arriesgarnos. El espíritu del coaching es positivo e inspirador: ilumina lo que ha funcionado bien hasta ahora, qué podemos aprender del pasado y el camino hacia lo mejor que es posible en el futuro.

Juzgar, criticar y corregir pone a los demás a la defensiva. Además, todo esto tiende a ir de la mano de la culpa. El miedo a la crítica o a la culpa es uno de los principales inhibidores de la colaboración y del alto rendimiento. Los capítulos 11 y 13 estudian más detenidamente la necesidad de alejarnos de la crítica y de la búsqueda de fallos, para aproximarnos a la descripción y a la objetividad.

De momento hemos tratado la relación entre el coaching y la inteligencia emocional y hemos definido por qué un estilo basado en el coaching es tan efectivo a la hora de construir la seguridad y la motivación que la gente necesita para desbloquear todo su potencial. En el siguiente capítulo exploraremos el principio fundamental del coaching que establece que el alto rendimiento surge de niveles elevados de conciencia y responsabilidad.

6
CONCIENCIA Y RESPONSABILIDAD: LAS ACTIVADORAS DEL APRENDIZAJE

Generar conciencia y responsabilidad es la esencia
del buen coaching y activa el aprendizaje natural.

La conciencia y la responsabilidad son, sin duda, dos cualidades cruciales para mejorar el rendimiento en cualquier actividad. Mi colega David Hemery, corredor de 400 metros vallas y ganador del oro olímpico en 1968, estudió a 63 de los mejores atletas del mundo de más de 20 disciplinas deportivas distintas para su libro *Sporting Excellence*. A pesar de una variación considerable en otras áreas, la conciencia y la responsabilidad aparecían sistemáticamente como los dos factores actitudinales más importantes y comunes a todos ellos. Y la actitud, o estado mental, es clave para todo tipo de rendimiento. Veamos qué significan estos conceptos.

LA MENTE GANADORA

En el entrenamiento deportivo, los entrenadores (*coaches* en inglés) solían centrarse en la capacidad técnica y en la forma física que exigía cada disciplina deportiva. Por lo general, no se consideraba que la mente fuera muy importante, pero, en cualquier caso, el deportista ya había nacido con la que tenía y el entrenador no podía hacer mucho al respecto. ¡Error! Los entrenadores podían influir, e influían, en el estado mental de sus deportistas, pero la mayor parte del tiempo lo hacían sin darse cuenta, y con frecuencia lo hacían de forma negativa, debido a los métodos autocráticos y a la obsesión por la técnica.

Estos entrenadores negaban a los deportistas la posibilidad de asumir la responsabilidad personal, porque les decían qué debían hacer. Y luego les negaban la posibilidad de desarrollar la conciencia, diciéndoles qué habían visto ellos. Limitaban la responsabilidad y aniquilaban la conciencia. Algunos que se hacen llamar entrenadores siguen haciéndolo, al igual que muchos líderes. Contribuyen a las limitaciones de sus deportistas y empleados tanto como a sus éxitos. El problema es que como es muy posible que obtengan resultados razonables, no están motivados a probar nada distinto ni a creer que podrían tener éxito de ningún otro modo.

El deporte ha cambiado mucho, y la mayoría de los equipos más importantes cuentan con psicólogos deportivos que trabajan la actitud de los deportistas. Sin embargo, si los métodos de entrenamiento tradicionales no cambian, el entrenador acaba echando por tierra los esfuerzos del psicólogo, sin saberlo. La mejor manera de desarrollar y mantener el estado mental ideal para el rendimiento es generar continuamente conciencia y responsabilidad mediante la práctica diaria y el proceso de adquisición de habilidades. Esto exige cambiar el método de entrenamiento, que dejaría de ser dictatorial para convertirse en un verdadero proceso de coaching. El coaching para la conciencia y para la responsabilidad permite, a corto plazo, desempeñar la tarea y, a largo plazo, mejorar la calidad de vida.

El coach no es un solucionador de problemas; tampoco es psicólogo, maestro, asesor, instructor o ni siquiera experto. Es una caja de resonancia, un facilitador, un catalizador de conciencia, un apoyo. Estas palabras deberían ayudarnos, como mínimo, a entender en qué consiste su función.

CONCIENCIA

El primer elemento clave del coaching es la **conciencia**, que es el fruto de la atención, la concentración y la claridad. Vayamos por un momento al *Concise Oxford Dictionary*: *conciencia* significa «ser consciente, no ignorante, tener conocimiento». Preferimos la definición del *Diccionario Webster*, que añade: «*Conciencia* implica adquirir un conocimiento de algo a través de la reflexión, de la observación o de la interpretación de lo que uno ve, oye, siente, etcétera».

Solo puedo controlar aquello de lo que soy consciente. Y aquello de lo que no soy consciente me controla a mí. La conciencia me capacita.

Generar conciencia es uno de los principios del coaching, porque solo podemos responder a aquello de lo que somos conscientes. Si no somos conscientes de algo, no podemos responder ante ello. Tal y como Gallwey demostró con el juego interior, ser consciente de algo activa la capacidad de aprendizaje natural e interna. El primer paso es ser consciente.

Al igual que sucede con los sentidos de la vista o del oído, que pueden ser buenos o insuficientes, hay infinitos niveles de conciencia. Sin embargo, a diferencia de la vista o del oído, que normalmente son bastante buenos, lo habitual es que nuestra conciencia cotidiana sea bastante deficiente. Lentes y audífonos pueden mejorar la vista y el oído más allá de lo normal. Del mismo modo, centrar la atención y practicar puede mejorar o elevar considerablemente nuestro grado de conciencia (¡y sin necesidad de comprar nada en la farmacia!). Y una mayor conciencia permite percibir con mayor claridad. La conciencia permite ver y oír en el lugar de trabajo, pero es mucho más que eso. Se trata de reunir y percibir con claridad los hechos relevantes y la información pertinente, y de poder determinar qué es, en realidad, importante. Esta capacidad requiere entender los sistemas, las dinámicas, las relaciones entre las personas y las cosas y también, inevitablemente, saber algo de psicología. Además, la conciencia requiere autoconocimiento, sobre todo en lo que se refiere a saber cómo las emociones o los deseos distorsionan la percepción.

Por ejemplo, si empezamos el día de mal humor, es muy posible que lleguemos al trabajo llevando «gafas negativas» y le hablemos mal a un compañero. A su vez, él puede reaccionar negativamente y, sin darnos cuenta, hemos forjado una mala relación. Por el contrario, si somos conscientes de nuestro mal humor, podemos elegir dejarlo a un lado y no usarlo con nuestros compañeros.

La conciencia lleva a la habilidad

La conciencia de las sensaciones corporales puede ser crucial a la hora de desarrollar habilidades físicas. Por ejemplo, en la mayoría de los deportes, la manera más efectiva de aumentar la eficiencia física de alguien es que cada vez sea más consciente de sus sensaciones corporales durante una actividad. Esto es algo que la mayoría de los entrenadores deportivos no acaba de entender, y por ello siguen impartiendo la técnica desde fuera. Cuando la conciencia cenestésica se centra en un movimiento, tanto las molestias inmediatas como la eficiencia asociada a ese movimiento se reducen y pronto desaparecen. Y el resultado es una forma más fluida y eficiente, con la gran ventaja de que está orientada al cuerpo de ese deportista específico y no al cuerpo «estándar».

Los profesores, instructores o, para el caso, líderes se sienten tentados a enseñar y a mandar a los demás que hagan algo de la manera que ellos aprendieron o de la manera en que «el manual» dice que debe hacerse. En otras palabras, enseñan al alumno o al subordinado a su manera y, por lo tanto, perpetúan la sabiduría convencional. A pesar de que el aprendizaje y la aplicación de la manera «correcta» o estándar de hacer algo mejorarán el rendimiento en un principio, esta forma de actuar reprime las preferencias y los atributos personales del subordinado. Además, mantiene la relación de dependencia entre el aprendiz y el experto, lo que refuerza el ego y la ilusión de poder del gerente, pero no le permite liberar parte de su tiempo.

La alternativa de fomentar la conciencia mediante el coaching pone de manifiesto y enfatiza los atributos únicos del cuerpo y de la mente de cada persona, al tiempo que desarrolla la capacidad y la confianza necesarias para mejorar sin las órdenes de un tercero. Fomenta la independencia, la seguridad en uno mismo, la confianza y la responsabilidad personal. El coaching no ha de confundirse nunca con la actitud de «aquí tiene las herramientas; ahora averigüe cómo utilizarlas». Nuestro grado de conciencia habitual es bastante bajo. Con nuestros propios recursos necesitaríamos toda una vida para volver a inventar la rueda o para desarrollar métodos parcialmente efectivos que podrían consolidarse como malos hábitos. Por lo tanto, la función del coach es indispensable a la hora de fomentar la conciencia, al menos hasta, o a no ser, que desarrollemos la habilidad del autocoaching, que abriría la puerta a una mejora y a un autodescubrimiento continuos.

No hay dos mentes o cuerpos iguales. ¿Cómo puede nadie decirle cuál es la mejor manera de usar los suyos? Solo usted puede descubrirlo, con la conciencia.

Determinar en qué aspectos necesitamos aumentar nuestra conciencia depende de varios factores. Cada actividad se dirige a distintas facetas de la persona. El deporte es fundamentalmente físico, pero algunos de ellos son también muy visuales. Los músicos necesitan y desarrollan niveles muy elevados de conciencia auditiva. Los escultores y los magos necesitan conciencia táctil, y los empresarios requieren conciencia mental y social, entre otras.

La conciencia carente de juicio es terapéutica en sí misma, y ahí reside la magia... claro que se trata de una magia con una explicación biológica gracias a la neurociencia. Hay ondas cerebrales con distintas frecuencias vibratorias que interactúan con las neuronas del cerebro. Estas ondas cerebrales presentan cuatro patrones principales, que van desde las ondas de alta frecuencia a las de baja frecuencia. Pasamos la mayor parte de nuestra vida laboral en las ondas alfa y beta, las de longitudes más elevadas, puesto que dirigimos la conciencia hacia el exterior, hacia tareas cognitivas. Si queremos aumentar nuestra conciencia y acceder al potencial que hay en nuestro interior, necesitamos acceder a otros niveles de ondas cerebrales, como las delta o las theta. Ya lo dijo Einstein: «Ningún problema puede ser resuelto en el mismo nivel de conciencia en el que se creó». Le recomendamos encarecidamente la meditación como vía para aumentar la conciencia. Pruebe aplicaciones como Headspace o Calm para dar los primeros pasos en este sentido. Le recomendamos lo siguiente:

1. Comprométase a meditar cada día a la misma hora durante un periodo de tiempo concreto, por ejemplo, dos semanas.
2. Es posible que, al principio, lo ayude adoptar la mentalidad de «Lo hago por el mero placer de hacerlo».
3. Registre en un diario las diferencias que percibe entre los días que medita y los días que no lo hace.

Con frecuencia, al principio la diferencia es muy sutil. Sin embargo, una vez active las ondas delta y theta en el cerebro, se dará cuenta de que le es más fácil entrar en un estado «de flujo». La meditación se puede convertir en una herramienta extraordinaria e indispensable para vivir la mejor vida posible. Los beneficios son muchos, porque, al aumentar la conciencia, resulta mucho más fácil descubrir y conectar con el propósito.

La conciencia se desarrolla rápidamente mediante la práctica, la aplicación y el aprendizaje, y es posible que resulte más fácil pensar en ella en los términos siguientes:

- La conciencia consiste en saber lo que sucede a nuestro alrededor.
- La conciencia de uno mismo consiste en saber qué se experimenta.

Input

Otro concepto que puede ayudarnos a entender a qué nos referimos cuando hablamos de conciencia es el de *input*. Todas las actividades humanas pueden reducirse a este esquema: input-procesamiento de la información-output.

Por ejemplo, cuando conduce hacia el trabajo, recibe información sobre el movimiento del tráfico, las condiciones meteorológicas, el estado de la carretera, los cambios de velocidad y de las relaciones espaciales, los sonidos del motor y los indicadores, así como sobre la comodidad, la tensión o el cansancio del cuerpo. Todo ello es información entrante (inputs), la cual se puede aceptar, rechazar, asimilar en la justa medida, analizar en gran detalle o, simplemente, pasar por alto, a excepción de los elementos más importantes.

Es posible que sea consciente del proceso de conducción o que, inconscientemente, reciba la información necesaria para poder llegar de una pieza al trabajo mientras escucha la radio. De uno u otro modo, recibe inputs. Los mejores conductores reciben más y mejor información, la cual les proporciona detalles más precisos que pueden procesar y utilizar para generar un output adecuado, como la velocidad y la ubicación del vehículo en la carretera. Por buenos que sean el procesamiento de la información y la producción de la respuesta, la calidad del output dependerá de la cantidad y la calidad del input. Fomentar la conciencia consiste en agudizar los receptores de información, lo que con frecuencia requiere afinar los sentidos, pero también activar el cerebro.

Para tener un rendimiento elevado es fundamental contar con un nivel de conciencia igualmente elevado, pero tenemos un mecanismo que busca continuamente reducir la conciencia al nivel de la «justa y necesaria». Aunque parezca un inconveniente, lo cierto es que es imprescindible para evitar la sobrecarga de información. Lo malo es que, si no elevamos nuestra conciencia y la de quienes trabajan con nosotros, el output que produciremos será mínimo. La tarea del coach consiste en elevar y mantener la conciencia al nivel adecuado en las áreas necesarias.

Definimos *conciencia* como **input relevante y de alta calidad**. Podríamos añadir el adjetivo ***autogenerado***, pero, en cierto sentido, ya está implícito, porque esta información no puede ser de alta calidad si no es autogenerada. El mero hecho de implicarse en algo ya aporta calidad. Piense en la pobreza de la imagen que recibiría si le dijéramos que «las flores de ahí fuera son rojas», en comparación con la que obtendría si le preguntáramos: «¿De qué color son las flores de ahí fuera?» y tuviera que ir a verlo usted mismo. Y aún sería mejor si le preguntáramos de qué color son y qué tonalidad tienen. Saber qué es lo más relevante para el coachee es clave para saber hacia dónde debe dirigirse su atención.

En este ejemplo, si el coachee fuera daltónico, tendríamos que preguntarle por la forma de las flores. En un caso se obtiene la imagen de una flor estándar; en el otro, una explosión detallada de la vida en una miríada de matices de rojo en ese preciso momento. Es algo único. En quince minutos habrá cambiado, porque el sol se habrá movido. Y nunca volverá a ser exactamente igual. Por lo tanto, el input autogenerado es infinitamente más rico, inmediato y real. Y una atención más concentrada de lo normal conduce a un rendimiento más elevado de lo normal.

Otra palabra que caracteriza a la conciencia es *feedback*. Lo obtenemos del entorno, de nuestro cuerpo, de nuestras acciones y del material que utilizamos, en contraposición a la reacción que obtenemos de los demás. El cambio surge de manera natural y espontánea cuando se reciben input y *feedback* de calidad.

Ahora veremos en la práctica cómo aumentar la conciencia nos ofrece distintas opciones (y, por lo tanto, responsabilidad). Apague el móvil, póngase cómodo, relájese y siga las instrucciones del ejercicio de autocoaching que encontrará en la «Guía de preguntas de coaching» («Bolsa de preguntas 1»). Necesitará unos veinte minutos. Cuando lo lleve a cabo, es probable que se dé cuenta de que se vuelve más introspectivo a medida que accede a otras ondas cerebrales para responder a las preguntas. Espero que, al finalizar el ejercicio, esté más cerca de conseguir su objetivo. Es muy probable que se sienta más capacitado y seguro de sí mismo, porque habrá experimentado que si se formula las preguntas adecuadas y se escucha a sí mismo, puede encontrar sus propias soluciones. Las preguntas ayudan a aumentar la conciencia, lo que le anima a asumir la responsabilidad de conseguir su objetivo. El hecho de que usted mismo haya encontrado las soluciones también aumentará su confianza en sus capacidades para lograrlo. Esta es la cualidad terapéutica de la conciencia puesta en práctica.

RESPONSABILIDAD

La **responsabilidad** es otro concepto u objetivo fundamental del coaching. También es crucial para el alto rendimiento. Cuando aceptamos, escogemos o asumimos realmente la responsabilidad sobre lo que pensamos y lo que hacemos, el compromiso que adquirimos aumenta, y lo mismo sucede con el rendimiento. Cuando nos mandan ser responsables, cuando eso es lo que se espera de nosotros o cuando se nos atribuye la responsabilidad sin que la aceptemos plenamente, el rendimiento no aumenta.

Ciertamente, es probable que hagamos lo que se nos pide, porque hay una amenaza implícita en caso contrario, pero hacer algo para evitar una amenaza no optimiza el rendimiento. Para sentirse plenamente responsable, es imprescindible poder escoger.

Analicemos un par de ejemplos.

Culpa

Si alguien le da un consejo y lo sigue, pero fracasa, ¿qué hará? (sobre todo si no le había pedido consejo). Obviamente, culparlo, lo cual indica claramente quién cree usted que es responsable de sus acciones. Le ha dado un consejo a cambio de cargarle con su responsabilidad, lo cual no suele ser un buen trato. El fracaso puede atribuirse tanto a su falta de responsabilidad personal como al mal consejo. En el lugar de trabajo, donde los consejos son órdenes, la responsabilidad personal está a cero, y esto puede conducir al resentimiento, a sabotajes subrepticios o a tomar la iniciativa en la acción inversa: «No me deja otra opción; ha perjudicado mi autoestima; no puedo recuperarla con una acción sobre la que no tengo responsabilidad, así que asumo la responsabilidad de una acción alternativa que lo perjudique a usted; obviamente, yo también puedo salir perjudicado, pero al menos me habré vengado». Por si esta secuencia (inconsciente) le parece exagerada, le aseguro que hay millones de trabajadores que sufren a malos jefes y que admitirían haber seguido esta línea de pensamiento en más de una ocasión.

Capacidad de decisión

Veamos otro ejemplo de la diferencia entre el nivel normal o impuesto de responsabilidad y la responsabilidad elevada o escogida libremente. Imaginemos un grupo de obreros de la construcción a los que se les da instrucciones: «Peter, ve a buscar una escalera. Hay una en el cobertizo».

¿Qué hará Peter si no la encuentra allí? Volverá y dirá: «Allí no hay ninguna escalera».

Imaginemos que lo que se dice es: «Necesitamos una escalera. Creo que hay una en el cobertizo. ¿Quién va a buscarla?».

Peter responde que irá él, pero cuando llega al cobertizo, no ve escalera alguna.

¿Qué hará esta vez? Buscará en otro sitio. ¿Por qué? Porque se siente responsable. Quiere encontrar la escalera por sí mismo, por su autoestima. La diferencia radica en que se le ha dado a elegir y ha respondido.

La confianza en uno mismo, la motivación interna, la capacidad de decidir, la claridad, el compromiso, la conciencia, la responsabilidad y la acción son producto del coaching.

Uno de nuestros clientes tenía una historia de malas relaciones laborales y, en un intento de mejorarlas, John Whitmore impartió una serie de cursos para los jefes de equipo. Aunque las fuentes de información informal de la empresa decían que el curso era muy ameno, al principio los participantes se mostraban, invariablemente, suspicaces, a la defensiva e incluso con actitud de rechazo. John se dio cuenta de que la pauta de conducta que seguían era la de oponerse a todo lo que les decían los jefes. Les habían dicho que debían asistir al curso y, por lo tanto, se oponían a ello.

Para acabar con esta situación improductiva, les preguntó si habían podido escoger asistir al curso o no.

—No —respondieron al unísono.

—Bueno, pues ahora podéis hacerlo —les dijo—. Ya habéis cumplido con la empresa, estáis aquí. ¡Enhorabuena! Ahora, estas son las opciones. ¿Cómo queréis pasar estos dos días? Podéis aprender todo lo posible, os podéis resistir, podéis prestar tan poca atención como deseéis o podéis hacer el tonto. Escribid una frase con lo que queráis hacer. Podéis guardarla o, si queréis, podéis enseñársela al compañero de al lado. Yo no tengo por qué saberlo y tampoco les contaré a los jefes lo que decidáis hacer. Está en vuestras manos.

El ambiente en la sala se transformó completamente. Se escuchó algo parecido a un suspiro de alivio colectivo, pero también se percibió una liberación de energía, y la mayoría se implicó enormemente. La posibilidad de decidir y la responsabilidad personal pueden obrar maravillas.

Estos sencillos ejemplos ilustran con claridad lo importante que es la capacidad de decisión para el aumento del rendimiento que resulta de la responsabilidad plena. No se da a menos que la persona se sienta responsable. Decirle a alguien que se haga responsable de algo no hace que se sienta responsable de ello. Es posible que tema fracasar y que se sienta culpable si fracasa, pero eso no es lo mismo que sentirse responsable. La responsabilidad viene con la capacidad de elección que, a su vez, exige una pregunta. En el siguiente capítulo veremos cómo formular las preguntas de coaching. El ejercicio que figura a continuación le permitirá reflexionar sobre qué le ayuda a aumentar la conciencia y la responsabilidad y qué le frena.

1. Piense en un/a compañero/a de trabajo a quien se le dé bien aumentar la conciencia y la responsabilidad. ¿Qué puede aprender de su conducta para su propio crecimiento personal? 2. ¿Qué fortalezas quiere desarrollar para poder aumentar la conciencia y la responsabilidad de sus colegas?	**ACTIVIDAD:** *Aumentar la conciencia y la responsabilidad*

COMBINAR LA CONCIENCIA Y LA RESPONSABILIDAD

La Figura 9 ilustra la naturaleza multifacética de los beneficios que se extienden por toda la organización cuando los líderes adoptan un estilo basado en el coaching y en los dos conceptos, tan sencillos como potentes, de la conciencia y la responsabilidad. Seguir cualquiera de las líneas de flechas de arriba abajo ilustra la secuencia de efectos que conduce al alto rendimiento.

FIGURA 9: *Los beneficios de un estilo de liderazgo basado en el coaching*

EL COACH COMO EXPERTO

Independientemente de los beneficios, es posible que se pregunte si es necesario que el coach disponga de experiencia o de conocimientos técnicos sobre el área en la que trabaja. La respuesta es negativa: no, si el coach actúa realmente como un catalizador imparcial de la conciencia. Si, por el contrario, no cree plenamente en lo que predica (es decir, en el potencial del coachee y en el valor de la responsabilidad personal), pensará que necesita ser un experto en el tema para poder ejercer de coach. No decimos que no se puedan hacer aportaciones de experto, pero el coach no tan bueno tenderá a utilizarlas en exceso y, por lo tanto, reducirá el valor de su coaching, ya que cada una de esas aportaciones reduce la responsabilidad del coachee. Desplegamos nuestro potencial cuando optimizamos nuestra individualidad y singularidad, sin amoldarnos a lo que, en opinión de un tercero, es la mejor práctica.

Los peligros del conocimiento

Podría parecer que lo ideal sería disponer de un coach experto que contara también con gran cantidad de conocimiento técnico. Sin embargo, es muy difícil que el experto prescinda lo suficiente de su experiencia como para ejercer bien de coach. Permítanos ilustrarlo con un ejemplo procedente del tenis. Hace ya varios años, muchos de nuestros cursos de tenis interior estaban tan saturados que nos quedamos sin coaches. Trajimos a dos coaches de esquí interior, los vestimos con el uniforme de coach de tenis, les dimos una raqueta y los dejamos solos, después de hacerles prometer que no utilizarían la raqueta bajo ninguna circunstancia.

Tampoco es que nos sorprendiera demasiado, pero el coaching que desarrollaron no se diferenció mucho del de sus colegas expertos en tenis. Sin embargo, en un par de ocasiones notables fue incluso *mejor*. Al reflexionar sobre ello, la respuesta se hizo evidente: los coaches de tenis veían los errores técnicos que cometían los participantes; los coaches de esquí, que no podían percibir esos errores, veían la eficiencia con que utilizaban el cuerpo. La ineficiencia corporal procede de la inseguridad y de una conciencia corporal insuficiente. Como los coaches de esquí dependían del autodiagnóstico de los participantes, se dirigían a la raíz de los problemas, mientras que los coaches de tenis se dirigían al síntoma, el error técnico. Esto nos obligó a ampliar la formación de los coaches de tenis para ayudarlos a separarse más de sus conocimientos técnicos.

Un nivel más profundo

Profundicemos ahora con un ejemplo sencillo, del ámbito empresarial. Una jefa vio que Georgina, uno de los miembros de su equipo, no se comunicaba lo suficiente con sus colegas del departamento contiguo y sabía que la solución pasaba por elaborar un informe de avance semanal. Sin embargo, el informe contendría información inadecuada mientras persistiera la resistencia de Georgina a comunicarse. En lugar de contentarse con que Georgina accediera a enviar los informes, la jefa la ayudó a descubrir y a abandonar esa resistencia. La falta de comunicación era el síntoma, pero la resistencia era la causa. Los problemas solo pueden resolverse en un nivel más profundo que aquel en el que se manifiestan.

El líder, ¿experto o coach?

Es complicado, pero en absoluto imposible, que un experto sea un buen coach. Por supuesto, el conocimiento técnico es valiosísimo en muchas otras facetas de la función de líder y, realmente, lo más probable es que el líder siempre sea un experto. Sin embargo, pensemos en un alto directivo de una organización que no cuente con el mismo nivel de conocimiento técnico que las personas de su equipo.

Si es un buen coach, no debería tener dificultades a la hora de crear una cultura de alto rendimiento, tanto si su conocimiento técnico es mejor como si no. En cuanto lo haga, desaparecerá cualquier duda que pudiera existir sobre su credibilidad en la mente de sus empleados. Las habilidades cada vez son más especializadas, por lo que el coaching es un prerrequisito imprescindible para los líderes.

TERCERA PARTE

LA PRÁCTICA DEL COACHING

7

PREGUNTAS POTENTES: LIBERAR EL POTENCIAL

Las preguntas cerradas evitan que la persona se vea obligada a pensar.
Las preguntas abiertas obligan a pensar por uno mismo.

La mejor manera de generar conciencia y responsabilidad personal es formular preguntas, en vez de dar órdenes o consejos. Sería muy fácil si se pudiera lograr con cualquier tipo de pregunta, pero no es así. Debemos analizar la efectividad de distintos tipos de preguntas y, para ello, utilizaremos una analogía deportiva muy sencilla. Si le pregunta a cualquiera cuál es la orden más frecuente en cualquier deporte de pelota, le responderá: «No pierdas de vista el balón».

En este tipo de deportes es realmente importante vigilar la pelota, pero ¿es realmente la orden «no pierdas de vista el balón» lo que lo hace posible? No. Si fuera así, a muchos de nosotros se nos daría mucho mejor el deporte que practicamos. Todos sabemos que los jugadores de golf lanzan la pelota más lejos y más recto cuando están relajados; sin embargo, ¿la orden «relájate» los ayuda a relajarse? No, de hecho, lo más probable es que aún los ponga más nerviosos.

Si decirle a alguien lo que ha de hacer no produce el efecto deseado, ¿qué lo produce entonces? Intentémoslo con preguntas:

- **«¿Estás mirando la pelota?»**. ¿Cómo responderíamos a eso? Probablemente, con una actitud defensiva y con una mentira, como cuando el profesor nos preguntaba en la escuela si estábamos prestando atención.
- **«¿Por qué no miras la pelota?»**. Más actitud defensiva y, quizás, un pequeño análisis, si se tienen ganas. «Sí que la estoy mirando», «No lo sé», «Porque pensaba en la raqueta» o, el más sincero, «Porque me distraes y me pones nervioso».

No son preguntas muy efectivas. Por el contrario, pensemos en el efecto que podrían tener las siguientes:

- «¿Hacia dónde gira la pelota cuando se te acerca?».

- «¿A qué altura pasa por encima de la red?».
- «Cuando rebota, ¿gira más rápido o más lento? ¿Ahora? ¿Y las otras veces?».
- «¿A qué distancia está del oponente cuando puedes ver la dirección en la que gira?».

Estas preguntas son totalmente distintas. Generan cuatro efectos importantes, que ninguno de los interrogantes u órdenes anteriores puede producir:

- Este tipo de pregunta obliga al jugador a seguir la pelota. Es imposible responderla de otro modo.
- El jugador ha de concentrarse más de lo habitual para contestar acertadamente, por lo que la información es de mayor calidad.
- Se buscan respuestas descriptivas, no juicios de valor, por lo que no se corre el riesgo de incurrir en la autocrítica o de dañar la autoestima.
- Tiene la ventaja de establecer un circuito de *feedback* con el coach, que puede verificar lo acertado de las respuestas del jugador y, por lo tanto, evaluar el grado de concentración.

Por lo tanto, las preguntas potentes generan un pensamiento proactivo y centrado, atención y observación. Lo que inevitablemente nos lleva a preguntarnos por qué hay tantos entrenadores deportivos que insisten en dar órdenes ineficaces del tipo «no pierdas de vista el balón». Probablemente se deba, sobre todo, a dos motivos: nunca se han parado a pensar si funcionan o no, porque siempre se ha hecho así; y les preocupa más lo que dicen que el efecto que ejercen en el alumno.

EL CORAZÓN DEL COACHING

Hemos dedicado un tiempo a hablar del acto aparentemente sencillo de mirar una pelota porque esta simple analogía nos permite ilustrar qué es el corazón del coaching. Debemos entender el efecto que intentamos crear (conciencia y responsabilidad personal) y lo que debemos decir y hacer para poder lograrlo. Exigir lo que queremos es inútil. Debemos formular **preguntas potentes**.

Hemos planteado un ejemplo deportivo, pero ¿cómo lo haríamos en un entorno laboral? Veremos un buen ejemplo de ello en una sesión de coaching ejecutivo con un director de operaciones que supervisaba a 180 personas. Este director, al que llamaremos Stefan, veía que su equipo no hacía ni lo que él quería ni lo que pensaba que había pedido. A partir del ejemplo deportivo que acabamos de describir (las preguntas de coaching activan la atención para poder responder, centran la atención para que la respuesta sea precisa y abren un circuito de *feedback*), sintió curiosidad por lo que podía estar sucediendo y así aumentó su conciencia. Al mostrarse curioso y formular preguntas, descubrió qué oían sus empleados y pudo trabajar con ellos para acortar distancias. Llamó a este ejercicio «Lo que quería y lo que conseguí», y lo planteó con regularidad durante las sesiones de coaching que siguieron. Como resultado, empezó a ver una mejora del rendimiento en dos áreas claras: la organización del puesto de trabajo y la calidad de las comunicaciones escritas por parte de la dirección. Este es el ejemplo deportivo pasado al mundo de la empresa: cuando Stefan fue más consciente de lo que sucedía, respondió de otra manera. Al final del proceso de coaching, reflexionó sobre el impacto que este había ejercido en él: «Me siento mejor, mi equipo y yo estamos mucho más alineados y ya no estoy frustrado ni tengo la tentación de hacer yo las cosas».

Es probable que estos ejemplos hayan bastado para convencerlo de que preguntar es mucho más efectivo que ordenar a la hora de fomentar la conciencia y la responsabilidad personal. Por lo tanto, podemos afirmar que la principal forma de interacción verbal de un buen coach ha de ser la pregunta. Uno de los atributos clave de un estilo de liderazgo basado en el coaching es la capacidad para plantear preguntas potentes que centren la atención y evoquen claridad; preguntas que aumenten la seguridad y la motivación interna del coachee; preguntas que lo ayuden a aprender, a crecer y a alcanzar el éxito. Ahora veremos cómo formular preguntas potentes.

La función de las preguntas

Normalmente, preguntamos para obtener información. Es posible que la necesitemos para resolver un problema personal, para dar un consejo o para resolver el problema de otro. Sin embargo, si soy coach, no seré yo quien use la información que obtenga a raíz de las preguntas y que, además, no tiene por qué ser completa. Lo único que necesito saber es que el coachee tiene la información necesaria. Las respuestas que este proporciona nos indican qué línea debemos seguir con las preguntas siguientes y, al mismo tiempo, nos permiten controlar si está siguiendo una línea de pensamiento productivo y alineado con el propósito de la conversación, con sus propios planes o con los objetivos de la organización.

Preguntas abiertas

Las preguntas **abiertas** exigen respuestas descriptivas y fomentan la conciencia, mientras que las **cerradas** son demasiado absolutas para poder ser precisas, y las respuestas de «sí» o «no» cierran la puerta a los detalles. Ni siquiera obligan a pensar. Las preguntas abiertas son mucho más efectivas a la hora de generar conciencia y responsabilidad personal en el proceso de coaching.

A continuación, incluyo una serie de preguntas abiertas:

- ¿Qué quiere conseguir usted?
- ¿Qué está sucediendo en este momento?
- ¿Cómo le gustaría que fuera?
- ¿Qué se lo impide? ¿Qué lo ayuda?
- ¿Con qué problemas podría encontrarse?
- ¿Qué podría hacer?
- ¿Quién podría ayudarlo?
- ¿Dónde podría encontrar más información?
- ¿Qué hará?

Cómo preguntar

Las preguntas más efectivas para fomentar la conciencia y la responsabilidad personal empiezan con palabras que buscan cuantificar o reunir datos, términos como *qué*, *cuándo*, *quién*, *cuánto*, etcétera. *Por qué* se desaconseja, ya que con frecuencia implica crítica y puede poner al interlocutor a la defensiva. *Por qué* y *cómo*, si no se matizan, generan un pensamiento analítico que puede ser contraproducente. El análisis (pensamiento) y la conciencia (observación) son procesos mentales distintos y es prácticamente imposible aplicarlos simultáneamente con eficacia. Si lo que se necesita es una descripción detallada de los hechos, es mejor suspender momentáneamente el análisis de su significado y su sentido. Si necesitamos plantear esas preguntas, la mejor manera de formular los porqués es con «¿qué motivos...?», y los cómos con «¿qué medidas...?». Generan respuestas más específicas y ligadas a los hechos.

Atención al detalle

Las preguntas deberían empezar siendo amplias e irse centrando progresivamente en el detalle. Exigir cada vez más detalles mantiene el interés y la concentración del coachee. Esto queda ilustrado en el ejercicio de mirar un metro cuadrado de alfombra. Tras haber observado el rizo, el color, el patrón y, quizás, alguna mancha, la alfombra ya no tiene demasiado interés para el observador y la atención empieza a desviarse hacia otras cosas más interesantes. Si le damos una lupa, volverá a la alfombra, para analizarla en mayor profundidad y durante más tiempo antes de aburrirse de nuevo. Un microscopio convertiría ese pequeño pedazo de alfombra en un universo fascinante de formas, texturas, colores, microbios e incluso bichos, lo suficiente para mantener la vista y la mente del observador fijas durante un tiempo mucho más prolongado.

Lo mismo sucede con el coaching. El coach ha de ir profundizando cada vez más para mantener el interés del coachee y para llevar a su conciencia elementos que suelen quedar a oscuras y que podrían ser interesantes.

La profundidad de las preguntas abiertas puede aumentarse con solo añadir una palabra; por ejemplo:

- ¿Qué **más** quiere?
- ¿Qué quiere **realmente**?
- ¿Qué sucede ahora **exactamente**?
- ¿Qué **más** podría hacer?
- ¿Qué hará **exactamente**?

Las preguntas no tienen por qué ser las del ejemplo. Aplique estos principios y use expresiones con las que se sienta cómodo y que sean adecuadas para la situación. Un sencillo «¿y?» puede bastar en lugar de un «¿qué hará exactamente?». Y una de las preguntas de coaching más potentes es «¿y qué más?».

ÁREAS DE INTERÉS

Las preguntas potentes están alineadas con los intereses y los objetivos del coachee

Entonces, ¿cómo decide el coach qué aspectos de un tema son importantes, especialmente cuando se trata de un ámbito del que no sabe mucho? El principio básico es que las preguntas han de regirse por el interés y la línea de pensamiento del coachee, no del coach. Si es el coach quien dirige las preguntas, menoscaba la responsabilidad personal del coachee. Sin embargo, ¿qué sucede si la dirección que ha emprendido conduce a un punto muerto o a una distracción? Hay que confiar en que el coachee lo descubrirá por sí mismo o plantear una pregunta: «¿De qué cree que nos resultaría útil hablar ahora?».

Si no se le permite explorar las áreas que le interesan, lo más probable es que esa fascinación persista y distorsione o desvíe todas las tareas, no solo la sesión de coaching. Cuando haya explorado sus intereses, estará mucho más presente y podrá centrarse en lo que surja como el mejor camino para seguir adelante. Paradójicamente, también puede ser provechoso que el coach se centre en aspectos que el coachee parece evitar. De todos modos, para no perder su confianza y seguir otorgándole responsabilidad en el proceso, conviene iniciar esta línea de trabajo con una afirmación seguida de una pregunta abierta: «Me he dado cuenta de que no ha mencionado... ¿Hay algún motivo en especial para ello?». «¿Hay algún otro problema?» invita a responder «no». «¿Qué otros problemas podría haber?» incita a la reflexión.

A continuación, encontrará un ejercicio que lo ayudará a practicar y a reflexionar sobre el impacto de las preguntas potentes y sobre cómo puede incorporarlas a su trabajo.

ACTIVIDAD: *Usar preguntas* *potentes*	Repase la «Guía de preguntas de coaching» al final del libro y elija un par de preguntas con las que empezar a practicar. 1. ¿Qué impacto han tenido? 2. ¿Qué medidas tomará para asegurarse de usar preguntas potentes?

Puntos ciegos

A los jugadores de golf y de tenis quizá les interese el equivalente físico de este principio. El entrenador puede preguntar a su discípulo qué aspecto del *swing* o del revés le cuesta más sentir o cuál no puede percibir de manera plenamente consciente. Es muy probable que ese «punto ciego» se deba a alguna molestia o a un error en los movimientos. Cuando el entrenador induce una conciencia cada vez mayor en esa área, la sensación se recupera y la corrección aparece de manera natural, sin que el discípulo deba hacer ninguna aportación técnica. Las propiedades terapéuticas de la conciencia son infinitas.

Variables clave

En su libro *The Inner Game of Work* ('El juego interior del trabajo'), Gallwey afirma que cuando centramos la atención en los aspectos que afectan e importan más para nuestro resultado deseado (las «variables clave»), las interferencias internas se reducen y aumenta nuestro rendimiento. Por ejemplo, explica que el aburrimiento, el estrés y el resentimiento hacia los supervisores habían llevado a que los agentes de atención al cliente de AT&T obtuvieran «puntuaciones de amabilidad» bajas. En lugar de ordenar a los agentes que fueran más amables, los implicó en un proceso de coaching para que identificaran y exploraran dos de las variables clave para la amabilidad: cómo escuchaban y cómo hablaban. Jugaron a un juego en el que tenían que escuchar más atentamente la voz de los clientes y determinar el impacto de sus propias respuestas sobre la vitalidad de los mismos. Las puntuaciones de amabilidad mejoraron y, como resultado de su mayor conciencia, la seguridad en sí mismos, el placer en el trabajo, la velocidad y la precisión mejoraron también.

EVITE LAS PREGUNTAS CON RESPUESTAS O CRÍTICAS IMPLÍCITAS

Las preguntas que sugieren ya la respuesta, a las que recurren muchos coaches poco hábiles, indican que el coach no cree en lo que intenta hacer. El coachee lo percibe rápidamente, y la confianza y el valor de la sesión de coaching se ven reducidos. Es preferible que el coach le diga que tiene una sugerencia que hacer en lugar de intentar manipularlo en esa dirección. También se han de evitar las preguntas con críticas implícitas, como: «¿Se puede saber por qué has hecho eso?».

Para resumir, las preguntas potentes:

- Generan conciencia y responsabilidad.
- Se rigen por los intereses del coachee.
- Inspiran creatividad e ingenio.
- Aumentan las posibilidades o la visión.
- Están orientadas a los objetivos y se centran en las soluciones.
- No implican juicios de valor.
- Activan la atención, el pensamiento y la observación.
- Exigen un mayor nivel de atención, detalle y precisión.
- Exigen respuestas que demuestren calidad de pensamiento, rendimiento y aprendizaje.
- Ofrecen apoyo y resultan motivadoras.
- Generan una dinámica de *feedback*.

La «Bolsa de preguntas 4» contiene una lista de las diez preguntas más potentes, que siempre me resultan útiles en los procesos de coaching. Y, sin duda, usted añadirá otras a partir de su propia experiencia como coach. Lo más importante es que sean auténticas.

8

ESCUCHA ACTIVA: CAPACITAR AL POTENCIAL

El carácter chino para la palabra escuchar lo dice todo:
Oreja: lo que usamos para escuchar (oír).
Rey: presta tanta atención como si tu interlocutor fuera un rey (obedecer).
Diez y Ojo: observa tanto como si tuvieras diez ojos (hacer caso).
Uno: escucha con atención individual (atender).
Corazón: escucha también con el corazón (además de con la oreja y el ojo, fijarse).

Ser escuchado de verdad, plenamente, es todo un lujo. A la mayoría de las personas no se les da demasiado bien escuchar; en la escuela nos dicen que escuchemos, pero ni nos entrenan ni nos enseñan a hacerlo. Cuando parece que alguien escucha, lo más habitual es que esté esperando su turno para hablar y que, cuando lo haga, siga su propio programa. Es posible que hable de algo que no tenga nada que ver o que quiera compartir su experiencia, sus ideas y sus opiniones o aconsejar. Durante un minuto, recuerde cómo se sintió la última vez que alguien le «escuchó» así.

PRESTAR ATENCIÓN A LAS RESPUESTAS

Escuchar con actitud de coach exige estar muy atento a las respuestas que da el coachee a las preguntas, tanto a lo que dice con palabras como a las emociones que transmite. De otro modo, además de perder la confianza del coachee, no sabremos qué pregunta formular a continuación. El proceso ha de ser espontáneo, porque si venimos con las preguntas preparadas con antelación, el flujo comunicativo se verá alterado y no responderá a los intereses del coachee. Si intentamos pensar en la pregunta siguiente mientras el coachee aún está hablando, se dará cuenta de que no le estamos prestando toda nuestra atención. Es preferible que escuchemos con atención y luego, si es necesario, nos detengamos unos instantes mientras pensamos en la pregunta adecuada. Si hemos escuchado de verdad, la **intuición** será nuestra mejor aliada y guía.

¿Dónde está su atención?

Escuchar es una habilidad que requiere concentración y práctica. Sin embargo, y curiosamente, muy pocas personas tienen dificultad para escuchar las noticias o un buen programa de radio. El interés mantiene la atención; quizá lo que deberíamos aprender es a interesarnos por los demás y así activar la curiosidad. Cuando escuchamos realmente a otra persona, o cuando otra persona nos escucha realmente a nosotros, lo apreciamos muchísimo. Cuando oímos, ¿escuchamos? Cuando miramos, ¿vemos? Con eso nos referimos a mantener el contacto visual. La obsesión con nuestros propios pensamientos y opiniones, así como la compulsión de hablar, especialmente cuando desempeñamos el papel de asesor, son muy potentes. Se dice que si nos han dado dos orejas y una boca, es porque debemos escuchar el doble de lo que hablamos. Quizá la lección más difícil para un coach sea la de aprender a callarse.

LAS PALABRAS Y EL TONO DE VOZ

¿Qué debemos escuchar y para qué? Es importante atender al tono de voz del coachee, porque revela las emociones que va sintiendo. Si es monocorde, puede señalar la repetición de una línea de pensamiento antigua; si es más animado, quizás indique la aparición de ideas nuevas y una mayor motivación. La elección de palabras por parte del coachee suele ser muy reveladora: el predominio de términos negativos o el cambio a un lenguaje más formal, o más infantil, tienen un significado oculto que puede contribuir a la capacidad de comprensión del coach, que, por lo tanto, podrá ser más efectivo.

EL LENGUAJE CORPORAL

Además de escuchar, el coach también ha de observar el lenguaje corporal del coachee, no para hacer observaciones simplistas, sino, de nuevo, como orientación a la hora de escoger la siguiente pregunta. Si el coachee está muy interesado en la dirección que ha tomado la sesión, lo demuestra inclinándose hacia delante. Si se cubre parcialmente la boca con la mano al hablar, tal vez manifieste su sensación de inseguridad o su ansiedad por las respuestas. Los brazos cruzados sobre el pecho suelen indicar resistencia o desafío, mientras que las posturas corporales abiertas demuestran receptividad y flexibilidad. Sin entrar en los múltiples aspectos del lenguaje corporal, una directriz que puede servir de guía es que, si las palabras parecen decir una cosa y el cuerpo otra distinta, lo más probable es que debamos hacer caso al segundo.

REFLEJAR

Hemos visto que el coach ha de oír, escuchar, observar, comprender y ser lo suficientemente consciente de sí mismo para saber qué hace en cada momento. Por muy claro que lo vea, vale la pena que, además, repita de vez en cuando lo que dice el coachee y resuma las cuestiones que vayan apareciendo. Así se asegurará de que lo está escuchando y entendiendo correctamente. También es una segunda oportunidad para comprobar la veracidad de lo que se ha dicho. La mayoría de las sesiones de coaching requieren tomar notas, algo que el coach y el coachee pueden acordar previamente. En nuestro caso, nos gusta tomar notas durante la sesión, para que el coachee tenga tiempo de reflexionar.

SER CONSCIENTE DE UNO MISMO

Finalmente, un buen coach debe ser consciente de sí mismo para poder registrar cuidadosamente sus propias reacciones, tanto emocionales como racionales, que pueden interferir en la objetividad y la imparcialidad tan indispensables en su labor. Nuestra historia psicológica personal y nuestros prejuicios (de los que nadie está libre) influyen en nuestra manera de comunicarnos. Controlar las sensaciones corporales, como la tensión en los hombros o las mariposas en el estómago, puede ayudarnos a acceder a emociones que hemos percibido intuitivamente en el coachee.

TRANSFERENCIA

Proyección y *transferencia* son dos términos que designan distorsiones psicológicas que han de reconocer y minimizar todos los que enseñan, guían, orientan o gestionan a otros. La proyección consiste en proyectar en el otro, o percibir en él, los rasgos positivos o negativos que nos son propios. La transferencia es «el desplazamiento de pautas emocionales y conductuales, experimentadas originalmente durante la propia infancia, a personas con quien se tiene relación en la actualidad». En el lugar de trabajo, la transferencia de la autoridad es una de las manifestaciones más habituales.

En todas las relaciones que se perciben como jerárquicas, ya sean de jefe/subordinado o incluso de coach/coachee, entran en juego los conflictos o las emociones inconscientes que ambas partes puedan tener respecto a la autoridad. Por ejemplo, muchas personas ceden todo su poder a la autoridad designada («Él conoce todas las respuestas, sabe más» y un largo etcétera) y se sienten pequeños e infantiles ante ella. Esto puede satisfacer los deseos de dominio y dependencia de un jefe autocrático, pero va en contra del objetivo del coaching, que consiste en fomentar la responsabilidad personal del subordinado.

Otro ejemplo habitual de transferencia inconsciente relativa a la reacción a la autoridad es la rebelión y el sabotaje encubierto de los objetivos laborales. La transferencia individual aumenta la frustración y la sensación de impotencia colectivas cuando el estilo directivo limita la libertad de elección. Un fabricante de automóviles importante solía evaluar el estado de las relaciones laborales a partir de las piezas no defectuosas rechazadas a lo largo de la cadena de montaje.

LA CONTRATRANSFERENCIA

La contratransferencia es una complicación de la transferencia: ocurre cuando la persona que ostenta la autoridad, el líder o el coach, reacciona a la transferencia a partir de su propia historia personal, con lo que perpetúa la dependencia o la rebelión. Un buen líder o coach reconoce la posibilidad de que esto suceda y compensa los efectos de todas las manifestaciones de transferencia esforzándose conscientemente en capacitar a su subordinado o coachee. Si no lo hace, las distorsiones afectarán a la relación laboral o de coaching, y a largo plazo minarán lo que su nuevo estilo directivo pretende lograr.

HABILIDADES DE ESCUCHA ACTIVA

La Tabla 3 resume las habilidades de escucha activa. La capacidad de reflejar, parafrasear y resumir demuestra al interlocutor que escuchamos lo que dice (el contenido), mientras comprobamos que hemos entendido bien, reproducimos (y quizá comprobamos) y validamos el significado de lo que se ha dicho.

Ponga a prueba sus habilidades de escucha con el siguiente ejercicio.

ACTIVIDAD: *Habilidades de escucha*	Piense en una conversación reciente que no iniciara usted. Intente evaluar la calidad de sus habilidades de escucha.
	1. ¿Qué intereses siguió? ¿Ofreció algún consejo?
	2. La próxima vez que alguien quiera hablar de algo con usted, intente escuchar activamente y luego evalúese. ¿Ha seguido los intereses de su interlocutor? ¿Ha usado su intuición? ¿Ha aclarado o reflejado lo que le ha dicho su interlocutor? ¿Se ha guardado su opinión o sus consejos? ¿Ha suspendido el juicio? ¿Ha ayudado a su interlocutor a explorar sus propias ideas?
	3. ¿Qué ha aprendido acerca de sus habilidades de escucha?
	4. ¿Qué habilidad de escucha activa va a trabajar a partir de ahora?

TABLA 3: *Habilidades de escucha activa*

Habilidad	Descripción
Reflejar	Repetir las palabras exactas del interlocutor.
Parafrasear	Usar palabras ligeramente distintas que no cambian la sustancia ni el sentido de lo que ha dicho el interlocutor.
Resumir	Repetir lo que se ha dicho, pero abreviando y sin cambiar ni la sustancia ni el sentido.
Clarificar	Expresar de forma sucinta la esencia o el núcleo de lo que se ha dicho y añadir algo de valor que se ha detectado de forma intuitiva a partir de las emociones o de las discrepancias entre las palabras y las expresiones faciales o corporales, para generar información y claridad para el interlocutor, además de comprobar que hemos entendido correctamente: «Me da la sensación de que... ¿Qué dirías tú?».
Promover la expresión personal	Generar confianza e intimidad para facilitar la franqueza.
Suspender el juicio, la crítica y el apego	Mantener una mente abierta. Los juicios de valor y las críticas ponen al interlocutor a la defensiva e impiden que hable.
Buscar el potencial	Centrarse en las capacidades y en las fortalezas, no en el rendimiento pasado ni en ver al otro como un problema. ¿Qué podría conseguir esa persona si no tuviera límites?
Escuchar con el corazón	Atender a los mensajes no verbales, como el tono de voz, la fraseología, las expresiones faciales y el lenguaje corporal. Escuchar atentamente en los niveles de la emoción y el significado (intención) para acceder a la esencia de lo que se quiere transmitir.

El coaching exige que prestemos atención plena a lo que dice el coachee y a las emociones que transmite. Una persona puede comunicar algo con sus palabras, pero transmitir algo muy distinto con el tono de voz, el lenguaje corporal o las expresiones faciales. Si escuchamos activamente, podemos «sintonizar» con nuestro interlocutor, entenderlo a varios niveles simultáneamente e incluso sentir físicamente lo que está sintiendo. Entonces, podemos empezar a usar la intuición, a escuchar «detrás» y «entre» las palabras y a atender a los silencios, al tono de voz, al nivel de energía, al lenguaje corporal y a otras señales emocionales. Ahora que conocemos las habilidades fundamentales de las preguntas potentes y la escucha activa, le presentaré l modelo GROW, que ofrece una estructura para mantener conversaciones de coaching.

9

EL MODELO GROW: UNA ESTRUCTURA PARA EL COACHING

Objetivos, realidad, opciones y voluntad.

Hasta ahora hemos hablado de la importancia fundamental de la conciencia y la responsabilidad personal en el aprendizaje y en la mejora del rendimiento. También hemos estudiado el contexto del coaching, los paralelismos entre el coaching y el liderazgo, y entre la cultura y el alto rendimiento en la empresa. Hemos explorado la función y la actitud del coach, y hemos descubierto que las preguntas son la forma de comunicación principal en el coaching. Ahora debemos determinar qué tenemos que preguntar y en qué secuencia se deben formular las preguntas.

¿FORMAL O INFORMAL?

Llegados a este punto, es importante destacar que el coaching puede ser un proceso tan relajado e informal que el coachee ni siquiera se dé cuenta de que está inmerso en él. En la tarea cotidiana de informar y pedir información al personal, nada es más efectivo que el coaching, pero no deberíamos identificarlo como tal, sino que en este caso hablaríamos de liderazgo efectivo. En ese caso, el coaching deja de ser una herramienta y pasa a convertirse, sencillamente y en nuestra opinión, en la forma de liderazgo más efectiva que existe. En el otro extremo del espectro, la sesión de coaching puede ser algo programado y estructurado, de manera que los objetivos y las funciones queden totalmente claros. La mayor parte del coaching es del primer tipo, pero analizaremos el segundo con mayor detalle, porque, aunque el proceso sea el mismo, las fases están más definidas.

COACHING INDIVIDUAL

Por razones de simplicidad y claridad, analizaremos el coaching individual, aunque el formato de grupo o incluso el de autocoaching es exactamente el mismo, como veremos en los capítulos siguientes. El coaching individual puede darse entre iguales, entre un jefe y un subordinado, entre un profesor y un estudiante, entre un coach y su cliente. Puede utilizarse incluso en dirección ascendente, del subordinado al jefe, aunque entonces suele hacerse de manera encubierta. Al fin y al cabo, nadie llega demasiado lejos diciéndole directamente al jefe lo que ha de hacer, así que las probabilidades de éxito son mucho mayores si se aplica el coaching.

UNA ESTRUCTURA PARA EL COACHING

Tanto si hablamos de sesiones de coaching formal como de una conversación informal basada en el estilo del coaching, la secuencia de preguntas que sugerimos sigue cuatro etapas diferenciadas:

- Marcarse el objetivo (**Goal**) de la sesión, a corto y largo plazo.
- Comprobar la realidad (**Reality**) para estudiar la situación actual.
- Valorar las opciones (**Options**) y las estrategias o actuaciones alternativas.
- Determinar qué (**What**) se va a hacer, cuándo (**When**) va a hacerse, quién (**Whom**) lo hará, y la voluntad (**Will**) de hacerlo.

En inglés, esta secuencia (*goal-reality-options-will*) forma el acrónimo mnemotécnico GROW («desarrollo» o «crecimiento»), que usaré con frecuencia. Y como la capacidad de decisión y la motivación interna son cruciales para el éxito, me gusta insistir en el elemento de la Voluntad (*Will*) de la última etapa, porque es ahí donde la intención se transforma en acción; por eso digo que es transformacional. En la Figura 10 encontrará las preguntas clave que habría que preguntar en cada etapa.

FIGURA 10: *El modelo GROW*

EL ORIGEN DEL MODELO GROW

Cuando sir John Whitmore y sus colegas trajeron el juego interior a Europa en 1979, al principio formaban a jugadores de tenis y de golf. Sin embargo, John no tardó en darse cuenta de que el juego podía ser mucho más amplio y que había que desarrollarlo y mejorarlo para los líderes de las organizaciones. Por lo tanto, dedicó gran parte de la década de 1980 a desarrollar la metodología, los conceptos y las técnicas para mejorar el rendimiento en las organizaciones. Quería marcar una diferencia real en la vida de las personas y demostró que era posible mejorar el rendimiento y encontrar un sentido al trabajo.

A mediados de la década de los ochenta, la consultora McKinsey se convirtió en uno de los clientes de John y Graham Alexander. Muchos de los programas que le ofrecían incluían experiencias de coaching en canchas de tenis. Resultaron tan efectivas a la hora de mejorar el rendimiento y de liberar potencial que McKinsey les pidió que desarrollasen una estructura que enmarcara el coaching que estaban practicando, un modelo que explicara lo que sucedía en las canchas de tenis y en otras partes del programa.

Decidieron filmarse durante las sesiones de coaching, invitaron a expertos en programación neurolingüística (PNL) y celebraron reuniones para intentar descubrir qué estaba sucediendo y averiguar si estaban aplicando algún tipo de modelo desde la competencia inconsciente. Y, efectivamente, ahí estaba, ya fuera en la cancha de tenis o en los despachos.

Al principio, lo encuadraron en lo que dieron en llamar «Modelo de coaching de las 7S», porque McKinsey ya contaba con su modelo de las 7S. Sin embargo, era tortuoso y, en realidad, se parecía más a 1, 2, 3, 4 o a 1, 3, 4 o incluso a 1, 2, 3. Al final, desarrollaron el acrónimo GROW para reflejar las cuatro etapas clave que habían identificado. A McKinsey le gustó, porque era sencillo y porque se centraba en las acciones y en el resultado.

John fue el primero que publicó el modelo, en 1992, con la primera edición de este libro. Gracias al éxito del libro y al trabajo internacional de Performance Consultants, GROW se hizo famoso en el mundo entero y se convirtió en uno de los modelos de coaching más populares.

EL OBJETIVO ES LO PRIMERO

Quizá le parezca extraño lo de marcarse un **objetivo** antes de estudiar la **realidad**. La lógica superficial sugeriría lo contrario, ya que parece obvio que antes de marcarnos una meta deberíamos conocer la realidad presente. No es así. Las metas que se basan solo en la realidad presente pueden resultar negativas, ser una respuesta a un problema, estar limitadas por el rendimiento pasado, carecer de creatividad debido a la mera extrapolación, producir incrementos menores que los potenciales o incluso ser contraproducentes. Los objetivos fijados a corto plazo pueden llegar a alejarnos de los objetivos a largo plazo. Nuestra experiencia a la hora de fijar objetivos durante los cursos a grupos es que los equipos se marcan invariablemente las metas en función de lo que se ha logrado antes, no de lo que se podría lograr en el futuro. En muchos casos ni siquiera intentan valorar lo que sería posible.

Los objetivos que se establecen valorando la solución o la visión ideal a largo plazo y fijando luego pasos realistas hacia ese ideal suelen ser mucho más inspiradores, creativos y motivadores. Permítanos ilustrar esta cuestión fundamental con un ejemplo. Si intentamos resolver un problema de tráfico intenso en una carretera importante explorando la realidad, es probable que los objetivos tengan que ver con descongestionar el flujo de vehículos actual, por ejemplo, añadiendo un carril a la calzada. Es posible que esto fuera contraproducente para un objetivo a largo plazo más visionario, que se podría establecer pensando en identificar la pauta de tráfico ideal para la región en un momento concreto del futuro, y luego definir los pasos necesarios para avanzar en esa dirección.

Por eso sugerimos que en la mayoría de los casos se utilice la secuencia que acabo de presentar.

MÁS QUE GROW

Debemos destacar que la secuencia GROW carece de valor si no se enmarca en el contexto de la **conciencia** y la **responsabilidad** personal, así como de la **intención** y la habilidad de generarlas mediante la escucha activa y la formulación de **preguntas potentes**. Los modelos no son la realidad, y el modelo GROW no es coaching por sí solo. Los recursos mnemotécnicos abundan en el coaching empresarial. Tenemos, por ejemplo el SPIN, los objetivos SMART, el GRIT y el GROW. En ocasiones se presentan (o se malinterpretan) como la panacea para todos los males de la empresa. Pero no lo son en absoluto. Solo son tan valiosos como el contexto en el que se utilizan, y el contexto del modelo GROW es la conciencia y la responsabilidad personal.

Un jefe autocrático podría actuar así con sus empleados:

- Mi **objetivo** (*goal*) es vender mil unidades este mes.
- La **realidad** (*reality*) es que el mes pasado solo se vendieron cuatrocientas. Sois una panda de vagos. El producto de nuestro competidor principal es mejor que el nuestro, así que tenéis que esforzaros más.
- He valorado las **opciones** (*options*) y ni aumentaremos la publicidad ni presentaremos el producto de un modo más atractivo.
- Lo **que** (*what*) vais a hacer es lo siguiente...

Cualquier dictador puede usar el modelo GROW. Este ha seguido el modelo GROW al pie de la letra, pero no ha formulado ni una sola pregunta. No ha generado conciencia alguna y, a pesar de creer que con sus amenazas ha logrado que sus subordinados asuman responsabilidad personal, no es así, porque no les ha dado ninguna opción.

Contexto y flexibilidad

Si solo ha de quedarse con un par de conceptos de este libro, quédese con los de conciencia y responsabilidad personal, que son más importantes que el de GROW. Dicho esto, he de decirle que seguir la secuencia GROW con preguntas potentes es una estrategia sencilla, flexible y efectiva.

Sin embargo, la secuencia ha de adaptarse a las circunstancias. Es decir, es posible que solo podamos definir un **objetivo** inicial vago hasta que hayamos analizado la **realidad** con cierto detalle. Entonces será necesario replantear el **objetivo** y definirlo con mayor precisión antes de seguir avanzando. Es posible que al principio incluso un **objetivo** planteado con detalle parezca erróneo o inadecuado una vez que se ha entendido la **realidad**.

Cuando pensemos en las **opciones**, será necesario comprobar si cada una de ellas realmente permite avanzar hacia el **objetivo** deseado. Finalmente, antes de concretar el **qué** y el **cuándo**, es fundamental hacer una última comprobación para ver si se corresponden con la meta fijada. Si se corresponden, pero la motivación interna es baja, hay que volver a revisar el objetivo, y, sobre todo, el compromiso personal con el mismo.

Desplácese por la secuencia GROW siguiendo su intuición. Revise cada etapa tantas veces como sea necesario y en cualquier orden garantice que los coachees sigan llenos de energía y motivación y que sus objetivos encajen con los de la empresa, además de estar alineados con su propósito individual y sus valores personales. Siga su intuición y su instinto, en vez de intentar adecuarse a una norma preestablecida. A medida que se vaya familiarizando con la potencia de GROW, se sentirá cada vez más seguro acerca de qué elemento del mismo hay que explorar en cada momento.

La clave de GROW

La clave para usar el modelo GROW con éxito reside en dedicar el tiempo suficiente a explorar la «G», hasta que el coachee haya establecido un objetivo que le inspire y que le plantee un reto, y entonces avanzar con flexibilidad por la secuencia, según lo que le dicte la intuición, y revisando el objetivo si fuera necesario.

Etapa 1: ¿Cuáles son tus objetivos?

- Identifica y aclara el tipo de objetivo gracias a la comprensión de los objetivos últimos, de los objetivos de rendimiento y de los objetivos de progreso intermedios.
- Aclara los objetivos y las aspiraciones principales.
- Aclara el resultado deseado de la sesión.

Etapa 2: ¿Cuál es la realidad?

- Evalúa la situación actual en términos de las acciones que se han llevado a cabo hasta el momento.
- Aclara los resultados y los efectos de las actuaciones previas.
- Identifica los obstáculos y los bloqueos internos que impiden o limitan el progreso.

Etapa 3: ¿Qué opciones tienes?

- Identifica las alternativas posibles.
- Define y explora varias estrategias para avanzar.

Etapa 4: ¿Qué harás?

- Aclara lo que se ha descubierto y qué se puede cambiar para lograr el objetivo inicial.
- Plantea un resumen y un plan de acción para aplicar las actuaciones identificadas.
- Presenta los posibles obstáculos.
- Reflexiona sobre el progreso continuado hacia los objetivos y el apoyo y el desarrollo que podrían necesitarse.
- Estima la solidez del compromiso con las acciones acordadas.
- Destaca cómo se garantizarán la responsabilidad personal y el logro de los objetivos.

Encontrará ejemplos de preguntas para cada etapa del modelo GROW en la «Bolsa de preguntas 5» de la «Guía de preguntas de coaching». En los cuatro capítulos que siguen haremos un análisis más profundo de cada una de estas fases y de las preguntas que más fomentan la conciencia y la responsabilidad personal en cada una de ellas.

10

G (*GOALS*): DEFINIR LOS OBJETIVOS: ¿CUÁL ES EL SUEÑO?

Cuando lo deseo, rindo más que cuando es una obligación.
El deseo es mío, el deber es de los demás.
La motivación interna es una cuestión de elección.

Se ha escrito tanto sobre la importancia y el proceso de marcarse objetivos que, en realidad, no es necesario que lo repita todo en un libro sobre coaching. Entre otras cosas, porque el proceso de fijar metas daría para escribir un libro entero. Sin embargo, creemos que incluso aquellos que se consideran expertos en la materia disfrutarán de este capítulo, que aborda algunos de los aspectos que me parecen especialmente importantes en el proceso de coaching.

EL OBJETIVO DE LA SESIÓN

La sesión de coaching comienza, invariablemente, estableciendo cuál es su objetivo. Si el cliente ha solicitado la sesión, resulta obvio que es él (o ella) quien debe definir lo que quiere lograr. Y aunque haya sido el coach quien ha pedido la sesión para resolver un problema específico que haya surgido, debe preguntar igualmente al coachee qué quiere conseguir de la sesión.

Preguntas como:

- ¿Qué desearías obtener en esta sesión?
- Tenemos media hora, ¿qué te gustaría lograr en este tiempo?
- ¿Qué sería lo más útil que podrías lograr de esta sesión?

... pueden suscitar respuestas como estas:

- Un plan general para el mes que pueda desarrollar.
- Una idea clara de los dos próximos pasos que he de emprender y comprometerme con ellos.

- Decidir hacia dónde debo avanzar.
- Tener una idea clara de cuáles son los problemas fundamentales.
- Acordar un presupuesto para la tarea.

EL OBJETIVO PARA UN PROBLEMA CONCRETO

Ahora hemos llegado al objetivo, u objetivos, relacionados con el problema en cuestión, y en este punto, debemos distinguir entre los objetivos asociados a un fin y los objetivos ligados al rendimiento.

- Los **objetivos asociados a un fin** tienen que ver con el objetivo final y pocas veces están bajo el control absoluto de uno mismo: convertirse en líder del mercado, lograr el cargo de director de ventas, ganar una cuenta concreta o la medalla de oro... No se puede saber, ni controlar, qué hará la competencia.
- Los **objetivos ligados al rendimiento** identifican el nivel de rendimiento que uno considera necesario para lograr el objetivo asociado al fin. Dependen en gran medida de nosotros y, además, nos permiten evaluar los progresos. Algunos ejemplos de objetivos asociados al rendimiento podrían ser que el 95 por ciento de la producción pasara los controles de calidad a la primera, vender cien unidades el mes que viene o correr un kilómetro y medio en cuatro minutos a finales de septiembre. Es importante tener en cuenta que es mucho más fácil comprometerse con objetivos ligados al rendimiento y hacerse responsable de ellos, porque están bajo nuestro control, que con objetivos asociados al fin, porque no lo están.

En la medida de lo posible, los objetivos asociados a un fin deberían respaldarse con objetivos ligados al rendimiento. El objetivo final fomenta el pensamiento a más largo plazo y puede proporcionar inspiración, pero el objetivo de rendimiento define qué hay que hacer, los resultados clave que son medibles.

LOS OBJETIVOS DE RENDIMIENTO SON CRUCIALES

Carecer de un objetivo de rendimiento fue determinante en la notoria derrota de Gran Bretaña en las Olimpíadas de 1968. El galés Lynn Davies había ganado la medalla de oro en salto de longitud en 1964 y se esperaba que él mismo, el ruso Igor Ter-Ovanesyan y el campeón estadounidense Ralph Boston se repartieran el podio olímpico. Pero llegó el muy irregular Bob Beamon, un estadounidense, que en la primera ronda superó en sesenta centímetros el récord del mundo, lo que fue una gesta prodigiosa si tenemos en cuenta que dicho récord solo había aumentado en unos quince centímetros desde 1936. Davies, Boston y Ter-Ovanesyan se quedaron totalmente desmoralizados, y a pesar de que Boston obtuvo la medalla de bronce y el ruso quedó en cuarta posición, ambos saltaron unos quince centímetros por debajo de sus mejores marcas. Davies, que se quedó unos treinta centímetros por debajo de su récord personal, admite que solo pensaba en el oro y que, si se hubiera fijado un objetivo de rendimiento, por ejemplo, de 8,24 metros, o un récord personal, y se hubiera centrado en eso, muy probablemente habría logrado la plata. ¿Cuán desmoralizados debieron de quedar otros nadadores cuando, cuarenta años más tarde en las Olimpíadas de 2008 en China, Michael Phelps fue acumulando medalla de oro tras medalla de oro en todas las disciplinas, hasta lograr ocho?

DE LA INSPIRACIÓN A LA ACCIÓN

A veces, tanto los objetivos finales como los de rendimiento han de complementarse con otros dos componentes, que no son exactamente objetivos en sí mismos (Figura 11). Rebecca Stevens fue la primera mujer británica en escalar el Everest. Ahora da conferencias sobre su logro en empresas y escuelas. Puedo asegurarle que después de haber escuchado sus inspiradoras palabras, más de un escolar ha llegado a casa y ha rogado a sus padres que lo lleven a escalar o que, como mínimo, lo apunten a un gimnasio con rocódromo. «Voy a escalar el Everest» puede ser una afirmación infantil, pero también es un sueño personal, una visión que genera acción. A veces debemos recordarnos, o necesitamos que nos recuerden con la pregunta oportuna qué nos inspiró a empezar o a seguir con lo que deseamos. Podríamos llamarlo el **objetivo soñado**. Tras acumular una experiencia considerable como escaladora, Rebecca Stevens alcanzó el nivel de habilidad necesario para considerar que el Everest era un objetivo final razonable (¡si es que escalar el Everest puede considerarse razonable!). Sin embargo, aún le faltaba mucho trabajo, preparación, entrenamiento y aclimatación antes de poder acometer la tarea. Si no hubiera estado dispuesta a implicarse plenamente en el proceso, el Everest se habría quedado en un sueño. «¿Cuánto está dispuesto a invertir en el proceso?» es una de las preguntas que solemos plantear en la fase de establecimiento de objetivos, sea cual sea la actividad que tenga entre manos. Es lo que denominamos **objetivo de proceso** o, incluso, objetivo de trabajo.

LOS OBJETIVOS: ¿RESPONSABILIDAD DE QUIÉN?

Aunque los líderes son libres de marcarse sus propias metas, tienen la mala costumbre de delegarlas en sus subordinados como si fueran obligaciones incuestiona-

FIGURA 11: *Establecer objetivos: de la inspiración a la acción*

	Deseo, inspiración	Intención, compromiso
	«¿Cuál es la visión global?»	
OBJETIVO SOÑADO *propósito y sentido* El futuro o la visión deseados. El gran porqué.	Construir el «banco del futuro», que esté realmente al servicio de las diversas comunidades en las que opera.	• Transformaré mi organización con sentido común y la convertiré en un banco moderno e innovador que sirva a la comunidad. Lo haré integrando a empresas de tecnología financiera e innovando en nuestra amplia base de clientes y en las relaciones con los mismos.
	«¿Qué quiere conseguir?»	
OBJETIVO FINAL *un objetivo claro* La manifestación concreta del sueño. El gran qué.	Transformar nuestra actividad bancaria en los próximos 5 años, usando el potencial y la potencia de las nuevas tecnologías, de la innovación y de los modelos empresariales Fintech, por un lado, y, por el otro, de una primera línea de mando con un estilo de liderazgobasado en el coaching.	• Me comprometo a hacer realidad la visión aprobada por el consejo en un plazo de 5 años y a desarrollar y proporcionar servicios y tecnologías financieras para llevar a nuestra amplia base de clientes a la economía digital.
	«¿Qué ofrecerá?»	
OBJETIVOS DE **RENDIMIENTO** *hitos tangibles* Sirven al objetivo soñado y al objetivo final. Bajo nuestro control en un 99 %.	Crear lealtad, ofreciendo una experiencia de banca digital de calidad tanto para clientes como para empleados.	• Simplificaré y automatizaré las operaciones de banca digital antes del fin de 2020, con un sistema integrado de finanzas, riesgos y regulación, para reducir los costes y la complejidad, mientras impulsamos los beneficios mediante la venta de productos y servicios innovadores y alineados con la estrategia del consejo.

«¿Qué acciones emprenderá?»

**OBJETIVOS
DEL PROCESO**
pasos SMART
El trabajo necesario para
alcanzar los objetivos
de rendimiento.
Sirven a TODOS
los objetivos anteriores.
Bajo nuestro control en un 100 %.

• Introduciré procesos financieros con análisis automáticos y en tiempo real
y los traduciré en una actitud proactiva en toda la organización.
Acciones: crear la unidad de negocio de análisis en 6 meses; crear el equipo
directivo de la misma y determinar las responsabilidades correspondientes
(8 semanas); definir una estrategia de comunicación (interna y externa) (8 semanas).
• Trabajaré estrechamente y con regularidad con el equipo encargado de
la transformación para respaldar las decisiones rápidas y la comunicación
clara con todos nuestros empleados y mantener así el compromiso en
la mente y el corazón de nuestra gente.
Acciones: programar reuniones cada 15 días con el equipo de transformación
para mantenerme al día del progreso.

bles. Esto impide que quienes se supone que han de alcanzar dichos objetivos se responsabilicen de ellos, algo que probablemente se reflejará en el rendimiento. Los líderes más sabios se esforzarán en mantener sus propios objetivos al margen cuando intenten motivar a los subordinados que dependen de ellos y los animarán a que se fijen sus propias metas siempre que sea posible. Aunque no lo hagan e impongan estrictamente una tarea, tampoco estará todo perdido, ya que pueden dejar al personal cierta capacidad de elección y de responsabilidad personal sobre cómo y cuándo se acomete la tarea y quién hace qué.

Coaching para generar responsabilidad personal

Aunque el objetivo en cuestión sea un imperativo absoluto, siempre es posible plantear un coaching que fomente la autonomía personal. En cierta ocasión hablábamos del entrenamiento con armas de fuego con el cuerpo de policía de un condado. «¿Cómo podemos dejar a los agentes la responsabilidad de cumplir las normas absolutas e inflexibles de seguridad con respecto a las armas de fuego?», preguntaban. Les sugerimos que en lugar de presentar las normas ya desde el principio, empezaran con un debate en el que se aplicara el coaching y a partir del cual los agentes pudieran extraer y acordar una serie de normas de seguridad. Lo más probable es que fueran muy parecidas a las normas institucionales. En caso de haber discrepancias, el coaching permitiría a los participantes explicar el porqué de las mismas, con una mínima intervención por parte del coach. Así, los agentes valorarían y entenderían las normas de seguridad institucionales mucho mejor y se harían más responsables de ellas.

¿De quién es el objetivo?

Nunca debe subestimarse el valor de la elección y de la responsabilidad personal en términos de motivación. Por ejemplo, si los miembros de un equipo de comerciales presentan un objetivo inferior a los deseos de su jefe, este debería valorar muy seriamente las consecuencias antes de descartarlo e imponer el suyo propio. Quizá le iría mejor tragarse el orgullo y aceptar la cifra de su equipo. Insistir podría resultar contraproducente y acabar reduciendo el rendimiento del equipo, a pesar de que su objetivo fuera más elevado que el que habían presentado ellos. Puede que algunos consideren que el objetivo planteado por el jefe es realista, pero lo cierto es que el hecho de no poder elegir los desmotivará. Obviamente, el jefe tiene varias opciones si está seguro de su postura, y una de ellas consiste en empezar con la cifra planteada por el equipo e ir aumentándola mediante el coaching, explorando las barreras que impiden al equipo rendir más y ayudándolo a desmontarlas. De este modo, el equipo conserva la responsabilidad sobre el objetivo que se acabe acordando.

En el lugar de trabajo, todas las partes implicadas han de participar a la hora de establecer objetivos acordados: el líder que cree que debería decidirlos él, el director comercial y los miembros del equipo de ventas que deben hacer el trabajo. Sin acuerdo no habrá compromiso ni responsabilidad por parte del equipo de ventas, los cuales son de vital importancia, y el rendimiento sufrirá irremediablemente. En tanto que líder coach, vale la pena recordar que acompañamos al coachee y que no estamos ni delante («tirando de él») ni detrás («empujándolo»).

Hay que esforzarse en garantizar que todos tengan claros los objetivos, porque con demasiada frecuencia se hacen suposiciones incorrectas que distorsionan la percepción de los subordinados y pueden afectar incluso a los objetivos que han contribuido a establecer.

LAS CUALIDADES DE UN OBJETIVO DE CALIDAD

Además de respaldar la meta final, que no está bajo nuestro control, el objetivo de rendimiento, que sí lo está, ha de ser SMART ('inteligente'):

- Específico (*Specific*)
- Medible (*Measurable*)
- Acordado (*Agreed*)
- Realista (*Realistic*)
- Acotado en el tiempo (*Timeframed*)

... y PURE ('puro'):

- Enunciado en positivo (*Positively stated*)
- Comprendido (*Understood*)
- Pertinente (*Relevant*)
- Ético (*Ethical*)

... y CLEAR ('claro'):

- Desafiante (*Challenging*).
- Legal (*Legal*).
- Respetuoso con el medioambiente (*Environmentally sound*)
- Apropiado (*Appropriate*)
- Registrado (*Recorded*)

El motivo de que los objetivos deban contar con la mayoría de estas cualidades es evidente y no necesita más explicación, aunque quizá sea pertinente hacer un par de aclaraciones.

La estructura SMART se diseñó para que los líderes establecieran objetivos para sus equipos. Y como era el líder quien asignaba los objetivos, tenía que asegurarse de que el objetivo fuera claro o «específico», pero no le preocupaba demasiado que fuera o no emocionante y motivador. También tenía que ser cuidadoso y no establecer objetivos demasiado complicados; de ahí el requisito de «realista». Si el objetivo no es **realista**, no hay esperanza, pero si no supone un **desafío**, no hay motivación. Por lo tanto, hay un margen en el que deben encajar todos los objetivos.

OBJETIVOS INSPIRADORES

Es fundamental que el coach dedique al principio mucho tiempo a la etapa «G» de GROW para asegurare de que los coachees identifiquen objetivos que los inspiren y los galvanicen o que les apasionen o emocionen. Un objetivo inspirador, enmarcado de forma positiva, mantendrá desde el principio unos niveles elevados de energía y motivación. Un objetivo personal enmarcado en el objetivo de la empresa marcará toda la diferencia.

Cuando nos fijamos objetivos, a veces tendemos a apuntar demasiado bajo y dejamos que el miedo nos limite. Anime a los coachees a apuntar alto para que se esfuercen en lograr lo mejor de sí mismos. En un entorno propicio, un objetivo inspirador que suponga un reto conducirá al éxito, lo que aumentará la seguridad y la confianza en uno mismo y generará un mayor rendimiento.

> Tendemos a obtener aquello en lo que nos concentramos. Si tememos al fracaso, nos concentramos en él, y el fracaso es lo que conseguimos.

PENSAR EN POSITIVO

Es muy importante formular los objetivos en **positivo**. ¿Qué sucede si se formulan en negativo? Por ejemplo, «no debemos quedar los últimos en la clasificación regional de ventas». ¿Dónde centramos la atención? ¡En ser los últimos de la clasificación, claro! Si le piden que no piense en un globo de color rojo, ¿qué es lo primero que le viene a la mente? ¿O si se le pide a un niño que no deje caer el vaso, que no derrame el agua o que no se equivoque? Otro ejemplo procede del críquet. Imaginemos que ha caído una meta y un memo le dice al bateador siguiente, al pasar: «No te dejes eliminar en la primera pelota». El bateador tiene todo el largo camino a la línea de base para pensar en quedar eliminado justo en la primera pelota. Los objetivos negativos pueden transformarse fácilmente en su opuesto positivo, como, por ejemplo, «Vamos a quedar, como mínimo, los cuartos en la clasificación general» o «Voy a bloquear la primera pelota, por complicada que sea».

ESTÁNDARES ÉTICOS

Es posible que parezca que pontifico cuando digo que los objetivos deben ser **legales**, **éticos** y **respetuosos con el medioambiente**, pero cada uno tiene sus propios códigos al respecto y la única manera de garantizar que los empleados se comprometan plenamente es seguir los criterios más elevados. Los empleados más jóvenes tienden a presentar criterios éticos más elevados que sus jefes más mayores, que suelen sorprenderse ante este hecho y se excusan con el socorrido «siempre se ha hecho así». Además, el nuevo énfasis en la responsabilidad social corporativa y las consecuencias de quedar expuesto por una denuncia interna o por una asociación de protección de los consumidores superan con mucho cualquier beneficio a corto plazo que pueda tentar a los poco escrupulosos.

Ed Stack, entonces director ejecutivo de la empresa minorista estadounidense Dick's Sporting Goods, decidió dar un paso al frente tras el tiroteo en la escuela secundaria de Parkland en 2019 y dejó de vender armas de asalto. Aunque fue una medida impopular entre algunos de sus clientes principales, la empresa acudió a las noticias nacionales para explicar su decisión y logró compensar sus pérdidas iniciales con un mayor volumen de ventas de ropa deportiva. George A. Riedel, de la Harvard Business School, explicó: «En última instancia, el líder de Dick's Sporting Goods siguió su conciencia, y la estrategia funcionó, en gran parte porque resistió un movimiento impulsivo, construyó consenso y se comunicó de manera efectiva».

OBJETIVO OLÍMPICO

Quizás el ejemplo más extraordinario de un objetivo fijado con éxito procede también de las Olimpíadas y de la natación, pero de una década antes de que naciera Michael Phelps. Un estudiante universitario estadounidense de primer curso, John Naber, vio cómo Mark Spitz ganaba siete medallas de oro en natación en las Olimpíadas de Múnich de 1972. En ese momento decidió que ganaría el oro en los cien metros espalda en 1976. Aunque era el campeón juvenil nacional, estaba casi cinco segundos por debajo de lo que necesitaba para poder ganar el oro olímpico; una diferencia enorme a esa edad y en una distancia tan corta.

Decidió hacer posible lo imposible y empezó fijándose un objetivo de rendimiento: marcar un nuevo récord del mundo. A continuación, dividió su déficit de cinco segundos por la cantidad de horas de entrenamiento que podía dedicar a ese objetivo en cuatro años. Calculó que tenía que mejorar su marca en un quinto de parpadeo por cada hora de entrenamiento, y decidió que podía hacerlo si, además de esforzarse, actuaba con inteligencia. Y así fue.

En 1976 había mejorado tanto que lo nombraron capitán del equipo de natación para las Olimpíadas de Montreal y ganó el oro tanto en los cien metros como en los doscientos metros espalda; con el primero logró el récord del mundo y con el segundo, el récord olímpico. ¡Qué objetivos tan bien fijados! John Naber se sentía muy motivado con una meta final muy bien definida y sustentada en un objetivo de rendimiento que podía controlar. Lo apuntaló con un proceso sistemático y así llegó al podio que se merecía.

Los que se proponen ganar ganan mucho.
Los que temen perder pierden mucho.

Un rendimiento olímpico en la empresa

¿Cómo podríamos trasladar el rendimiento olímpico a la empresa? Jorge Paulo Lemann desempeña, desde hace más de cuarenta años, un papel fundamental en el desarrollo económico de Brasil. En 1971, Lemann fundó el Banco de Investimentos Garantia, y poco después contrató a Carlos Sicupira y a Marcel Telles para que se incorporaran a lo que muchos consideran el Goldman Sachs brasileño. A medida que adquirían activos diversos, el trío fue transformando la economía de Brasil, que abrieron a inversores internacionales, al mismo tiempo que generaban estabilidad para los nacionales. Mediante su grupo de inversión 3G Capital (ahora dirigida por Alex Behring y Daniel Schwartz), ahora son propietarios o accionistas de multinacionales gigantescas como Burger King, Anheuser-Busch InBev o The Kraft Heinz Company.

Dirigen sus empresas motivando al personal. En su libro *Sonho grande* («Soñar a lo grande»), Cristiane Correa explica que querían atraer y retener a personas extraordinarias a quienes motivara algo más que el dinero. Lemann explica así su fórmula en un estudio de caso de la Harvard Business School:

Crea un gran sueño. Haz que siempre sea fácil de entender y de cuantificar. Atrae a las personas adecuadas que trabajen bien juntas. Mide los resultados con regularidad. Con esta fórmula puedes crear, dirigir o mejorar cualquier cosa.

En *The 3G Way*, Francisco Homem de Mello resume este estilo de liderazgo como «Sueño + Personas + Cultura». Cuentan con personas fantásticas y han creado una cultura en la que pueden crecer y participar en las recompensas del gran sueño. Esta estrategia los llevó de la banca de inversión a las finanzas, a la cerveza y a las hamburguesas, y de Brasil a Latinoamérica y luego a Europa y a Estados Unidos.

¿Cómo se hace? En primer lugar, el gran sueño es un sueño común que la empresa mantiene vivo como si fuera un mantra. En el lenguaje de la pirámide de los objetivos (Figura 11), si el objetivo soñado hubiera sido transformar la economía brasileña y abrirse al mercado para generar estabilidad, su objetivo final podría haber sido convertirse en los mayores productores de cerveza del mundo. A partir de los objetivos soñados y de los objetivos finales, la empresa establece subobjetivos anuales para toda la empresa (objetivos de rendimiento), luego objetivos de proceso en forma de objetivos para los CEO, los vicepresidentes, los directivos y así hasta llegar a los objetivos para los trabajadores de planta; todos están alineados según objetivos derivados del objetivo soñado. Y cuando el objetivo soñado se logra al cabo de unos años de centrarse plenamente en él, la empresa establece otro, como mínimo tan grande como el anterior.

Esta estrategia ha sido admirada por expertos y gurús empresariales, como Jim Collins, que acuñó el término Big Hairy Audacious Goals (BHAG, «objetivos grandes, peliagudos y audaces»), una categoría en la que los sueños de Lemann, Sicupira y Telles encajan a la perfección. Al fin y al cabo, tal y como ha observado el propio Lemann: «Soñar a lo grande da tanto trabajo como soñar en pequeño».

CONVERSACIÓN DE COACHING

En los capítulos que tratan de habilidades prácticas ilustraremos la información teórica con dos conversaciones de coaching, primero con un líder coach y luego con un coach. Los ejemplos con líder coach son conversaciones ficticias de desarrollo de liderazgo entre Sam y su jefa, Maia. Sam es un director de proyecto en una multinacional de telecomunicaciones. Hace poco asumió la dirección del proyecto Summit, que implica a varios departamentos de la empresa y que le exigirá que desarrolle sus capacidades de liderazgo e influya en personas que participan en el proyecto, pero que no dependen directamente de él.

Centrarse en el objetivo: ejemplo con líder coach

Sam es una persona de acción, por lo que se ha quedado atrapado en la resolución de los múltiples problemas que van surgiendo en el proyecto y está agotado, abrumado y frustrado con algunos de los miembros del equipo. Veamos cómo Maia se centra en objetivos para que Sam pueda reconducir el proyecto.

MAIA: Me gustaría hablar del proyecto Summit y, en concreto, quisiera que me explicaras cómo te sientes dirigiendo el equipo. ¿Es buen momento? [Sam asiente]. ¿Qué te gustaría lograr con esta conversación?

Sam: Me iría bien hablar de los problemas que tengo con algunas personas que no se implican lo suficiente y también de que no cuento con los recursos necesarios para poder cumplir con los plazos de entrega.

La coach plantea con claridad el propósito de la conversación y pregunta al coachee qué aspecto quiere trabajar

Maia: Bien, parece que tienes muchos frentes abiertos. Me gustaría que nos centrásemos en tus habilidades de liderazgo, ya que uno de los motivos por los que asumiste la dirección de proyectos fue que querías desarrollarlas. Sin embargo, con lo que acabas de decir, no sé qué es lo que te ayudaría más que explorásemos o resolviésemos ahora.

SAM: Sería genial contar con cinco personas más en el proyecto, pero estoy seguro de que me dirás que no hay presupuesto para eso.

MAIA: Tienes toda la razón, no hay presupuesto para más gente. Si te he entendido bien, lo que más te preocupa ahora son los recursos humanos del equipo. ¿Qué crees que es lo más urgente?

SAM: Para ser sincero, son Johann y Catherine; no están cumpliendo. Dicen que harán algo y luego no lo hacen. No puedo confiar en ellos. Y cuando se lo digo, se enfadan y dicen que la culpa es mía. Es una pesadilla y ellos dos solitos están poniendo en peligro que podamos cumplir con la primera entrega.

MAIA: ¿Y cómo lo llevas, en general?

SAM: Estoy muy estresado. Estoy harto de sus excusas. No sé cómo decirle al cliente que vamos a fallarle ya en el primer plazo.

MAIA: Estoy aquí para ayudarte, y estoy segura de que encontrarás la manera de resolverlo. ¿Cuál crees que sería un buen resultado de nuestra conversación acerca de estas cuestiones?

Traslada la atención del problema/preocupación a un objetivo importante para el coachee

SAM: Lograr que Johann y Catherine se pongan las pilas y hagan lo que tienen que hacer, que para eso los pagamos.

MAIA: ¿Y qué quieres tú?

SAM: Estar menos estresado y tener más tiempo para hacer lo que se supone que he de hacer para reconducir el proyecto.

MAIA: Veo que para ti es muy importante cumplir con los plazos de entrega acordados con el cliente. ¿Qué significaría para ti poder entregar el proyecto a tiempo?

Especifica el resultado/objetivo deseado

SAM: Lo más importante para mí es hacer el trabajo lo mejor posible y que el cliente esté contento.

MAIA: Demos un paso atrás para ver la imagen general. ¿Por qué es importante ese objetivo para ti?

SAM: Bueno, porque si lo consigo, obtendré la experiencia y el prestigio que necesito para solicitar un puesto en el equipo de ventas regional, que es mi objetivo final.

MAIA: Fantástico. Así que tener éxito en este proyecto te acercará a tu objetivo final. Volviendo al proyecto, entonces, ¿cuál dirías que es tu objetivo global?

Muestra curiosidad por cómo el hecho de lograr el objetivo de rendimiento contribuirá a alcanzar el objetivo final/soñado

SAM: Que todos, y no solo unos cuantos, colaboremos para poder cumplir con el cliente.

MAIA: Veo que estás frustrado con parte del equipo. Idealmente, ¿cómo te gustaría que fuera tu relación con ellos?

SAM: Quiero que se hagan responsables de su trabajo y que se sientan orgullosos de lo que hacen. También quiero que me respeten.

Resume dos objetivos de rendimiento e invita al coachee a trabajar en objetivos de proceso

MAIA: Parece que tienes dos objetivos: 1. Reconducir el proyecto y satisfacer al cliente. 2. Mejorar la relación con Johann y Catherine. ¿Te ayudaría en algo hablar en profundidad de estos dos objetivos?

SAM: Sí, por supuesto.

Maia tiene sus propios objetivos para la conversación con Sam y los ha planteado con claridad al principio de la charla. Sin embargo, en lugar de imponerlos, invita a Sam a que diga de qué quiere hablar él. En la conversación que sigue, Maia valida las preocupaciones de Sam y aleja la conversación de la resolución de problemas para centrarse en los resultados deseados y el establecimiento de objetivos. Fíjese en los dos tipos de objetivo que aparecen en este breve diálogo: objetivos para la conversación (qué quiere obtener Sam de ella) y objetivos más generales (lo que tiene propósito y significado para él). Esto crea la motivación necesaria para que Sam siga adelante a pesar de sentirse abrumado, agotado y frustrado, y como ha sido él quien ha determinado el resultado ideal y ha planteado el objetivo final, asume la responsabilidad de cumplirlo y estará más comprometido que si Maia le hubiera dicho qué hacer.

Anote una cosa que le haya gustado especialmente en el diálogo anterior y que vaya a poner en práctica en sus interacciones de liderazgo o coaching.

El establecimiento de objetivos y la curva de rendimiento

Sam ha identificado que tiene dificultades con Johann y Catherine. No consigue de ellos lo que quiere, lo que apunta a una falta de comunicación por su parte en relación con el objetivo, además de a una falta de confianza, que ellos perciben y a la que responden retrayéndose. La falta de claridad en relación con los objetivos genera muchas interferencias y un rendimiento pobre. En ausencia de objetivos claros, la gente no puede dar lo mejor de sí misma, pues no sabe cuál es el objetivo deseado. Y si Sam no puede ser honesto con Johann y Catherine acerca de su deseo de reparar la relación y trabajar para crear confianza y respeto, es muy improbable que la confianza aparezca por sí sola.

Si recordamos la descripción de la curva de rendimiento del capítulo 2, Sam y esa parte de su equipo operan, en estos momentos, en la franja de rendimiento más bajo, la **impulsiva**: las cosas pasan. Fíjese en que Sam parece estar apuntando a la franja **dependiente** (rendimiento bajo-medio), porque percibimos cierto «ojalá hicieran lo que les digo que hagan». Por su parte, Maia opera en la franja **interdependiente** (alto rendimiento): confía en que si colabora con Sam, trasformarán este problema en una oportunidad. Maia ha detectado que Sam tiene problemas con sus habilidades de liderazgo en este aspecto y lo ayudará para que pueda desarrollarlas. Le recuerda a Sam que si lo consigue, se acercará a su objetivo final. A través de este diálogo, ha averiguado qué sucede y lo ha convertido en una prioridad, ya que afectará al rendimiento del proyecto en su conjunto. Mediante el coaching, Maia ha ofrecido a Sam algo valiosísimo: la posibilidad de desarrollar su liderazgo en la práctica.

Objetivos de distintos niveles: ejemplo con coach

Este ejemplo se da entre el coach José y la coachee Antonia, que acaba de asumir un rol nuevo y a la que le está costando integrarse en el equipo de liderazgo [EL].

JOSÉ: ¿En qué te gustaría centrarte hoy?

ANTONIA: Todavía me estoy adaptando a este nuevo rol y, para ser sincera, lo que más me cuesta ahora mismo son las reuniones con el equipo de liderazgo. Todos los demás llevan años en el equipo; exponen muy bien sus puntos y son capaces de decir lo que piensan de una forma que hace que los demás escuchen. En cambio, yo me siento fuera de lugar y no tengo ni idea de qué decir cuando se abordan temas que no son mi especialidad. Es como si esperaran que tuviera una opinión sobre cosas de las que no sé nada. Me estoy empezando a preguntar si el EL es mi sitio o no.

Reconoce la situación actual de la coachee y pregunta acerca del objetivo de la sesión

JOSÉ: Eso suena complicado. Lo que escucho es que estás fuera de tu zona de confort en el EL y que estás empezando a dudar de ti misma. ¿Qué te gustaría conseguir en esta sesión?

ANTONIA: No me quiero sentir así, claro. Pero tampoco creo que sea realista esperar sentirme segura de un día para otro cuando hablo de temas en los que no soy experta.

JOSÉ: Parece que te quieres sentir más segura, pero que eso está muy lejos de donde estás ahora. Si fuera posible cualquier cosa, ¿dónde te gustaría estar al final de la sesión de hoy?

Parafrasea para comprobar que ha entendido a la coachee y le pregunta por el objetivo que quiere conseguir en la sesión

ANTONIA: Me encantaría recuperar la seguridad en mí misma, volver a sentirme yo misma. Ya hace bastante tiempo desde la última vez que me no me siento segura de mí misma y capaz de ser yo. De hecho, no lo he sentido desde que empecé en este nuevo rol.

JOSÉ: Al final de esta sesión te quieres sentir segura y capaz de ser tú misma. ¿Es eso?

Refleja y confirma el objetivo enunciado

ANTONIA: Sí, eso es.

JOSÉ: ¿Qué significaría para ti sentirte segura y capaz de ser tú misma?

ANTONIA: Sería más feliz y estaría más tranquila, sin cuestionarme ni preocuparme constantemente por lo que puedan pensar los demás.

Comienza a explorar qué del objetivo resulta inspirador

JOSÉ: ¿Cómo imaginas que serán las reuniones del EL cuando estés más feliz, más tranquila y seas capaz de ser tú misma?

ANTONIA: ¡No serán tan dolorosas como lo son ahora! Me cuesta muchísimo imaginarlo.

Vuelve al tema que ha nombrado la coachee y lo relaciona con el objetivo

JOSÉ: Si te cuesta imaginarlo ahora, adelantémonos seis meses en el futuro. Ya has logrado tu objetivo de sentirte segura y capaz de ser tú en las reuniones del EL. ¿Seis meses te parece un plazo útil?

ANTONIA: Sí, seis meses están lo bastante lejos, pero no demasiado.

JOSÉ: ¿Estarías dispuesta a moverte un poco ahora?

Supera las posibles interferencias centrándose en las posibilidades y el potencial

ANTONIA: Sí, de acuerdo.

JOSÉ: Te voy a invitar a que imagines que han pasado seis meses y que has recuperado la confianza, te sientes segura de ti misma y eres capaz de ser tú. Si estás dispuesta, por favor ponte de pie y muévete de la manera que sientas adecuada y, mientras lo haces, conéctate más plenamente contigo. Contigo, la que se siente segura, confiada y capaz de expresarse en las reuniones del EL.

Pide permiso

ANTONIA (se pone de pie y se mueve)

JOSÉ: Observa lo que ocurre dentro de ti mientras conectas con la sensación de estar segura de ti misma, de confiar en ti y de ser tú. ¿Cómo es?

ANTONIA: Me siento más ligera y capaz de respirar con más libertad.

JOSÉ: ¿Dónde notas la ligereza?

ANTONIA: En los hombros y en el pecho.

JOSÉ: ¿Cómo es estar más ligera y poder respirar con libertad?

ANTONIA: Es como volar sin esfuerzo, sin pensar demasiado... canalizando mi intuición y permitiendo que salga de forma natural.

JOSÉ: Puedes seguir de pie o sentarte, lo que prefieras. Siguiendo en este futuro imaginario, ¿cómo estás volando, canalizando y permitiendo en las reuniones del EL?

ANTONIA: Bueno, irónicamente, volar es como estar con los pies en la tierra. Anclarme en quién soy me permite volar, lo que significa que puedo salir de mi especialidad y aun así ver las cosas con claridad y tener una opinión, aunque sea la primera vez que hablo de algo.

JOSÉ: ¿Y qué hay de canalizar y permitir? ¿Cómo se manifiesta eso en las reuniones del EL de este futuro imaginario?

ANTONIA: Se manifiesta en que digo mi verdad. Soy capaz de hablar abierta, libre y auténticamente y de expresar mis pensamientos y sentimientos de manera intuitiva. La cuestión es confiar en mí misma y en mi sabiduría, incluso si no soy experta en el tema.

JOSÉ: Permítame que refleje lo que acabas de decir: hablar abierta, libre y auténticamente, y expresar tus pensamientos y sentimientos de manera intuitiva. ¿Qué impacto tendrás en las reuniones del EL si te muestras con confianza en ti misma y en tu sabiduría?

ANTONIA: Me verán como alguien creíble y perspicaz. Espero poder influir en la cultura de esta empresa y tener un impacto duradero.

JOSÉ: ¿Qué impacto quieres tener?

ANTONIA: Quiero una cultura más colaborativa donde todos podamos ser creativos e innovar juntos.

JOSÉ: ¿Qué es importante para ti de una cultura colaborativa en la que todos puedan ser creativos e innovar juntos?

ANTONIA: Es emocionante, hay apoyo y es un lugar donde las

Acompaña a la coachee para que imagine que ha logrado el objetivo y usa el movimiento físico para conectarla con su objetivo final

Explora las emociones de la coachee en el presente mientras se imagina en el futuro

Invita a la coachee a explorar su potencial en el contexto del objetivo al que aspira

Resume el potencial de la coachee y profundiza en el objetivo de esta

Sigue explorando el objetivo de la coachee

personas se sienten conectadas entre sí, se divierten y crean productos increíbles que transforman la atención sanitaria.

JOSÉ: Parece que tu propósito es transformar la atención sanitaria a través de la conexión, la creación y la diversión de las personas. ¿Cuál dirías que es tu propósito?

ANTONIA: Diría que es crear entornos de trabajo innovadores, emocionantes y colaborativos que permitan una revolución en la atención sanitaria.

JOSÉ: ¿Qué sientes al decir eso?

ANTONIA: ¡Es muy emocionante! Lo sé desde hace un tiempo, es la razón por la que acepté este nuevo trabajo, pero se había perdido en un mar de incertidumbre y dudas.

JOSÉ: Tu propósito es crear entornos de trabajo innovadores, emocionantes y colaborativos que permitan una revolución en la atención sanitaria. ¿Cómo lo quieres anclar?

ANTONIA: Déjame que lo escriba en la libreta.

JOSÉ: Hagamos un repaso. En la última sesión, identificamos tu objetivo final de crecer en tu nuevo rol y de tener un impacto positivo en la empresa para finales de este año. Ahora hemos descubierto tu objetivo soñado de posibilitar una revolución en la atención sanitaria creando la cultura adecuada. También hemos hablado de un objetivo de rendimiento a corto plazo para que vuelvas a sentirte tú misma y recuperar tu confianza. Y hemos explorado cómo quieres presentarte idealmente en las reuniones del EL. ¿Cómo se relaciona todo esto?

ANTONIA: Bueno, creo que todo comienza por sentirme yo misma de nuevo, y eso incluye centrarme en el «por qué» para consolidarlo todo y darme un motivo para permanecer en el EL y tener la oportunidad de crear el entorno para esa revolución en la atención sanitaria.

JOSÉ: Escucho que tu punto de partida es volver a sentirte tú misma y centrarte en el «por qué». ¿Es así?

ANTONIA: Sí, completamente.

Reconoce la conexión de la coachee con su objetivo

Conectar con su objetivo anima e inspira a la coachee con su objetivo

El coach refleja las palabras de la coachee para reforzar su objetivo

Una vez la ha conectado con su objetivo, el coach recapitula los objetivos identificados en cada nivel

Vuelve a centrar la atención en el objetivo de l a sesión y llega a un acuerdo acerca de lo que la coachee quiere lograr durante la misma

José comienza la sesión preguntándole a Antonia en qué se quiere centrar. Valida la situación que Antonia trae a la sesión y le pregunta por el objetivo para esta. José confirma lo que Antonia quiere lograr al final de esta sesión para que ambos tengan la misma imagen en mente y el GPS del coaching quede establecido. Observe que José no indaga en el problema que trae Antonia, sino en el objetivo, para identificar qué significaría para Antonia alcanzarlo. Esto eleva el coaching en la pirámide de establecimiento de objetivos hacia el objetivo soñado, que es donde residen la motivación y la energía, por lo que es importante conectar a Antonia con ello, enfocándose primero en el potencial en lugar de en las interferencias.

José cultiva la inspiración cuando supera la interferencia del «me cuesta» y lleva a Antonia a un futuro imaginado en el que ya ha alcanzado su objetivo. Le pide permiso para hacer que se mueva y, entonces, usa el movimiento para llevar a Antonia de una posición de bloqueo a un futuro deseado. José incorpora los sentidos para traer el futuro al momento presente, reflejando lo que Antonia comparte e indagando más y más a fondo hasta que ella se conecta con su potencial y experimenta su objetivo soñado de manera efectiva y en el presente, aunque sea en su imaginación. Ahora, Antonia tiene a la vista su propósito, que es un motivador e impulsor muy potente para ella.

José recapitula los distintos niveles de objetivos que han surgido hasta ahora y se refiere al objetivo final identificado en la sesión anterior, que es el motivo por el que Antonia inició el proceso de coaching. Le pregunta cómo se relacionan los distintos objetivos, para enfocar la dirección de la sesión actual.

Anote una cosa que le haya gustado especialmente en el diálogo anterior y que vaya a poner en práctica en sus interacciones de liderazgo o coaching.

Ha llegado el momento de que pasemos de los objetivos al análisis de la realidad.

11
R (*REALITY*): ¿DÓNDE ESTÁS AHORA?

Cuando la realidad es clara,
los objetivos quedan más definidos.

Una vez que hemos definido las metas, debemos tener clara cuál es la situación actual. Hay quien diría que no pueden fijarse los objetivos hasta que no se conoce y se entiende la situación actual y que, por lo tanto, deberíamos empezar con la **realidad**. No estamos de acuerdo, porque consideramos que disponer de un objetivo es fundamental para poder guiar y dar valor a cualquier debate. Aunque los objetivos solo pueden fijarse de manera general antes de poder analizar la situación con detalle, hay que hacerlo. Entonces, una vez aclarada la realidad, los objetivos pueden definirse más, o incluso modificarse si la situación resulta ser distinta de lo que se creía en un principio.

OBJETIVIDAD

El criterio más importante a la hora de analizar la realidad es la objetividad. La objetividad está sujeta a grandes distorsiones, causadas por las opiniones, los juicios, las expectativas, los prejuicios, las preocupaciones, las esperanzas y los temores del observador. La conciencia consiste en ser capaz de percibir las cosas como son; la conciencia de uno mismo consiste en conocer los factores internos que distorsionan la propia percepción de la realidad. La mayoría de las personas creen ser objetivas, pero la objetividad absoluta no existe. En el mejor de los casos podemos aspirar a cierto grado de objetividad; pero cuanto mayor sea, mejor.

IMPARCIALIDAD

Para acercarse a la realidad, tanto el coach como el coachee han de evitar las distorsiones. Esto exige que el primero se muestre muy imparcial y pueda formular las preguntas de manera que el coachee se vea obligado a dar respuestas basadas en hechos. «¿Qué factores influyeron en tu decisión?» evocará una respuesta más precisa que «¿Por qué hiciste eso?», que tiende a contestarse con lo que el coachee cree que el coach quiere escuchar o con una justificación defensiva.

DESCRIBIR SIN JUZGAR

En la medida de lo posible, el coach debe usar y fomentar en el coachee una terminología descriptiva en lugar de valorativa. Así se contribuye a mantener la imparcialidad y la objetividad y se reduce la autocrítica negativa que distorsiona la percepción. La Figura 12 ilustra esta idea.

FIGURA 12: *Presentación de la comunicación*

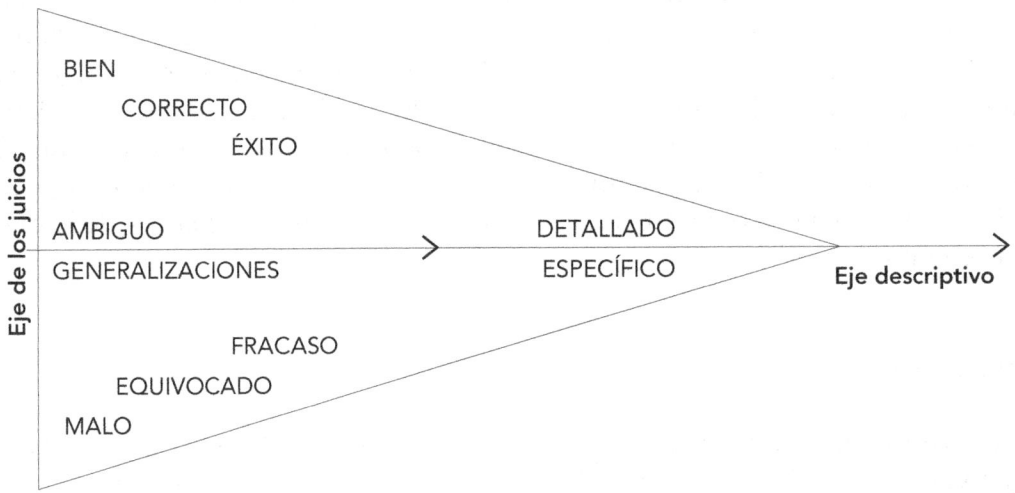

La terminología que se utiliza en las conversaciones cotidianas y en muchas interacciones en la empresa suele ubicarse más bien hacia el extremo de la izquierda. En el coaching intentamos desplazarnos hacia la derecha. Cuanto más específicas y descriptivas sean las palabras y las frases, menos críticas transmitiremos y más productiva será la sesión de coaching.

Las preguntas sobre la realidad, cuando se aplican a uno mismo, aportan la medida de autovaloración más directa. La habilidad de formular preguntas potentes sobre la realidad es fundamental, sea cual sea su aplicación. Profundizar en la conciencia exige un nivel elevado de autogestión. Si el coach se limita a formular preguntas y a recibir respuestas desde el nivel de conciencia habitual, quizás ayude al coachee a estructurar sus pensamientos, pero no accederá a niveles de conciencia más profundos o nuevos. Cuando el coachee ha de detenerse a pensar antes de responder, quizás incluso mirando hacia arriba, profundiza en la conciencia. Ha de penetrar en nuevas profundidades para recuperar la información. Es como si se introdujera en el fondo de su archivador interno para encontrar la respuesta. Cuando se localiza, esta nueva información se hace consciente y el coachee se siente más capacitado.

Podemos controlar en cierta medida los aspectos de los que somos conscientes, pero lo inconsciente nos controla a nosotros.

SEGUIR AL COACHEE

Seguir al coachee consiste en estar atento a su interés o a su línea de pensamiento, al tiempo que se evalúa cómo se relaciona eso con el tema en su conjunto; es una de las habilidades de coaching más básicas. Solo cuando el coachee se muestre dispuesto a abandonar el problema por completo, el coach debe plantear la posibilidad de que se haya olvidado de algo. Si parece que el coachee se ha desviado mucho, una pregunta del tipo «¿Cómo se relaciona esto con el problema?» puede reorientarlo o bien aportar un razonamiento válido. De un modo u otro, así se le permite al coachee seguir dirigiendo el proceso, lo que permite explorar plenamente el potencial desaprovechado en su interior y acceder a sus propios recursos para enfrentarse a cualquier reto.

COMUNICACIÓN DIRECTA ENTRE IGUALES

En un contexto empresarial, es posible que el líder deba adaptar ligeramente la estrategia. Por ejemplo, imaginemos que una directiva, Alison, quiere investigar y corregir un problema en el departamento de Kwame. Si plantea el problema al principio, es muy probable que él se sienta amenazado y se ponga a la defensiva. Si, por el contrario, no lo plantea y le deja llevar la conversación, ¿llegará en algún momento al tema que ella quiere abordar?

Alison debe centrarse en el objetivo y asegurarse de que no transmite ningún juicio de valor sobre lo que ella considera el problema. Por supuesto, eso exige un nivel elevado de autogestión, y es un ejemplo claro de por qué la inteligencia emocional es la cualidad de liderazgo clave y se valora más que el conocimiento técnico. Alison podría empezar así:

ALISON: Me gustaría que reflexionáramos sobre algo que he detectado en nuestros departamentos. ¿Te parece bien? *[Kwame asiente].* Me encantaría que los departamentos pudiéramos trabajar juntos sin problemas. Me he dado cuenta de que hay algunos puntos de fricción recurrentes. ¿Qué opinas tú?

Ha adoptado una actitud constructiva, sin criticar, ha gestionado sus juicios de valor y ha creado las condiciones para que Kwame y ella puedan colaborar y resolver este problema importante.

Cuando los empleados empiezan a verse mutuamente como apoyos en lugar de como amenazas, se muestran mucho más dispuestos a plantear sus problemas. Y cuando esto sucede, podemos llevar a cabo un diagnóstico sincero e iniciar un diálogo, lo que llevará a una pronta resolución.

La cultura de la culpa que prevalece en la mayoría de las empresas es contraproducente, porque causa un «síndrome de falsa realidad» o un «te diré lo que creo que quieres escuchar o lo que me ahorre problemas». Cualquier corrección que se aplique a partir de ahí se fundamentará en una realidad falsa. El buen coach empieza con una conversación más general y sigue el ritmo del coachee. Quizá lo ayude con un problema menor, para presentarse como un apoyo en lugar de como una amenaza. Esta estrategia tiene muchas probabilidades de llevar a la raíz del problema en lugar de quedarse en el síntoma, que es lo primero que se ve. Los problemas han de resolverse en un nivel más profundo que aquel en el que aparecen si queremos que desaparezcan para siempre.

USAR LOS SENTIDOS

Si el coachee ha de aprender una nueva habilidad física, como utilizar una herramienta de trabajo, ya se trate de una locomotora o de una raqueta de tenis, el coaching también debe centrarse en los sentidos: tacto, oído y vista.

La conciencia corporal comporta una autocorrección automática. Si le resulta difícil de creer, cierre los ojos un momento y concéntrese en sus músculos faciales. Es posible que note el ceño fruncido o cierta tensión en la mandíbula. Lo más probable es que casi al mismo tiempo que lo percibe, se relaje y deje caer la ceja o afloje la mandíbula. Este mismo principio puede aplicarse al movimiento físico complejo. Si centramos la atención en el interior, en las partes en movimiento, percibimos la tensión que reduce la eficiencia y la liberamos automáticamente, con la consiguiente mejora del rendimiento. Esta es la base del nuevo enfoque del coaching para la técnica y la excelencia deportivas.

La conciencia interna aumenta la eficiencia del cuerpo, lo que a su vez mejora la técnica. Se trata de una técnica de dentro afuera, en lugar de una técnica de fuera adentro. Además, es una técnica integrada, única y específica del cuerpo en cuestión, en lugar de ser aquello que un tercero considera como técnica ideal y a la que el cuerpo se ve obligado a adaptarse. ¿Cuál cree que tiene más probabilidades de llevar al rendimiento óptimo?

Esforzarse o intentar cambiar genera tensión corporal y resta coordinación a los movimientos, lo que suele conducir al fracaso.

La conciencia corporal y la conciencia interna también son importantes si el coachee está aprendiendo a usar una conducta nueva, como implementar una comunicación potente para aumentar la efectividad de sus presentaciones. En este ejemplo, el coachee se centra en su estado actual y describe su experiencia la última vez que hizo una presentación cuando responde a preguntas como:

- ¿Qué sintió al hablar en público?
- ¿Qué notó en su ritmo?
- ¿Qué emociones sintió al empezar a hablar?
- En una escala de 1 a 10, ¿cuál era el grado de seguridad en sí mismo que sentía?
- ¿Cómo era su respiración?
- ¿Qué pensamientos predominaban justo antes de empezar a hablar?
- ¿Qué postura tenía?
- ¿De qué maneras comunicó de un modo potente?
- ¿Qué comunicaba con el cuerpo?

Se le da la oportunidad de decir qué siente. Hay que plantear una pregunta abierta tras otra, escuchar y dejar que los silencios hagan el trabajo más duro.

EVALUAR LAS ACTITUDES Y LAS TENDENCIAS PERSONALES

También debemos ser conscientes de nuestros pensamientos, de nuestras actitudes y de nuestras tendencias personales en cada momento, de los que normalmente no somos demasiado conscientes. Todos llevamos con nosotros, y a veces desde la infancia, creencias y opiniones que tiñen las percepciones y las relaciones con los demás. Si no reconocemos su existencia, no podemos compensar sus efectos y distorsionarán nuestra percepción de la realidad.

El cuerpo y la mente están interrelacionados. La mayoría de los pensamientos conllevan una emoción; todas las emociones se reflejan en el cuerpo, y las sensaciones corporales suelen suscitar pensamientos. Por lo tanto, las preocupaciones, los bloqueos y las inhibiciones pueden abordarse desde la mente, el cuerpo o las emociones, ya que liberar uno tiende a liberar a los demás, aunque no siempre es así. Por ejemplo, podemos reducir el estrés persistente si se identifican las tensiones musculares, si se evocan las emociones alimentadas por el exceso de trabajo o si se descubren actitudes como el perfeccionismo. Es posible que sea necesario trabajar cada uno de estos aspectos por separado. En este sentido, le recordamos que Timothy Gallwey afirma que los resultados de aquel que practica el juego interior mejoran cuando se reducen o se eliminan los obstáculos interiores al rendimiento exterior.

LIMITAR LA PROFUNDIDAD

Unas palabras de advertencia. Es posible que el coach se dé cuenta de que ha profundizado más de lo previsto en los impulsos y motivos ocultos del coachee. En esto consiste el coaching, en indagar en las causas, no solo en los síntomas. El coaching puede exigir algo más que limar las asperezas en las relaciones con los líderes, pero también es mucho más gratificante en cuestión de resultados. Sin embargo, si no cuenta con la formación adecuada en coaching o si no se siente seguro, ¡absténgase! Si sospecha que los problemas en las relaciones laborales tienen raíces profundas, lo mejor es consultar a un profesional que cuente con las habilidades necesarias. Una de las diferencias entre el coaching y la psicoterapia es que el primero es esencialmente proactivo, mientras que la segunda suele ser reactiva. Otra diferencia es que el coaching mira al futuro y la psicoterapia tiende a acudir al pasado.

PREGUNTAS SOBRE LA REALIDAD

Las preguntas sobre la realidad deben seguir las directrices que hemos presentado anteriormente, cuando hablábamos de «no perder el balón de vista». Aquí se repiten, pero en términos ligeramente distintos. Son como siguen:

- Es imprescindible que se solicite una respuesta, para **obligar al coachee a pensar**, analizar, observar, sentir e implicarse.
- Las preguntas han de exigir una **concentración de alta resolución**, para asimilar los detalles de la información entrante de alta calidad.
- Las respuestas sobre la realidad deben ser **descriptivas, no juicios de valor**, para garantizar la sinceridad y la precisión.
- Las respuestas han de tener la calidad y la frecuencia suficientes para que el coach cuente con un **flujo de información constante**.

En la fase de realidad del proceso de coaching es muy importante iniciar las preguntas con los términos interrogativos *qué, cuándo, dónde, quién* y *en qué medida*.

Cómo y *por qué* han de usarse solo ocasionalmente o cuando no haya ninguna expresión mejor. Estos dos términos invitan al análisis y a la opinión, además de propiciar una actitud defensiva, mientras que los anteriores buscan hechos. En la fase de realidad del proceso de coaching, los hechos son fundamentales y, al igual que en las investigaciones policiales, empezar a analizar antes de haber recopilado todos los hechos puede llevar a formular una teoría prematura que podría sesgar la recolección de datos posterior. El coach ha de estar especialmente alerta y escuchar y observar para poder recopilar todos los indicios que apuntan a la dirección que han de tomar las preguntas. El coach no tiene por qué conocer todos los datos de una situación, pero sí ha de asegurarse de que el coachee la entienda con claridad. Por lo tanto, no requiere tanto tiempo como si tuviera que recopilar todos los hechos antes de ofrecer la mejor respuesta.

Una pregunta de realidad que casi invariablemente resulta enriquecedora es «¿Qué ha hecho al respecto hasta ahora?» seguida de «¿Cuáles han sido los resultados de dicha acción?». Así se insiste en el valor de la acción y en la diferencia entre actuar y reflexionar sobre el problema. Es muy habitual pensar largo y tendido sobre un problema, pero solo cuando se pregunta qué se ha hecho al respecto, uno se da cuenta de que, en realidad, no ha hecho nada. También hay ocasiones en las que se dan cuenta de que no han pensado lo suficiente y que, para ser más efectivos, han de cambiar de conducta, como un líder de una energética local que se dio cuenta de algo durante el proceso de coaching: «Antes, no dedicaba el tiempo suficiente a reflexionar o a revisar lo que sucedía durante la semana. Solo ejecutaba, ejecutaba y ejecutaba. Me he dado cuenta de que tengo que dedicar tiempo a la reflexión para expandir la mente; no me puedo limitar a pensar en lo que tengo que hacer». Este cambio en la manera de pensar le permitió aliviar el estrés al que sometía a sus subordinados directos, porque el equipo ya había pensado en casi todo lo que había que hacer.

En un contexto de coaching en empresas, en la fase de realidad se busca que el coachee tome conciencia de la realidad externa (estrategia corporativa, políticas y procesos corporativos, contexto político, normas conductuales, cultura, normas no escritas, dinámicas de poder, etcétera), además de su propia realidad interna (pensamientos, emociones, creencias, valores y actitudes). Todo el que trabaja en una organización coexiste con un sistema que incluye a otras personas y cosas, y que puede ayudar al coachee a alcanzar sus objetivos... o interponerse en su camino. Tal vez un ejemplo sea la mejor manera de ilustrarlo.

Imaginemos que Petra tiene el objetivo de aplicar con éxito un nuevo proceso de ventas en su organización. Al explorar la realidad, el coach de Petra la ayuda a tomar conciencia de todos los aspectos de la realidad externa que son relevantes para su objetivo. Podrían ser elementos como entender la actitud y las conductas de los equipos comerciales que se verán afectados por el nuevo proceso; identificar quién tiene el poder o la influencia en el equipo de ventas que podría entorpecer o facilitar la aplicación; las normas no escritas en el proceso de ventas y que pueden afectar a las personas que usen el nuevo proceso, o las normas conductuales sobre cómo la organización aborda los cambios. El coach de Petra también la ayudará a tomar conciencia de todos los aspectos de su realidad interna que son relevantes para su objetivo, como la motivación, las creencias acerca de su capacidad para influir en las partes interesadas clave, su seguridad en sí misma a la hora de tratar con las personas que se resistan y qué significará el éxito para ella.

RESOLUCIÓN TEMPRANA

Resulta sorprendente la frecuencia con que la investigación minuciosa de la realidad produce una respuesta antes de haber llegado a la tercera o cuarta fase del proceso de coaching. Las estrategias obvias que aparecen en la fase de realidad o incluso en la de planteamiento de objetivos suelen verse acompañadas por una exclamación de «¡eureka!» y de un mayor deseo de acometer la tarea. El valor de esta dinámica es tal que el coach debería estar dispuesto a dedicar el tiempo suficiente a los objetivos y a la realidad, y resistirse a la tentación de lanzarse a las opciones de forma prematura. Así que, para evitarlo, regresemos a la conversación de coaching entre Sam y Maia, su jefa.

Ejemplo con líder coach

MAIA: Uno de tus objetivos era reconducir el proyecto. En tu opinión, ¿en qué medida está desviado ahora?

SAM: Bueno, en realidad lo único que está muy lejos de donde debería estar es el elemento de entrega del servicio. El resto de las cosas están bastante al día.

Ayuda al coachee a ser objetivo y a ver las cosas sin distorsiones

MAIA: Hablaremos del servicio de entrega en un momento. Has dicho que el resto de las cosas están bastante al día. Es estupendo, ¡enhorabuena! ¿Qué te ha ayudado a mantener el resto de cosas al día?

Ayuda al coachee a reconocer y a celebrar lo que funciona

SAM: Los analistas se han esforzado mucho y han escuchado con mucha atención todo lo que ha solicitado el cliente. Los desarrolladores de software detectaron pronto las posibles dificultades, así que pudimos resolverlas antes de la fase de pruebas y antes de que pudieran convertirse en problemas.

MAIA: ¿Cómo has contribuido a que los analistas y los desarrolladores trabajen así?

SAM: Me he asegurado de que sepan exactamente qué espero de ellos y siempre he llevado conmigo como mínimo a dos miembros de cada equipo a las reuniones con el cliente, para que tengan información de primera mano.

MAIA: ¿Qué más has hecho?

SAM: Al principio del proyecto acordé con los jefes de equipo cómo evaluaríamos el progreso del proyecto y el rendimiento individual.

MAIA: ¿Y qué más?

SAM: He hablado directamente con la persona indicada si he detectado cualquier problema y también he reconocido quiénes se han esforzado más.

MAIA: ¿Cómo se diferencia eso de la manera en que has trabajado con el equipo de prestación del servicio? Allí es donde trabajan Johann y Catherine, ¿verdad?

SAM: Se incorporaron al proyecto después que el resto y, aunque los he invitado a las reuniones de equipo, no han asistido a ninguna.

MAIA: ¿Qué más ha sido diferente en el modo en que has trabajado con ellos?

SAM: Chiu me había dicho que no se podía confiar en ellos, así que no me hizo demasiada gracia que se incorporasen al equipo. No los hubiera elegido.

MAIA: ¿Cómo crees que ha afectado eso al modo en que te relacionas con ellos?

SAM: Supongo que me he mostrado algo distante con ellos y, para ser sincero, tampoco les he dedicado el mismo tiempo que al resto.

MAIA: Si estuvieras en su lugar, ¿qué necesitarías del director de proyecto?

SAM: Primero una dirección clara y luego que me dejaran trabajar, sin interferencias continuas.

MAIA: ¿Qué crees que dirían Johann y Catherine acerca de cómo los estás gestionando en este proyecto?

SAM: Estoy seguro de que dirían que los controlo demasiado.

MAIA: ¿Y qué crees que necesitan de ti, en tanto que director del proyecto?

SAM: Autonomía. Confianza. Sentir que los valoro como miembros del equipo.

MAIA: ¿Qué necesitas hacer para crear eso?

SAM: Bueno, tengo que hablar con el jefe del equipo de prestación del servicio y dedicar más tiempo a lograr que Johann y Catherine se sientan parte del equipo. ¡Empecé con mal pie! Pienso ponerme con ello ahora mismo.

Ayuda al coachee a tomar conciencia de su función, de su aportación y de su aprendizaje durante el proceso

Amplía la conciencia, para que incluya a otros (personas, equipos) y al sistema del que forma parte el coachee

Maia usa la escucha activa y preguntas efectivas para ayudar a que Sam sea más consciente de la realidad actual. Ha empezado haciéndole ser consciente de lo que funciona bien para celebrar y destacar sus puntos fuertes.

Maia centra la atención de Sam en la realidad externa. Las normas conductuales, la cultura y el contexto político forman el mapa de una organización. Para que Sam pueda tener éxito, ha de observar con objetividad la situación de la organización y de las personas que la componen y, al no emitir ningún juicio de valor, Maia lo ha ayudado a hacerlo.

El otro aspecto de la realidad es la realidad interna de Sam, que incluye sus pensamientos, emociones, suposiciones y expectativas acerca de sí mismo, así como su relación con la realidad externa de la que forma parte.

Fíjese también en que Maia no ha dicho lo que piensa hasta que Sam ha manifestado sus pensamientos y opiniones.

Anote una cosa que le haya gustado especialmente en el diálogo anterior y que vaya a poner en práctica en sus interacciones de liderazgo o coaching.

La realidad y la curva de rendimiento

Maia ha aumentado la conciencia que tiene Sam acerca del impacto de su liderazgo llevándolo a centrar la atención en el efecto que está teniendo en el equipo del proyecto. Sam se da cuenta de que es excesivamente controlador, lo que indica que opera desde la etapa dependiente. Lo mismo sucede con su falta de confianza en los demás. Esto ha dado lugar a un bajo rendimiento y a que algunos de los miembros del equipo se hayan puesto a la defensiva, culpen a otros y no asuman sus responsabilidades. Todo eso son indicadores de que Sam también opera desde la etapa independiente, porque siente que tiene que resolver los problemas, trabajar más y esforzarse más. Cabría pensar que la actitud prevalente cuando se lidera desde la fase independiente («soy una persona altamente productiva») es saludable. Sin embargo, fíjese en cómo Sam se presiona a sí mismo, trabaja más horas y se esfuerza cada vez más, hasta casi llegar a su límite. Si Sam adoptara la actitud de «tenemos éxito juntos» y operara desde la fase interdependiente, implicaría a los miembros del proyecto, que prevendrían y resolverían los problemas ellos mismos, porque se sentirían responsables del alto rendimiento y no aceptarían resultados inferiores. Parece evidente que Sam desea progresar y avanzar hacia un liderazgo interdependiente. Gracias a sus preguntas efectivas, Maia ha ayudado a Sam a ser consciente de qué debe hacer para conseguirlo.

Ver la realidad con más resolución de imagen: ejemplo con coach

En el paso de la realidad de nuestra segunda conversación de coaching, José acompaña a Antonia para que tome conciencia de los hechos y describa la realidad de un modo objetivo. Comienza definiendo un punto de partida.

JOSÉ: En una escala del 1 al 10, donde 10 es estar supersegura y capaz de ser tú, ¿dónde estás hoy?

ANTONIA: Bueno, depende. A veces estoy en un 7/8, pero otras veces, como en las reuniones del EL, estoy en un 2/3.

JOSÉ: ¿Por qué varía tanto?

ANTONIA: Creo que depende mucho de la situación y de quién más esté involucrado. Hoy mismo, antes, con mi equipo, estaba en un 8 porque es mi área y tengo experiencia. Además, tengo una relación magnífica con ellos: confían en mí y yo confío en ellos. Cuando se trata de las reuniones del EL, siento que ni siquiera debería estar allí porque no tengo nada útil que decir. Soy la recién llegada y tengo la sensación de que no les interesa nada de diga.

JOSÉ: Escucho varios elementos: tu nivel de experiencia, la confianza y algunas suposiciones que estás haciendo. Has hablado varias veces de la experiencia, y pienso que es importante que profundicemos en eso. ¿Qué relación hay entre la experiencia y la confianza?

ANTONIA: Está claro que me siento más segura cuando soy la experta. No estaría aquí ahora si no fuera experta en ventas y marketing. Es lo que la empresa espera de mí.

JOSÉ: ¿Qué espera la empresa de ti ahora que estás en el EL?

ANTONIA: Que aporte mi experiencia en todo lo relacionado con ventas y marketing.

JOSÉ: ¿Qué más espera?

ANTONIA: También hay que dar forma al negocio, así que se espera que adopte una visión más estratégica y amplíe el enfoque de solo ventas y marketing al conjunto del negocio y su impacto.

JOSÉ: Me pregunto qué esperas tú de ti misma en el EL.

ANTONIA: (*silencio*) Creo que espero ser la experta en todo. Y eso es imposible.

JOSÉ: Continúa.

ANTONIA: Es imposible ser experta en todo, pero, si no tienes experiencia, ¿cómo vas a tener una opinión válida?

Usa una escala numérica para que la coachee evalúe su realidad actual

Las observaciones apoyan al coachee y las preguntas potentes la hacen pensar

Preguntas sobre la realidad para identificar los datos objetivos

Se centra en la realidad interior de la coachee

Usa el silencio para dar espacio a la respuesta

JOSÉ: ¿Entonces tienes que ser experta para tener una opinión válida?

ANTONIA: Hmm, dame un momento, que lo piense. Lo que quiero decir es que no tiene mucho sentido dar una opinión a menos que se base en hechos precisos y un conocimiento sólido.

Pregunta acerca de la creencia de la coachee

JOSÉ: ¿Estás dispuesta a experimentar con algo diferente para ver qué surge?

ANTONIA: Claro.

Le pide permiso para experimentar

JOSÉ: Me gustaría que dejaras de ser tú y pasaras a ser una observadora objetiva. Por favor, ponte de pie y luego siéntate de nuevo como observadora objetiva y deja que tu postura te ayude a ser objetiva.

ANTONIA: (*se levanta y se vuelve a sentar*)

JOSÉ: Como observadora objetiva, ¿qué ves cuando miras al EL?

ANTONIA: Veo a seis personas diversas, cada una con distintas personalidades, diferentes conocimientos y experiencia, y distintos puntos de vista.

Trabaja con el movimiento y con el cuerpo para explorar l a realidad desde una perspectiva objetiva

JOSÉ: Hay diferencias. ¿Y qué tienen en común estas personas?

ANTONIA: Todas son inteligentes, estratégicas y quieren que el negocio tenga éxito.

JOSÉ: ¿Qué notas acerca del miembro más nuevo del EL?

ANTONIA: Es más joven y no habla tanto como los demás.

JOSÉ: ¿Qué más notas sobre ella y por qué está ahí?

ANTONIA: Está en el EL porque es inteligente y tiene mucho potencial, y porque tiene experiencia probada en la implantación de cambios en el negocio.

Formula preguntas que instan a la coachee a pensar, examinar y describir la realidad

JOSÉ: ¿Qué fortalezas y cualidades tiene que son valiosas para el EL?

ANTONIA: Es resuelta y decidida. Es empática e intuitiva. Es estratégica, y aporta un sentido de diversión y libertad.

JOSÉ: He escuchado resolución, decisión, empatía, intuición, estrategia y un sentido de diversión y libertad. Parece que tiene mucho que aportar. ¿Qué consejo le darías?

Reconoce los descubrimientos de la coachee en el momento

ANTONIA: Que ocupe el espacio que le corresponde y comparta su opinión, porque el resto del EL necesita escuchar su perspectiva.

JOSÉ: Ahora te voy a pedir que vuelvas a ser tú y, cuando lo hayas hecho, dime qué aprendizajes te llevas.

ANTONIA: Que tengo mucho más que ofrecer que solo mi experiencia en ventas y marketing y que estoy ahí porque quieren que ayude a dar forma al negocio.

JOSÉ: Si eres honesta contigo misma, ¿qué habilidades, fortalezas o cualidades te faltan o deberías reforzar para tener más impacto en el EL y dar forma al negocio?

ANTONIA: Que se escuche mi voz, afirmar mi opinión e influir en los demás me vienen a la mente de inmediato.

JOSÉ: ¿Qué dirían los otros miembros del EL?

ANTONIA: Creo que dirían lo mismo. Y quizá también que debería ser más retadora.

JOSÉ: ¿Qué *feedback* has recibido sobre cómo te muestras en el EL?

ANTONIA: Nada formal hasta ahora. Es decir, no he pedido *feedback*. Creo que sería buena idea pedírselo al menos a algunos miembros del EL.

JOSÉ: ¿De quién quieres recibir *feedback*?

ANTONIA: De Mo, el CEO, y de otros dos, probablemente Simon y Kristen.

JOSÉ: Antes has hablado de la confianza en el contexto de tu equipo. ¿Es la confianza en el EL algo que debamos explorar ahora?

ANTONIA: No, no creo. Tiene más que ver con confiar en mí misma y con verme como un miembro creíble del EL.

JOSÉ: Verte como un miembro creíble del EL o «soy un miembro creíble del EL» es un ejemplo de creencia. Dijiste antes que tu actitud era algo como «para tener una opinión hay que ser experta» y «soy la nueva». ¿Qué creencia te permitiría afirmar tu opinión, influir y desafiar al EL?

ANTONIA: Creo que «Siento que soy un miembro creíble del EL» me ayudaría.

JOSÉ: «Soy un miembro creíble del LT». ¿Cómo te llega?

ANTONIA: Es empoderante. Ya me siento un poco más alta y fuerte.

JOSÉ: Exploremos opciones mientras te sientes más alta y fuerte.

> *Explora los recursos interiores que la coachee quiere o necesita adquirir*

> *Identifica otras fuentes de información objetiva*

> *Ayuda a la coachee a reflexionar acerca del impacto que sus creencias ejercen sobre su realidad*

José empieza a explorar la realidad utilizando una sencilla escala de valoración que permite a Antonia determinar dónde está hoy en relación con su objetivo, se muestra curioso y despierta conciencia sobre la realidad interior y exterior de Antonia a través de preguntas exploratorias breves. Esto la lleva a examinar sus pensamientos y supuestos (realidad interior), además de la influencia de otros intervinientes clave (realidad exterior).

Observe cómo José utiliza el movimiento y el cuerpo para ayudarla a adoptar una perspectiva objetiva.

José le refleja la realidad para ampliar aún más su conciencia y permitirle ver esa realidad con mayor resolución de imagen. Identifica que «experta» es un tema recurrente y comparte esta observación para apoyarla y motivar una exploración más profunda de la realidad interior, que saca a la luz sus creencias. El coaching transformacional exige una exploración exhaustiva de la realidad interior del coachee para identificar bloqueos (interferencia) y facilitadores (potencial).

Una vez identificados los recursos internos que pueden ayudar a Antonia a lograr su objetivo, José centra la atención en el potencial desbloqueado, es decir, en los recursos internos que necesita desarrollar.

Este diálogo refleja un nivel muy elevado de habilidades de coaching, que se pueden aprender con el tiempo. De momento, anote una cosa que le haya gustado especialmente en el diálogo anterior y que vaya a poner en práctica en sus interacciones de liderazgo o coaching.

12
O (*OPTIONS*): ¿QUÉ PODRÍAS HACER?

*Cuando esté seguro de haber agotado
todas las ideas, piense en una más.*

El objetivo de la fase de **opciones** del modelo GROW no es encontrar la respuesta «correcta», sino generar una lista con tantas estrategias distintas como sea posible. En este punto, la cantidad de opciones es más importante que su calidad o viabilidad. El proceso de ir pensando en todas las opciones estimula el cerebro y es tan valioso como la lista de opciones en sí misma, porque activa el flujo creativo. Las acciones específicas que se emprendan partirán de esta amplia base de posibilidades creativas. Si las preferencias, la censura, el sentido del ridículo, los obstáculos o la necesidad de acabar interfieren en este proceso de lluvia de ideas, pueden pasarse por alto contribuciones que podrían ser valiosas, y las opciones se verán limitadas.

MAXIMIZAR LAS OPCIONES

El coach hará todo lo posible para que la persona o el equipo al que prepara aporten todas las opciones posibles. Para ello, necesita crear un entorno en el que los participantes se sientan lo bastante seguros como para expresar sus pensamientos e ideas sin que el miedo a la crítica, ya sea por parte del coach o de los demás, los inhiba. Se debe tomar nota de todas las contribuciones por absurdas que parezcan (normalmente lo hace el coach), porque podrían contener el germen de una idea cuya importancia se descubra más adelante.

IDEAS PRECONCEBIDAS NEGATIVAS

Las ideas preconcebidas, de las que con frecuencia no somos conscientes, son uno de los factores que suelen restringir más la generación de soluciones creativas a problemas empresariales o de otro tipo. Por ejemplo:

- No se puede hacer.
- No se puede hacer así.
- Nunca lo aceptarán.
- Será demasiado caro.
- No disponemos del tiempo necesario.
- Seguro que a la competencia ya se le ha ocurrido.

Y muchas más. Fíjese en que todas ellas contienen una negación o un rechazo. Un buen coach invitaría a sus coachees a responder a la siguiente pregunta:

- Y si no hubiera ningún obstáculo, ¿qué haría usted?

Si aparecieran interferencias concretas, un buen coach seguiría usando preguntas del tipo «¿y si...?». Por ejemplo:

- ¿Y si tuviera suficiente presupuesto?
- ¿Y si tuviera más personal?
- ¿Y si supiera la respuesta? ¿Cuál sería?

Este proceso permite sortear temporalmente la censura de la mente racional y libera un pensamiento más creativo, por lo que el obstáculo puede llegar a parecer menos insuperable de lo que se suponía. Quizás otro miembro del equipo conozca una solución para esa dificultad concreta, por lo que lo imposible se hace posible al combinar las aportaciones de más de una persona.

El ejercicio de los nueve puntos

En nuestros cursos de formación para coaches solemos utilizar el conocido ejercicio de los nueve puntos para ilustrar gráficamente cuánto nos limitan las suposiciones que todos tendemos a hacer. Lo reproducimos en la Figura 13, para aquellos que no conozcan el ejercicio o hayan olvidado la respuesta.

Quizás haya recordado, o se haya dado cuenta de que la idea preconcebida que debemos eliminar es la que afirma que «hay que quedarse dentro del cuadrado». Sin embargo, no empiece a presumir todavía. ¿Puede hacerlo de nuevo, con las mismas normas, pero usando tres líneas o menos? ¿Qué suposiciones propias le están limitando ahora?

FIGURA 13: *El ejercicio de los nueve puntos*

Una los nueve puntos con solo cuatro líneas rectas. No puede levantar el lápiz del papel ni repetir ninguna línea.

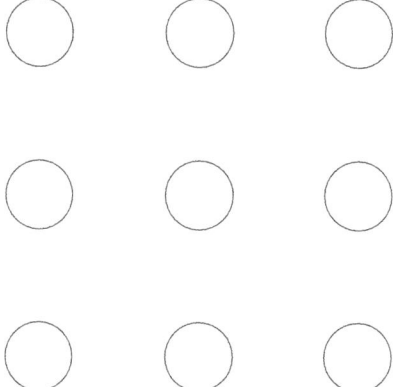

Por supuesto, nadie le ha dicho que deba trazar la línea por el centro de los puntos, pero seguro que lo ha supuesto. Y ¿qué tal con dos líneas o incluso una?

Nadie le ha dicho tampoco que no pueda arrancar la página, enrollarla en forma de cono, romperla en tres tiras o doblarla como un acordeón. Así hemos roto una suposición, la que decía que solo contábamos con una variable, la posición de las líneas. Pero ¿quién ha dicho que no pudieran moverse los puntos? Percibir todas las variables posibles amplía el pensamiento y la lista de opciones. Liberarse de las ideas preconcebidas que nos limitan permite resolver problemas antiguos de maneras nuevas. La clave reside en identificar la idea preconcebida errónea; a partir de ahí, encontrar la solución resulta mucho más fácil. (En el Anexo 3 encontrará varias soluciones a este ejercicio).

AMPLIAR LA CREATIVIDAD

Cuando nos quedamos atrapados en nuestra posición o manera de pensar habituales, preguntar algo como «¿Qué haría si fuera el líder?» o «Piense en la persona que más admire como líder; ¿qué haría?» nos libera y nos permite pensar desde un yo más creativo. Podemos conectar al coachee con sus fortalezas internas si le pedimos que piense en las cualidades que admira de su **héroe** y le preguntamos: «¿Cómo haría eso SuperX?». También podemos invitarlo a que se meta (incluso dando un paso de verdad) en la mente de una de sus **subpersonalidades** (todos tenemos varias, como veremos en el capítulo 23), sobre todo en una que normalmente no llevaría al trabajo, por ejemplo, la del piloto de motos de carreras.

Otra potente manera de descubrir opciones es pedir al coachee que cree una **metáfora** relativa al tema o a la situación que quiere resolver. Desarrollen la metáfora y manténganla durante tanto tiempo como les sea posible. No intenten relacionarla con la realidad. Observen si la solución aparece por sí sola en el mundo metafórico.

Una vez que el coachee haya agotado sus propios recursos, podemos ofrecer una lluvia de ideas para ampliar las posibles opciones y para inyectar creatividad de un modo que refuerce su capacidad para ser creativo y activar recursos. Ofrezca ideas, pero no se apegue a ellas, y anime al coachee a que sugiera más.

SELECCIONAR LAS OPCIONES

Costes y beneficios

Una vez que se ha generado una lista completa de opciones, la fase de **voluntad** del coaching puede ser cuestión, sencillamente, de seleccionar la mejor del conjunto. Sin embargo, en problemas más complejos, como suele ser el caso en tantas empresas, puede ser necesario volver a estudiar la lista y anotar los beneficios y los costes de cada una de las acciones posibles. De nuevo, esto debería hacerse aplicando el coaching, y es aquí donde, a partir de combinar dos o más ideas distintas, puede aparecer la óptima. En este punto, a veces invitamos al coachee a que apunte en cuánto valora cada opción de la lista en una escala del uno al diez.

La contribución del coach

Cuando el coachee haya agotado su lista de opciones, el coach puede añadir las suyas propias. Sin embargo, lo que queremos es promover el desarrollo del coachee, así que hay que ser extremadamente cuidadosos. ¿Cómo puede un coach aportar sus propias ideas sin mermar la sensación de autonomía del coachee? Sencillamente, planteándolo de un modo parecido a esto: «Se me ocurren un par de opciones más. ¿Le gustaría oírlas?». Muy pocos coachees dirán que no, aunque algunos quizá pidan al coach que espere un momento, hasta que acaben con una línea de pensamiento concreta. Las ideas del coach no deben considerarse más importantes que cualquier otra opción.

Clasificar las opciones

En la lista de opciones, podemos evitar la jerarquía inconsciente que existe cuando se hace una lista vertical (lo más importante está en la cúspide) si plasmamos aleatoriamente las ideas sobre el papel, del mismo modo en que los expertos en pasatiempos resuelven los anagramas.

Generar opciones en la práctica: ejemplo con líder coach

Veamos cómo explora Maia las opciones con Sam.

MAIA: Hagamos una lluvia de ideas con las cosas que podrías hacer para motivar a todos los miembros del equipo. Imagina que no tuvieras límites, ¿qué harías?

SAM: Les subiría el sueldo.

MAIA: ¿Y qué más?

SAM: Podría darles más tiempo libre. Pero son cosas que escapan a mi control.

MAIA: ¿Y qué podrías hacer para que sí esté bajo tu control?

SAM: Podría hablar con sus jefes de equipo y decirles el trabajo tan extraordinario que están haciendo, para que los consideren para una bonificación y un aumento de sueldo a finales de año.

MAIA: ¿Y qué más?

SAM: Podría darles las gracias con más frecuencia.

MAIA: ¿Y qué más?

SAM: Podría hacer algo que nos hiciera sentir como un gran equipo, pero no tengo ni idea de qué podría ser.

MAIA: Si el dinero no fuera un problema, ¿qué harías para que todos se sientan como un gran equipo?

SAM: Los reubicaría a todos en el edificio nuevo, para que pudiéramos trabajar juntos.

MAIA: ¿Y si fueras el CEO de la empresa? ¿Qué harías para motivar a todos los miembros del equipo?

SAM: Les diría lo mucho que valoro el trabajo que hacen y lo importante que es para el futuro de la empresa.

MAIA: Si fueras Johann o Catherine, ¿qué harías para motivar a todos los integrantes del equipo?

SAM: Vaya, eso ya es más difícil... ¡Creo que contrataría a un nuevo director de proyecto para sustituirme!

> Amplía el pensamiento y la creatividad, pide permiso para una lluvia de ideas y formula preguntas potentes: «¿Y qué más?», «¿y si...?»

> Amplía el horizonte

MAIA: Si pudieras contratar a un nuevo director de proyecto, ¿qué atributos y conductas tendría que gustaran a Johann y a Catherine?

SAM: Tendría paciencia. No criticaría. Ayudaría a Johann y a Catherine a resolver los problemas por sí mismos. Hablaría con ellos en lugar de enfrentarse a ellos.

MAIA: Si fueras el mayor experto mundial en gestión de proyectos, ¿qué harías para motivar a todo el equipo?

SAM: Me reuniría con cada uno de ellos una vez al mes, para hablar de sus progresos y ayudarlos a liberar su potencial.

MAIA: ¿Qué más?

SAM: Celebraría reuniones de equipo semanales, breves y centradas, para que todos supieran lo más importante que ha de suceder la semana siguiente.

MAIA: ¿Qué más?

SAM: Plantearía un sistema de seguimiento del proyecto más sencillo para todos.

MAIA: Hemos visto varias opciones para motivar a todo el equipo: un aumento de sueldo, comunicar a los jefes de equipo el gran trabajo que están haciendo, dar las gracias más a menudo, reubicarlos a todos, reuniones regulares, simplificar el seguimiento del proyecto, un nuevo director de proyecto... ¿En cuáles te gustaría profundizar ahora?

Resume las opciones e invita al coachee a reflexionar sobre los pros y los contras

SAM: En que todos pudiéramos trabajar juntos, bajo un mismo techo; creo que marcaría una gran diferencia.

MAIA: Perfecto. Antes de que hablemos de ello, me gustaría saber cómo te sientes ahora.

Profundiza

SAM: No sé, abrumado.

MAIA: Tengo una idea que me gustaría añadir a la lista, si te parece bien.

SAM: Sí, claro, ¿de qué se trata?

MAIA: Cuando se me acumula el trabajo y empiezo a sentirme abrumada, ir al gimnasio me ayuda muchísimo a librarme del estrés. ¿Qué podrías hacer tú para desestresarte?

SAM: No me gustan los gimnasios, así que eso no.

MAIA: ¿Qué te iría bien?

SAM: Pasar tiempo al aire libre, en el jardín, pescando o paseando.

Maia ha empezado por ampliar el pensamiento de Sam acerca de las distintas opciones que lo ayudarían a alcanzar el objetivo de motivar a los integrantes de su equipo. La pregunta sencilla, pero potente, «¿y qué más?» es muy útil a la hora de generar opciones que van más allá de las más evidentes, que Sam ya conocía, y de avanzar hacia ideas y posibilidades nuevas. Fíjese en que Maia lo invita a explorar opciones aparentemente imposibles con preguntas del tipo «¿y si...?».

Maia recopila las distintas ideas y opciones y las resume, para que Sam pueda elegir cuál querría explorar en mayor detalle. Maia pasa de la amplitud a la profundidad, aumenta la conciencia acerca de los pros, los contras y las posibilidades respecto a algunas de las opciones que le resultan más atractivas a Sam.

Hacia el final de la exploración de opciones, Maia da a Sam una idea que ella misma aplica para abordar el problema de sentirse abrumado por la carga de trabajo. Lo hace limpiamente, es decir, con transparencia y sin apegarse a la idea. Cuando Sam la rechaza, Maia lo ayuda a adaptarla al tema más amplio de las formas de reducir el estrés que pudieran serle útiles a él.

Anote una cosa que le haya gustado especialmente en el diálogo anterior y que vaya a poner en práctica en sus interacciones de liderazgo o coaching.

Las opciones y la curva de rendimiento

Maia sigue operando en la fase interdependiente en este proceso de coaching con Sam. Las opciones generadas reforzarán el espíritu de equipo. Y ayudar a Sam a identificar modos de reducir el estrés le permitirá equilibrar mejor la vida personal y la profesional.

Los líderes de una energética global se centraron en la importancia del equilibrio entre la vida personal y la profesional y en cómo el coaching los había ayudado a conseguirlo. «No me cabe duda de que ejerció un impacto importante en mi capacidad para redefinir prioridades, centrarme en lo que me importa de verdad y ser capaz de decir que no, para crear ese equilibrio entre lo personal y lo profesional», dijo uno. Para otro, el aumento de la efectividad que logró mediante el coaching facilitó que pudiera pasar más tiempo con su familia, lo que hizo que se sintiera más feliz: «Dejé de centrarme en los detalles y me enfoqué directamente en las cuatro o cinco áreas que son importantes para la empresa... Ahora, al centrarme en lo prioritario, soy aún más efectivo... Antes, salía a las siete de la tarde cada día. Ahora salgo a las cuatro y tengo vida familiar. Estoy muy contento». Ganamos un premio de la empresa. A principios de año, conseguimos que nos aprobaran tres estrategias, lo que es un logro extraordinario para el primer trimestre».

Explorar opciones: ejemplo con coach

En el ejemplo con coach y coachee, José pasa a la etapa de las opciones resumiendo lo que se ha tratado hasta este momento y volviendo a enfocarse en el objetivo de la sesión. Esto proporciona el contexto para explorar opciones y garantiza que el coaching se centre en lo que Antonia quiere conseguir.

JOSÉ: Hemos empezado con tu duda acerca de si el EL es tu lugar o no, y hemos explorado el objetivo de sentirte segura y ser tú misma, así como tu «para qué»: impulsar una revolución en la atención sanitaria. Has identificado una creencia nueva, «soy un miembro creíble del EL», junto con algunas fortalezas que aportas al EL y algunas áreas que quieres desarrollar: influir, desafiar y afirmar tu opinión. Con todo esto en mente, ¿qué opciones tienes delante?

Resume lo tratado hasta ahora y lo relaciona con el objetivo

ANTONIA: ¡Muchas! No sé ni por dónde empezar.

JOSÉ: ¿Qué te parece más importante?

ANTONIA: Lo más importante es mantenerme enfocada en mi «para qué», porque es lo que me impulsa hacia adelante. Lo había perdido y, ahora que lo he recordado, estoy emocionada y me noto más centrada en la situación general que en mí misma.

Centra la atención en la opción más importante

JOSÉ: Bien, así que mantenerte enfocada en el «para qué» es importante. ¿Qué sería lo más eficaz que podrías hacer en ese sentido?

Centra la atención en la opción más efectiva

ANTONIA: Parar ese diálogo interior negativo que me dice que no sé lo suficiente y que me impide afirmar mi opinión.

JOSÉ: ¿Cómo podrías detenerlo?

ANTONIA: ¡No tengo ni idea!

JOSÉ: ¿Qué haría esa versión tuya más alta y fuerte que cree que «soy un miembro creíble del LT»?

ANTONIA: Ah, ella ni siquiera escucharía toda esa cháchara.

JOSÉ: ¿Por qué no?

ANTONIA: Porque está centrada en el negocio y en crear una cultura que transforme la atención sanitaria.

Conecta a la coachee con una creencia empoderante para que se dé permiso para ser más creativa

JOSÉ: ¿Qué consejo te daría respecto al diálogo interior negativo?

ANTONIA: Que me centre en el negocio y en transformar la atención sanitaria.

JOSÉ: Céntrate en el negocio y en transformar la atención sanitaria. ¿Qué sería lo más centrado en el negocio que podrías hacer?

Refleja para reforzar

ANTONIA: Desarrollar una estrategia para crear la cultura adecuada para transformar la atención sanitaria.

JOSÉ: ¿Y cómo vas a hacer eso?

ANTONIA: Bueno, todo empieza por mantener conversaciones con otros miembros del EL.

JOSÉ: Has identificado varias fortalezas y cualidades que ya tienes: determinación, decisión, empatía, intuición, estrategia y un sentido de diversión y libertad. ¿Cómo las podrías utilizar?

ANTONIA: Pues asegurándome de que las uso todas.

JOSÉ: ¿Cuál sientes que es la más eficaz y la que más te puede ayudar en este momento?

ANTONIA: Creo que un sentido de diversión y libertad.

JOSÉ: ¿Cómo podrías aportar un sentido de diversión y libertad?

ANTONIA: Tenemos una reunión del EL a finales de semana, así que podría pensar en algo para que todos nos divirtamos un poco y nos sintamos libres mientras estemos reunidos. Eso también ayudaría con la cultura.

JOSÉ: ¿Y qué más?

ANTONIA: He de desarrollar mis habilidades de influencia.

JOSÉ: ¿Cómo podrías desarrollar tus habilidades de influencia?

ANTONIA: Podría apuntarme a ese taller de poder positivo e influencia que tengo pendiente desde hace tanto tiempo.

Se centra en el potencial para cultivar la inspiración y abrir posibilidades

Traduce inmediatamente la toma de conciencia en acción

Una pregunta potente que usar a la hora de explorar opciones

José utiliza preguntas potentes para identificar tantas opciones como sea posible y aprovecha la oportunidad para que Antonia use la nueva creencia, «soy un miembro creíble del EL», durante la lluvia de ideas de opciones. Observe cómo José introduce ahora preguntas de «¿Cómo?» además de «¿Qué?» cuando explora las opciones. También incluye una pregunta imprescindible al explorar opciones: «¿Qué más?». Esta pregunta permite llegar a opciones que, de otro modo, se podrían quedar fuera. Fíjese en que es: «¿Y qué más?» y no «¿Algo más?», una formulación que tiende a cerrar la conversación.

Durante esta fase del coaching, puede ser útil anotar las opciones generadas para que ninguna se pierda. Esto lo puede hacer tanto el coach como el coachee, y es aconsejable acordar quién se encargará de ello antes de comenzar con la lluvia de ideas.

La actitud y el espíritu de coaching exigen al coach una verdadera colaboración con el coachee. Esto promueve un rendimiento elevado por parte del coachee, porque despierta conciencia y responsabilidad y le permite avanzar hacia lo que hará.

Anote una cosa que le haya gustado especialmente en el diálogo anterior y que vaya a poner en práctica en sus interacciones de liderazgo o coaching.

13
W (*WILL*): ¿QUÉ HARÁS?

Crear las condiciones para el aprendizaje continuado
es la clave para mejorar el rendimiento.

El objetivo de la fase final de la secuencia de coaching es transformar la conversación en una decisión. Consiste en construir un plan de acción para satisfacer una necesidad que se ha definido con claridad, con el apoyo de un análisis exhaustivo de la realidad y con el mayor abanico posible de materiales de construcción. La *W* de GROW representa la **voluntad** de hacer algo (*will*, en inglés), es decir «¿qué va a hacer?», y pone énfasis en el principio de la voluntad, de la intención y de la responsabilidad personal. Si no hay deseo, o capacidad, de ejercer la voluntad, no hay un compromiso real con la acción. Una vez que hemos abierto al coachee a otros puntos de vista y a otras posibilidades al preguntarle acerca del objetivo, de la realidad y de las opciones, ahora es el momento de transformar la nueva información en acción, para poner en práctica las ideas. La fase de voluntad puede separarse en dos etapas:

- **Etapa 1: Definición de la responsabilidad.** Se definen las acciones, el marco temporal y las medidas de evaluación del progreso.
- **Etapa 2: Seguimiento y *feedback*.** Evaluación de cómo han ido las cosas y análisis del *feedback*, para aprender.

Ewenstein y sus colaboradores publicaron en *McKinsey Quarterly* (2016) un artículo en el que afirmaban que muchas empresas, como GE, Gap y Adobe Systems, «quieren definir objetivos más fluidos y flexibles que los objetivos anuales, celebrar reuniones de evaluación frecuentes en lugar de anuales o semestrales, y llevar a cabo programas de coaching para el desarrollo futuro en lugar de evaluaciones y puntuaciones centradas en el pasado». Se apunta a un desarrollo y un aprendizaje continuados a partir de un tipo de *feedback* distinto. Y, efectivamente, esta es también nuestra experiencia con clientes como, por ejemplo, Medtronic, líderes mundiales en tecnología médica que en la actualidad cuentan con 95.000 empleados y son pioneros en el uso del coaching para transformar las conversaciones sobre el rendimiento. A partir de una colaboración que empezó en 2008, este enfoque es ahora el núcleo del proceso de desarrollo profesional y del rendimiento de Medtronic, con el objetivo de desarrollar líderes capaces de mantener conversaciones significativas y basadas en el coaching acerca de la gestión del rendimiento y del desarrollo profesional continuado. Y el desarrollo continuado sucede en la fase de voluntad, porque en ella las personas aplican a su trabajo lo que han aprendido en las etapas anteriores.

Los líderes de Medtronic informan de que, como resultado de la participación en nuestro programa de coaching, ahora sus colaboradores acuden a ellos para explorar soluciones en lugar de para plantearles problemas. Un líder descubrió que sus habilidades de coaching le dieron mayor confianza para mantener lo que describió como «conversaciones difíciles» con los miembros de su equipo, muchas de las cuales eran de naturaleza más personal, especialmente durante la pandemia.

Aunque regresaremos a Medtronic más adelante, ahora exploraremos cómo se define la responsabilidad.

ETAPA 1: DEFINICIÓN DE RESPONSABILIDAD

Podría decirse que la función más importante del coach es que el coachee se haga responsable, que no es lo mismo que asignar responsabilidades. Hacer responsable al coachee significa pedirle que defina específicamente qué hará y cuándo piensa hacerlo y, entonces, confiar en que lo hará. El motivo por el que este proceso es tan importante es que tiene la capacidad de transformar en acción una conversación de coaching. Cada uno de nosotros somos responsables de nuestro propio desarrollo. Aplicar una actitud de coaching a esta etapa vital significa ayudar al otro a desarrollar sus propias medidas de evaluación del progreso y estructuras de responsabilidad que integren el propósito, los objetivos y el programa. Es una habilidad de liderazgo clave, que transforma el diálogo en decisiones concretas y en acciones con fechas específicas para su realización. También genera alineamiento, tal y como dijo uno de los líderes que asistió a uno de nuestros talleres internos: «A mi equipo le encantó que introdujera el elemento de asunción de responsabilidad (¿Cómo sabré que vais bien? ¿Cuándo?). Los ha ayudado a reflexionar detenidamente al respecto y a saber que tenemos un mismo objetivo».

Las preguntas clave para que el coachee se haga responsable son:

- ¿Qué va a hacer?
- ¿Cuándo lo hará?
- ¿Cómo sabré que va bien?

Por supuesto, pueden añadirse preguntas para aclarar cada uno de estos puntos, y más adelante ofreceremos más ejemplos, pero estas tres son las preguntas básicas y forman la columna vertebral de esta fase. Las exigencias de un jefe autocrático suelen encontrarse con la resignación, la resistencia o el resentimiento silenciosos, por diplomáticamente que se hayan expresado. Por el contrario, y tal y como veremos con el ejemplo de Maia y Sam, el líder coach puede mostrarse sorprendentemente firme en esta fase de preguntas sin generar reacciones negativas, porque no se está imponiendo, sino que está activando la voluntad del coachee. Este último siempre conserva la posibilidad de elegir y su autonomía, incluso si la decisión a la que llega es la de no hacer nada, de modo que no se siente presionado por las preguntas. Es posible que incluso le divierta darse cuenta de su propia ambivalencia. Si se siente presionado, es señal de que el coach está revelando inconscientemente que cree que el coachee debería emprender una acción concreta. Ese tipo de requerimientos deben comunicarse directamente, en vez de en un proceso de coaching.

Ahora exploraremos las siguientes preguntas acerca de la «voluntad», que son aplicables a la mayoría de las situaciones de coaching, y veremos qué las hace tan potentes.

- **¿Qué va a hacer?** Esta pregunta es muy distinta a «¿Qué podría hacer?», «¿Qué piensa hacer?» o «¿Qué opción prefiere?». Ninguna de estas tres implica tomar una decisión definitiva. Cuando el coach plantea esta pregunta con voz clara y firme, da a entender que ha llegado el momento de decidir. La siguiente pregunta puede ser, por ejemplo: «¿Cuál de las siguientes alternativas va a aplicar?». En la mayoría de las situaciones de coaching, el plan de acción incorporará más de una de las opciones planteadas o una combinación de varias de ellas.

Hasta este momento, las opciones se han planteado de manera general. Ahora el coach debe formular preguntas que contribuyan a aclarar los detalles de las opciones elegidas. Con diferencia, las preguntas más importantes serán:

- **¿Cuándo lo hará?** Esta es la pregunta más complicada. Todos tenemos grandes ideas sobre lo que nos gustaría hacer, o sobre lo que pensamos hacer, pero solo adquieren tintes de realidad cuando las enmarcamos en una escala temporal. Y a veces con decir «el año que viene» no basta. Si algo ha de pasar, tiene que concretarse cuándo.
- **Si solo se requiere una acción, es posible que la respuesta que se busca sea**: «A las diez de la mañana del martes que viene, el día 12». Con frecuencia, además de la fecha de inicio, es necesario marcar la de finalización.

Otras veces, si la acción es repetitiva, se han de especificar los intervalos: «Nos reuniremos a las nueve de la mañana el primer miércoles de cada mes». La tarea del coach consiste en lograr que el coachee se comprometa con una escala temporal concreta. Es posible que el coachee se resista, pero el coach no puede permitir que se salga con la suya.

- **¿Esta acción le acercará a su objetivo?** Ahora que sabemos qué haremos y cuándo vamos a hacerlo, es importante que, antes de seguir avanzando, comprobemos que, efectivamente, nos acercará tanto al objetivo de la sesión como al objetivo a largo plazo. Si no se comprueba, el coachee puede encontrarse con que se ha desviado mucho del camino. Si esto sucediera, es importante que no nos apresuremos a cambiar la acción, sino que debemos asegurarnos de que no sea el objetivo lo que se ha de modificar, a raíz de lo que ha ido surgiendo desde que se definió.

- **¿Qué obstáculos podría encontrarse por el camino?** Esta pregunta es importante, porque permite prepararse y prevenir cualquier circunstancia que pueda dificultar llevar a cabo la acción por la que se ha optado. Es posible que haya condiciones externas que puedan complicar la tarea, pero también hay que tener en cuenta las condiciones internas, como, por ejemplo, el temor del coachee. Hay personas a quienes les cuesta comprometerse y están deseando que aparezca el primer obstáculo para encontrar una excusa y no finalizar la tarea. El proceso de coaching puede evitar que esto suceda.

- **¿Cómo sabré que va bien? ¿Quién ha de saberlo?** Con demasiada frecuencia, en las empresas se cambia de planes, y las personas que deberían saberlo inmediatamente se enteran muy tarde y de manera indirecta, lo que es muy perjudicial para las relaciones laborales. El coach ha de asegurarse de que se elabore una lista con todas las personas relevantes, así como un plan para mantenerlas informadas.

- **¿Qué ayuda necesita?** Probablemente, esta pregunta tiene que ver con la anterior, pero la ayuda puede presentarse de varias maneras. Podría ser incorporar a gente, habilidades o recursos de fuera, o bien algo tan sencillo como informar a un colega de lo que se piensa hacer y pedirle que se lo recuerde o que lo mantenga centrado en el objetivo. Con frecuencia, el mero hecho de compartir el plan con un tercero garantiza que se lleve a cabo.

- **¿Cómo y cuándo obtendrá esa ayuda?** No sirve de nada saber que se necesita ayuda si no se dan los pasos necesarios para conseguirla. En este sentido, el coach debe insistir hasta que el coachee lo informe con claridad y precisión de lo que hará.

- **¿Qué más hay que tener en cuenta?** Esta es una pregunta de tipo «cajón de sastre», necesaria para garantizar que el coachee no pueda decir que el coach se olvidó de algo. La responsabilidad de asegurarse de que no ha quedado nada pendiente corresponde al coachee.

- **En una escala del uno al diez, ¿qué grado de compromiso tiene para llevar a cabo las acciones acordadas?** No se trata de valorar la certeza de que se logrará el objetivo, sino la intención del coachee de llevar a cabo su parte del trabajo. Alcanzar el objetivo puede depender del consenso o del compromiso de otros, por lo que no puede evaluarse.

- **¿Qué le impide calificarla con un diez?** Compruebe la motivación del coachee e insista, formulando preguntas como la siguiente: «Como la puntuación es inferior a ocho, ¿cómo podría reducir la envergadura de la tarea o ampliar la escala temporal para poder subirla a ocho o más?». Si la puntuación sigue por debajo, hay que sugerirle al coachee que elimine esa acción, porque es muy poco probable que la lleve a cabo. No es que el coach quiera sabotear la tarea, como podría pensarse, sino que, según nuestra experiencia, cuando las personas se comprometen con menos de un ocho, muy pocas veces llevan a cabo lo acordado. Por el contrario, cuando se ven obligadas a aceptar el fracaso, muchas encuentran súbitamente la motivación necesaria.

Compromiso

La mayoría de nosotros sabemos que hay cosas que aparecen una y otra vez en nuestra lista de «tareas pendientes», ya sea en casa o en el trabajo. La lista llega a estar tan garabateada y arrugada que acabamos por escribirla de nuevo, o volvemos a copiar una y otra vez los mismos temas en nuevas listas electrónicas, con fechas que posponemos y volvemos a posponer. Con el paso del tiempo, y con razón, empezamos a sentirnos culpables (¡sobre todo si hemos activado notificaciones para que nos chinchen!) pero seguimos sin hacer nada. «¿Por qué no puedo sacármelo de encima?», nos lamentamos. La lista de tareas pendientes es la prueba fehaciente de nuestro fracaso. Pero ¿por qué sentirse culpable? Si no lo va a hacer, lo mejor es tacharlo. Y si quiere tener éxito siempre, ¡no escriba en la lista nada que no piense hacer!

Recuerde que el coaching pretende desarrollar y mantener la autoestima del coachee. Por lo tanto, debemos orientarlo hacia el éxito por su bien y por el de la empresa.

Un registro escrito

Es importante que tanto el coach como el coachee cuenten con un registro escrito, claro y preciso de las acciones y el marco temporal acordado. Decidan cuál de los dos tomará notas y luego compártanlas, para garantizar que ambos cuenten con la misma información. El coachee es la persona que se compromete con la acción, por lo que si quien toma notas es el coach, el coachee ha de leerlas y confirmar que son correctas, que constituyen su plan, que lo entiende perfectamente y que tiene la intención de llevarlo a cabo. Llegados a este punto, acostumbramos a reiterar nuestra ayuda y a recordar al coachee que puede acudir a nosotros si nos necesita. A veces, nos ofrecemos a ser quienes inicien el contacto tras un periodo de tiempo adecuado, para ver cómo van las cosas. Todo esto sirve para ayudar a que el coachee sepa que, además de contar con un reto (durante la sesión), también cuenta con ayuda (después de la sesión). Nuestra intención es que el coachee salga de la sesión sintiéndose bien consigo mismo e inspirado para la acción. Si lo hace, conseguirá su objetivo.

Para el coach, la clave para la toma de responsabilidad reside en garantizar que ambas partes tengan claro qué sucederá a continuación y acuerden cuándo y cómo sería útil comprobar los avances.

Definir la responsabilidad en la práctica: ejemplo con líder coach

Pongamos todo esto en práctica y veamos cómo Maia gestiona esta importante primera etapa de la fase de voluntad del modelo GROW con Sam.

MAIA: Hemos visto varias de las cosas que podrías hacer para motivar al equipo y reconducir el proyecto. ¿Cuáles de ellas quieres poner en práctica?

Una vez exploradas todas las opciones, pasa a explorar la voluntad

SAM: Sin duda, la manera en que abordo los problemas que van surgiendo. Así me estresaré menos y los demás también, o eso espero.

MAIA: Entonces, ¿qué harás cuando surja algún problema?

SAM: Cuando surja algún problema, lo abordaré con calma y con seguridad. Hablaré con el equipo y los ayudaré a que lo resuelvan por sí solos.

MAIA: ¿Y cuándo empezarás?

SAM: Ahora mismo.

MAIA: ¿Qué harás para asegurarte de poder estresarte menos y mantener conversaciones más productivas?

Formula preguntas específicas y concretas

SAM: Respiraré hondo tres veces y escucharé a mi interlocutor sin juzgarlo, para entender su postura antes de formarme una opinión. También me aseguraré de que formulo las preguntas en términos de qué funciona y qué no, en lugar de quién tiene la culpa del problema.

MAIA: ¿Qué podría interponerse en tu objetivo de mantener la calma y la seguridad y de hablar en lugar de confrontar?

SAM: Que aparezcan demasiados problemas a la vez.

MAIA: ¿Qué te ayudaría en una situación así?

SAM: Un poco de aire fresco, para despejarme.

MAIA: En concreto, ¿qué harás la próxima vez que te encuentres con demasiados problemas y necesites despejarte?

SAM: Bajaré al parque a pasear durante un cuarto de hora.

MAIA: ¿Qué más quieres hacer para motivar al equipo y reconducir el proyecto?

SAM: Creo que exploraré la posibilidad de trasladar al edificio nuevo a todo el equipo que interviene en el proyecto.

Ayuda a identificar y a acceder a varios recursos

MAIA: ¿Y cómo lo explorarás, concretamente?

SAM: Tendré que averiguar quién es el responsable de las instalaciones y cuál es el proceso de aprobación.

MAIA: Sé quién es el responsable. ¿Quieres que os ponga en contacto?

SAM: Sí, por favor. Muchas gracias.

MAIA: ¿Qué más puedo hacer para ayudarte con esto?

SAM: ¿Podrías averiguar qué criterios utilizan para aprobar los traslados al edificio nuevo?

MAIA: Sí, puedo preguntarlo. Ahora hablemos de Johann y de Catherine. ¿Qué quieres hacer al respecto?

SAM: Será una buena oportunidad para hacer las paces con ellos.

MAIA: Concretamente, ¿qué harás distinto la próxima vez que hables con ellos?

SAM: Tendré paciencia y mantendré la calma.

MAIA: ¿Qué te ayudará a ser paciente y a estar tranquilo en una reunión con ellos?

SAM: Tengo que asegurarme de tener tiempo para estar plenamente presente en las reuniones y las empezaré preguntándoles a ellos cuáles creen que son los problemas y cómo creen que podríamos resolverlos. Entonces, resumiré todo lo que me digan y formularé preguntas sin juicios de valor para obtener una imagen clara de la realidad.

Se anticipa y planifica para abordar posibles obstáculos

MAIA: Suena muy bien. ¿Qué más?

SAM: Reconoceré que hemos empezado con mal pie y les haré saber lo importantes que son para el proyecto.

MAIA: ¿Qué harás para facilitar que tanto ellos como los demás puedan plantear con facilidad lo que les preocupa?

SAM: No lo sé. Tendré que pensarlo más.

MAIA: ¿Cuándo lo pensarás?

SAM: Esta tarde, en el tren.

MAIA: ¿Cómo te asegurarás de que lo haces y comprobarás que lo has hecho?

SAM: Tomaré notas de lo que piense y lo comentaré contigo por la mañana.

Define la responsabilidad con la pregunta: ¿Cómo sabré que vas bien?

MAIA: Creo que estás dispuesto a librarte del estrés que supone hacerlo todo tú mismo y que tienes el potencial para obtener lo mejor de tu equipo y de disfrutar de lo que haces.

SAM: ¡Gracias!

MAIA: Repasemos los objetivos que fijaste al principio de la conversación. Dijiste que querías sentir que podías reconducir el proyecto y que necesitabas ideas sobre cómo motivar al equipo y forjar una relación saludable con Johann y Catherine. ¿Qué dirías ahora?

Comprueba el compromiso

SAM: Estoy mucho más seguro y me siento más optimista acerca de poder reconducirlo. De hecho, creo que yo ya me he reconducido y que las cosas no están tan mal como pensaba. Además, también he decidido emprender acciones concretas que estoy seguro de que motivarán a todo el equipo, incluso a Johann y a Catherine.

MAIA: Me parece que has anotado todas las acciones que vas a emprender. ¿Quieres repasarlas?

SAM: No. Estoy seguro de que lo he apuntado todo y estoy impaciente por empezar.

Se asegura de que se han tomado notas

MAIA: Muy bien. En una escala del uno al diez, ¿cómo valorarías tu grado de compromiso con las acciones que has decidido?

SAM: Con un 9.

MAIA: ¿Qué necesitarías para que fuera un 10?

SAM: Saber que los miembros del equipo están alineados con todo esto. Creo que hablaré con algunos de ellos ahora mismo.

Comprueba el grado de compromiso

Maia ha pasado de plantear preguntas abiertas y expansivas que en su mayoría empiezan con un «¿qué...?» a formular preguntas precisas que llevan a Sam a pasar a la acción al interrogarle sobre «cuándo» y «cómo».

Maia obliga a Sam a comprometerse y no le deja resquicio alguno por el que escapar. Por ejemplo, cuando Sam dice que necesita pensar sobre cómo facilitar que los miembros del equipo planteen qué les preocupa, Maia le pregunta cuándo va a hacerlo. Sin embargo, todo ello va en línea con lo que Sam ha dicho que desea hacer; Maia no aprovecha la ocasión para decirle qué cree ella que debería hacer.

Le demuestra a Sam que lo acompaña en el proceso, le ofrece ayuda, le proporciona acceso a recursos, le da ideas para ayudarlo a conseguir sus objetivos y manifiesta expresamente que confía en su potencial.

Maia comprueba de nuevo el objetivo original de Sam para asegurarse de que las acciones que va a emprender estén alineadas con el mismo y hace una última comprobación del grado de compromiso de Sam con las decisiones que ha tomado usando la escala del uno al diez. Podemos percibir el compromiso de Sam con el paso a la acción, porque es él quien ha decidido qué acciones lo acercarán a objetivos que tienen un significado y un propósito para él, además de ayudar al equipo y a los clientes.

Este ejemplo es característico de un estilo de liderazgo basado en el coaching y permite ilustrar la mayoría de los principios de coaching.

Anote una cosa que le haya gustado especialmente en el diálogo anterior y que vaya a poner en práctica en sus interacciones de liderazgo o coaching.

Poner a prueba la voluntad del coachee: ejemplo con coach

En nuestro ejemplo con coach y coachee, José pasa a la fase de voluntad resumiendo las opciones que Antonia ha enumerado en la fase anterior. Establece responsabilidad preguntando qué y cuándo hará Antonia, y luego la ayuda a encontrar una estructura, algo que la ayude a recordar la acción o el compromiso por el que se ha decidido. En este caso, la estructura es algo que Antonia ve todos los días: un árbol. Las preguntas se vuelven cada vez más precisas y específicas, para que Antonia pase de buenas intenciones a una acción comprometida. Las preguntas ponen a prueba, literalmente, su voluntad.

JOSÉ: Tenemos varias opciones sobre la mesa: mantenerte enfocada en tu «para qué»; enfocarte únicamente en el negocio y en transformar la atención sanitaria para detener el diálogo interior negativo; desarrollar una estrategia para crear la cultura adecuada; aportar diversión y libertad a la reunión de esta semana con EL; y matricularte en un taller de influencia. También tengo presente la nueva creencia que elegiste («Soy un miembro creíble del EL»), que te hizo sentir más fuerte y alta. ¿Cómo quieres usar todo esto?

Resume las opciones y recuerda a la coachee de una toma de conciencia importante que no ha vuelto a salir durante la exploración de las opciones

ANTONIA: Me gustaría asegurarme de que sea mi punto de partida, para prepararme a diario para dar forma al negocio y transformar la cultura.

JOSÉ: ¿Qué imagen o personaje te viene a la mente al pensar en eso?

ANTONIA: Un roble. Casi cada día paso frente a un roble precioso cuando salgo a correr antes del trabajo.

JOSÉ: ¡Parece que el roble podría ser tu aliado! En concreto, ¿qué harás cuando pases frente al roble para prepararte a dar forma al negocio?

ANTONIA: Creo que me detendré frente a él y le diré que soy un miembro creíble del EL.

JOSÉ: De acuerdo. ¿Cómo ayudará decirle eso al árbol?

ANTONIA: Me obligará a detenerme y adoptar la actitud correcta. También me gustaría usarlo para ayudarme a estar más alta y fuerte.

JOSÉ: ¿Qué harás con las otras opciones de las que hemos hablado?

ANTONIA: Le pediré a mi secretario que reserve el taller de influencia y pensaré en una actividad que pueda liderar durante la reunión con el EL.

JOSÉ: ¿Cuándo lo harás?

ANTONIA: En cuanto acabemos la sesión.

JOSÉ: ¿Y qué hay de mantenerte enfocada en tu «para qué»?

ANTONIA: Eso tiene que ver con dar forma al negocio y me gustaría dedicar la próxima sesión a pensar más acerca de cómo puedo crear la cultura necesaria para transformar la atención sanitaria.

JOSÉ: También has hablado de pedir *feedback* a algunos miembros del EL. ¿Qué harás en este sentido?

ANTONIA: Se lo pediré pronto.

JOSÉ: ¿Cuándo y cómo lo pedirás?

ANTONIA: En persona, creo que después de la reunión del EL esta semana.

JOSÉ: ¿Lo crees?

ANTONIA: Vale, no; lo sé. Seguro. A menos que en ese momento no me parezca adecuado por algún motivo. En ese caso, los llamaré individualmente. De hecho, ahora que lo pienso, esa me parece la mejor opción.

JOSÉ: Te querías sentir más segura y más tú misma de nuevo. ¿En qué medida sientes que lo has conseguido?

ANTONIA: Ahora mismo me siento mucho más segura y reconectada con mi antiguo yo. Lo que ya no sé es cuánto durará.

JOSÉ: ¿Qué permitirá que dure?

ANTONIA: Hacer las cosas que he dicho que voy a hacer y, sobre todo, recordar que soy un miembro creíble del EL y que estoy aquí para crear una cultura que transforme la atención sanitaria.

Explora una estructura que ayude a la coachee a mantenerse enfocada en su intención

Colabora con la coachee para confirmar planes de acción específicos

Da un marco temporal a las acciones

Revisa el objetivo

No se deja arrastrar por la interferencia; se centra en el potencial de la coachee

JOSÉ: Creo que tienes todo lo que necesitas para dar forma al negocio y a la cultura. Eres fuerte, alta y con los pies en la tierra como un roble. Estoy aquí para acompañarte y sostenerte durante todo el proceso. ¿A quién más quieres de tu lado?

Reconocimiento y defensa potentes

ANTONIA: A mi pareja. Nadie me apoya más que ella, es mi ancla.

JOSÉ: ¿Hay algo de la sesión de hoy que quieras compartir con ella?

Instaura otras formas de apoyo para la coachee

ANTONIA: Sí, hablaré con ella esta noche.

JOSÉ: ¿Qué te llevas de esta sesión (además de las acciones)?

ANTONIA: Que estoy agradecida de formar parte del EL y que soy un miembro valioso del mismo.

JOSÉ: Parece que te vas con una perspectiva diferente sobre estar en el EL. Nos veremos en nuestra próxima sesión en un par de semanas, tengo mucha curiosidad por saber cómo estarás.

Observe cómo José comprueba el nivel de compromiso y confronta a Antonia cuando percibe incertidumbre, por ejemplo, cuando ella dice «creo que».

José revisa el objetivo de esta sesión y pregunta a Antonia en qué punto se encuentra ahora. No se deja llevar por la interferencia que surge al final («lo que ya no sé es cuánto durará» y, en cambio, se centra en el potencial y le pregunta qué puede hacer para que que dure.

El coaching concluye con José reconociendo de manera poderosa a Antonia usando la metáfora del árbol (la misma que ha traído ella). José apoya a Antonia y la invita a involucrar a otros para que la apoyen y, así, aumentar sus probabilidades de éxito.

Anote una cosa que le haya gustado especialmente en el diálogo anterior y que vaya a poner en práctica en sus interacciones de liderazgo o coaching.

ETAPA 2: SEGUIMIENTO Y *FEEDBACK*

En esta etapa surgen las discrepancias en las expectativas, y es aquí también donde suceden el aprendizaje y el alineamiento. Para que las personas aprendan, crezcan y mejoren su rendimiento, es vital que se hayan establecido vías de *feedback*. Si colaboramos para crear un circuito de *feedback* y usamos un estilo de coaching, todo esto se hace posible, porque el *feedback* se convierte en una oportunidad para activar el sistema de aprendizaje natural de cada individuo.

Hacer un seguimiento no es lo mismo que controlar

Cuando hagamos el seguimiento de las acciones, veremos que ha sucedido una de estas tres cosas:

- El coachee ha tenido éxito (al menos en parte).
- El coachee no ha tenido éxito.
- El coachee no ha hecho nada.

La «Bolsa de preguntas 6» contiene una lista de las preguntas que podemos usar en cada caso. Llegados a este punto, es crucial que recordemos que estamos haciendo un seguimiento de lo acordado (y no controlando al coachee). De este modo, mantenemos abiertos los canales de comunicación y el alineamiento. Si construimos con el coachee una relación basada en la confianza, lo ayudaremos a sentir que puede acudir a nosotros si necesita ayuda para reconducir el proceso. Si estamos aplicando el coaching con miembros de nuestro equipo y hemos creado confianza en la relación, podrán hablar con nosotros antes de que se cumplan los plazos de tiempo si se desvían de lo acordado.

El propósito de revisar las acciones y el progreso de alguien es el crecimiento personal. Se ha demostrado que la forma de aprendizaje más efectiva es ayudar a la gente a crecer en su trabajo; el modelo de aprendizaje y de crecimiento 70:20:10, que se cita en tantas ocasiones, indica que cuando hablamos de líderes con éxito y eficaces, la mayor parte del aprendizaje (70 por ciento) sucede a través de la experiencia en el trabajo, mientras que el 20 por ciento viene de la observación de los demás y solo el 10 por ciento se debe a un aprendizaje «formal», mediante cursos e instrucciones.

Aplicar el coaching para ayudar a las personas a superar retos y a resolver dificultades cotidianas encaja con la forma de aprendizaje más efectiva, y es fácil entender por qué; consiste en poner el aprendizaje en práctica inmediatamente, por lo que, coincidiendo con lo que dice la teoría del aprendizaje adulto, las personas aprenden haciendo. Y el seguimiento aumenta el aprendizaje y la conciencia, identifica los posibles bloqueos y ofrece más apoyo para alcanzar los objetivos. Ni la culpa ni la crítica tienen cabida en el proceso, porque echarían por tierra toda la labor que se haya hecho anteriormente. Esto no quiere decir que no podamos ser sinceros.

Explorar el feedback

¿Cómo podemos transformar el *feedback* en una oportunidad de aprendizaje y crecimiento? Para completar la fase de la voluntad, tenemos que hacer el segui-

miento de las acciones acordadas, ver qué ha ido bien y qué podríamos hacer de
otro modo la próxima vez, pero no dando *feedback*, sino explorando distintas perspectivas de *feedback*. Esto significa que en lugar de ser el coach quien ofrece su opinión al coachee, ambos comparten *feedback* rico en información a partir del entorno, tal y como veremos a continuación.

En primer lugar, veamos los cinco niveles de *feedback* que se usan habitualmente. Los ilustro a continuación, ordenados de la A, el menos útil, a la E, el más productivo y el único de los cinco que promueve un aprendizaje y una mejora del rendimiento significativos. En cuanto a los otros cuatro, en el mejor de los casos
producen mejorías mínimas y a corto plazo y, en el peor, empeoran el rendimiento
y la autoestima. A y D se usan de forma generalizada en el mundo empresarial y, a
primera vista, parecen razonables... hasta que, o a no ser que se analicen con detenimiento.

a. Exclamación del coach: «Es usted un inútil».

   Es una **crítica personal** que destruye la autoestima y la seguridad en uno
   mismo, y que no puede más que empeorar el rendimiento futuro. No tiene la
   menor utilidad.

b. Exclamación del coach: «Este informe no sirve para nada».

   Es un **comentario crítico** dirigido al informe, no a la persona, que también daña la autoestima del coachee, aunque en menor medida. Sin embargo, **no ofrece información** sobre qué puede hacer el coachee para mejorar.

c. Intervención del coach: «El informe es claro y conciso, pero el diseño y la
   presentación son demasiado básicos para el público objetivo».

   Evita la crítica y ofrece al coachee **algo de información** sobre la que actuar, pero es insuficiente y **no genera responsabilidad personal**.

d. Intervención del coach: «¿Qué le parece a usted el informe?».

   Ahora se concede responsabilidad al coachee, pero lo más probable es
   que dé una respuesta vacía, como «bien», o que emita un **juicio de valor**,
   como «genial» o «terrible», en lugar de una descripción más útil.

e. Intervenciones del coach: «¿Con qué aspecto del informe está más satisfecho?»; «Si pudiera hacerlo de nuevo, ¿qué cambiaría?»; «¿Qué ha aprendido?».

   Para responder a este tipo de preguntas, planteadas con una actitud ecuá-
   nime, el coachee ha de ofrecer una **descripción detallada** del informe y del
   proceso de elaboración del mismo.

¿Por qué acelera y mejora drásticamente el aprendizaje y el rendimiento el
tipo de *feedback* que ilustra el ejemplo E? Porque es el único que cumple con todos los criterios del mejor coaching. Para poder responder a las preguntas que el

coach plantea en E, el coachee ha de activar el cerebro e implicarse. Ha de reflexionar y ordenar sus pensamientos para poder articular las respuestas. Esto es
conciencia. Lo ayuda a aprender a evaluar su propio trabajo y, por lo tanto, a ser
más autónomo. De esta manera, se hace responsable de su rendimiento y de su
evaluación. Esto es responsabilidad. Y cuando estos dos factores (conciencia y
responsabilidad) se optimizan, se da el aprendizaje. Por el contrario, si el coach
se limita a dar su opinión, lo más probable es que el cerebro del coachee apenas se
active. No habrá responsabilidad y el coach no tendrá modo de evaluar qué se ha
asimilado.

Usar términos descriptivos en lugar de críticos, ya sea por parte del coachee
(como en E) o del coach (como en C), evita que el coachee se ponga a la defensiva.
Y debemos evitarlo, porque, si sucede, la verdad/realidad queda ahogada en excusas y justificaciones inexactas, que tanto el coach como el coachee podrían creer y
que no forman base alguna para la mejora del rendimiento. En las intervenciones
A, B y C, el coach conserva la responsabilidad tanto de la evaluación como de la
corrección y establece una relación de dependencia, por lo que el aprendizaje para
el futuro se reduce al mínimo. Las intervenciones de la A a la D no son en absoluto
ideales y, sin embargo, son las que se usan con mayor frecuencia en el mundo de la
empresa.

Estructura GROW de feedback

Antes hemos sugerido usar GROW para estructurar las conversaciones de coaching. El *feedback* es una conversación de coaching en sí misma. Por lo tanto, en
esta etapa, la de la voluntad, presentamos una estructura para mantener conversaciones de *feedback* efectivas y a la que denomino «estructura GROW de *feedback*».
Para transformar el *feedback* en una oportunidad de aprendizaje, hay que plantear
tres preguntas básicas:

- ¿Qué ha sucedido?
- ¿Qué ha aprendido?
- ¿Cómo usará este aprendizaje en el futuro?

TABLA 4: *Estructura GROW de feedback: consejos*

La regla de oro en cada paso es que el coachee hace su aportación primero y el coach da su opinión después.			
G	**R**	**O**	**W**
• Las preguntas acerca del objetivo determinan la intención y el contexto para la conversación de feedback. Centran la atención y aumentan la energía. • Determinar el contexto y los objetivos al principio sienta las bases de una conversación productiva. • Recuerde: la seguridad psicológica inspira apertura y creatividad y promueve el compromiso. • Consejo: Pregunte al coachee acerca de su objetivo, para poner la conversación en contexto. Así, le ofrece la oportunidad de explorar el avance hacia su objetivo y facilita que se den tomas de conciencia vitales que lo ayudarán a avanzar aún más.	• Las preguntas sobre la realidad facilitan que el coachee sea objetivo y describa detalladamente qué sabe acerca de lo que sucede, de su rendimiento y de su impacto, sin emitir juicios al respecto. • Céntrese en lo que ha funcionado para aumentar la energía y la toma de conciencia de las fortalezas y, de este modo, desarrollar la confianza en sí mismo del coachee. • Céntrese en lo que no ha funcionado para suscitar una toma de conciencia acerca de lo que ha de cambiar o se ha de hacer de otro modo. • Recuerde: no juzgue ni critique. • Consejo: Ayude al coachee a describir qué ha sucedido como si fuera un mero observador, en lugar de juzgar si lo ha hecho bien o mal o si ha sido un acierto o un error.	• Las preguntas sobre las opciones se centran en el aprendizaje y en la generación de ideas. • Revise las principales tomas de conciencia y los aprendizajes que ofrecen oportunidades para mejorar el rendimiento, el aprendizaje y el disfrute. • Mire al futuro y genere ideas acerca de cómo hacer las cosas de otra manera, qué cosas nuevas se pueden inventar y qué posibilidades hay de mejorar el rendimiento, el aprendizaje y el disfrute. • Recuerde: el aprendizaje y el disfrute son tan importantes como el rendimiento y, de hecho, pueden mejorarlo. • Consejo: Promueva la autonomía y la responsabilidad personal dando tiempo al coachee tiempo para reflexionar antes de sugerirle nada.	• Las preguntas sobre la voluntad acuerdan acciones específicas y generan la voluntad de pasar a la acción. • Recuerde: compruebe que ambos tienen claras las prioridades, el marco temporal y el compromiso. • Consejo: Cuando sea relevante, relacione esta fase con los objetivos de desarrollo globales.

Reflexionemos acerca de estas preguntas desde la perspectiva de GROW (Figura 14) y veamos cómo sería una conversación de *feedback* completa si aplicásemos un estilo de coaching para acelerar el aprendizaje y mejorar el rendimiento. Siga la norma de oro y los consejos de la Tabla 4 y use la «Bolsa de preguntas 7» para explorar las distintas fases en mayor profundidad.

FIGURA 14: *Estructura GROW de feedback*

El feedback *y la satisfacción de los empleados*

La calidad del *feedback* recibido es uno de los aspectos que exploran las encuestas acerca de la satisfacción de los empleados y es en lo que MasterCard, nuestro cliente, quiso que centrásemos la atención, pues la gente quiere trabajar en entornos donde el *feedback* sea de alta calidad. Cuando Ajaypal Singh Banga (ahora presidente del Banco Mundial) se convirtió en el presidente ejecutivo de MasterCard, estableció el objetivo de «competir para ganar». A partir de la información recabada de sus 6.700 empleados de todo el mundo en la encuesta anual de satisfacción del empleado, el equipo de Aprendizaje y Desarrollo detectó que una de las áreas de desarrollo clave que podría contribuir a alcanzar ese objetivo era mejorar el *feedback*. Y acudieron a Performance Consultants para que los ayudáramos a crear una cultura de *feedback* para el rendimiento.

Diseñamos un programa personalizado para los 1.500 líderes de MasterCard en todo el mundo, al que llamamos «Coaching de Impacto» y que se basaba en el modelo GROW como estructura para el *feedback*. En las encuestas a empleados, los ítems acerca del *feedback* suelen ser algo así:

- «Recibo *feedback* con regularidad».
- «Recibo *feedback* que me ayuda a mejorar mi rendimiento».

Si reflexionamos acerca de estos dos puntos, es fácil ver que el estilo de coaching y el uso de GROW como estructura para dar *feedback* garantizan un *feedback* más regular, así como de más calidad. Un año después, cuando se llevó a cabo la siguiente encuesta sobre la satisfacción de los empleados, todos los líderes globales ya habían pasado por nuestro programa y los resultados de la encuesta reflejaron una mejoría en todos los aspectos, y especialmente en el área del *feedback*.

Los líderes de una energética global implantaron varios programas para aumentar el compromiso de los empleados. Uno de los líderes dijo:

> Hemos implantado un programa nuevo para que los empleados mantengan reuniones informales con sus líderes y puedan manifestar su opinión acerca de temas concretos. De esas reuniones salen planes de acción que luego compartimos con ellos. Por ejemplo, una de esas acciones ha sido el desarrollo de un sistema que permite a los empleados solicitar la desvinculación sabiendo que se entenderá como una necesidad del negocio, no como un tema personal. Así, se sienten más seguros solicitándolo. El resultado de las encuestas anuales de compromiso ha mejorado en un 5 por ciento, y creo que aún puede mejorar un 5 o un 6 por ciento más.

Todos aprenden

Y no nos equivoquemos: la oportunidad de desarrollo no es únicamente para el coachee; el líder que practica coaching crece también. Se trata de una oportunidad para que los líderes se muestren curiosos y aprendan qué pueden hacer de otro modo la próxima vez para mejorar el rendimiento. Al fin y al cabo, y tal y como hemos dicho, la mentalidad y la conducta de los líderes son los factores que ejercen una influencia más decisiva sobre el rendimiento. Y tanto la una como la otra están íntegramente bajo el control del líder.

El feedback *en la práctica: ejemplo con líder coach*

Veámoslo en un ejemplo práctico y descubramos qué sucede unas semanas después, cuando Maia hace una sesión de seguimiento y evaluación con Sam. Verá que recurre a preguntas de la «Bolsa de preguntas 6» para comprobar el progreso de algunos aspectos, además de revisar y evaluar.

MAIA: Me gustaría que hablásemos de las acciones que acordamos la semana pasada. Recuerdo que te sentías algo abrumado con el proyecto Summit. ¿Cómo te ha ido estas últimas semanas?

Define con claridad el propósito de la conversación

SAM: Mejor, sí. Aunque sigo teniendo problemas con Johann y con Catherine.

MAIA: De acuerdo, tendremos que hablar de ello, entonces. Pero has dicho que estabas mejor. ¿Qué ha hecho que la situación mejore?

Empieza por lo que está yendo bien

SAM: Tuve una reunión realmente positiva con el equipo en la que apliqué la nueva estructura de la que hablamos y a todo el mundo le ha parecido buena idea tener reuniones individuales cada mes.

MAIA: Fantástico. ¿Qué más?

SAM: He hablado con el encargado de instalaciones con quien me pusiste en contacto y va a valorar mi solicitud de trasladar al equipo al edificio nuevo; lo mejor es que los costes serían muy bajos. Cuando lleguemos a ese punto, necesitaré que apruebes la solicitud. ¿Te sigue pareciendo bien?

MAIA: Sí, totalmente. ¿Y qué me dices del proceso para plantear los problemas y fomentar la responsabilidad mutua? Pensabas aplicar algunos cambios, ¿verdad?

SAM: Estoy hablando con algunos de los miembros del equipo acerca de esto y estoy organizando un subequipo liderado por Kim, que se encargará de evaluar el proceso y de proponer uno nuevo. Jada dirigirá la reunión del equipo de la semana que viene, en la que hablaremos de la responsabilidad personal y confeccionaremos algunas normas de compromiso.

MAIA: ¡Creo que son unos avances estupendos! También me preguntaba qué tal se te estaba dando eso de no hacerlo todo tú solo. Ibas a experimentar con una actitud nueva. ¿Cómo te ha ido?

Celebra el éxito

SAM: Sorprendentemente bien. Ver las dificultades como oportunidades para que el equipo se comprometa y crezca me ha ayudado a volver a centrarme en las personas.

MAIA: ¿Y cómo te sientes, ahora que te estás centrando de nuevo en las personas?

SAM: Muy bien, en general. Dedico más tiempo a hablar con el equipo y creo que, en cierta medida, estoy ejerciendo de coach con ellos.

MAIA: ¿Has notado que eso haya tenido algún impacto sobre el equipo?

SAM: De momento parece que todos están más contentos y hay menos tensión. Ojalá pudiera decir lo mismo de Johann y de Catherine.

MAIA: Sí, has dicho que seguías teniendo problemas con ellos. ¿Te parece bien que hablemos de esto ahora?

SAM: Sí, por favor. Creo que estamos llegando a un punto en el que tendremos que dar un paso más. Siguen sin hacer lo que se supone que han de hacer y hacen caso omiso de mis correos electrónicos.

MAIA: ¿Cómo ha sido la interacción con ellos estos días?

SAM: He sido muy cuidadoso a la hora de redactar los correos electrónicos, para no decir nada que pudiera ofenderlos y, al mismo tiempo, he intentado mostrarme firme, para que se pongan manos a la obra.

No emite juicios y pregunta qué ha sucedido o no, sin sugerir que el coachee se haya equivocado

MAIA: Parece que aún no has tenido la oportunidad de hablar con ellos.

SAM: No. Les he escrito varias veces, pero no han respondido.

MAIA: Vaya... parece que se están resistiendo de verdad. ¿Qué más has intentado?

SAM: Les he vuelto a enviar los correos, pero nada.

Expresa lo que percibe y deja espacio al coachee para que responda qué cree él que está sucediendo

MAIA: Me da la sensación de que aquí pasa algo más. ¿Qué opinas tú?

SAM: Creo que están intentando salirse con la suya y no tengo la menor intención de ponerme a su altura. Ya es hora de que empiecen a hacer algo para ganarse el enorme salario que reciben ahora a cambio de nada.

MAIA: Veo que cuando hablas de ellos, usas un lenguaje distinto y detecto frustración. ¿Qué sientes tú?

Señala el tipo de lenguaje que usa el coachee, para hacerle consciente, y refleja sus emociones

SAM: Sí, estoy enfadado, claro. Es absurdo que crean que pueden salirse con la suya.

MAIA: ¿Estás dispuesto a recibir un *feedback* que quizá no te guste demasiado escuchar?

SAM: Sí.

MAIA: Me da la impresión de que tienes una actitud combativa, de yo contra ellos. ¿Qué te parece? ¿Crees que es así?

Refleja sin juzgar y comprueba si el coachee está de acuerdo

SAM: Bueno, no es que se hayan esforzado mucho en convertirse en parte del equipo.

MAIA: ¿Qué has hecho para que se sientan parte del equipo?

SAM: Los he invitado a las reuniones de equipo y no se han presentado.

MAIA: Hablamos de esto la última vez y me parece recordar que ibas a intentar reconducir la situación reconociendo que habíais empezado con mal pie, haciéndoles saber que son muy importantes para el proyecto y proponiéndoles empezar de cero y construir confianza y respeto. ¿Cómo ha ido?

Confronta de forma positiva al coachee con el hecho de que no llevó a cabo las acciones acordadas

SAM: No ha ido.

MAIA: Ah, de acuerdo. ¿Y cómo es que no has podido hacerlo?

SAM: Como ya te he dicho, no se dignan responder mis correos electrónicos.

MAIA: Sam, me parece que estamos andando en círculos. Me preocupa que uses el correo electrónico para comunicarte con personas con las que estás en conflicto, sobre todo cuando tu intención es hacerles saber que son una parte importante del equipo. Me da la sensación de que estás postergando lo que podría ser una conversación difícil con Johann y Catherine. ¿Qué crees tú que está pasando?

Detecta resistencia y lo explicita, para poder hablar de ello

SAM: Bueno, no es que esté deseando tener la conversación, pero no soy yo el que no responde a los correos.

MAIA: Sí, tienes razón. No puedes obligarlos a responder. Sin embargo, ¿qué podrías hacer de otro modo para poder iniciar esa conversación?

SAM: Supongo que podría llamarlos por teléfono. Pero es muy probable que no respondan si ven que soy yo.

MAIA: Si abordaras esta dificultad con la nueva actitud con la que has estado experimentando (una oportunidad para asumir responsabilidades y crecer, también para ti), ¿cómo te relacionarías con Johann y Catherine?

Colabora con el coachee para desarrollar estructuras y medidas de evaluación del éxito

SAM: Creo que respiraría hondo, los iría a buscar a sus despachos y me los llevaría a tomar un café, para poder hablar tranquilamente.

MAIA: Suena muy bien. ¿Qué más podrías hacer?

SAM: Probablemente, antes saldría a dar una vuelta, para despejarme y serenarme.

MAIA: Muy bien. ¿Qué más?

SAM: Creo que pondría por escrito las cuestiones principales de las que quiero hablar, para no olvidarlas. De hecho, creo que voy a hacer todo lo que acabo de decir.

MAIA: ¿Cómo te acordarás de verlo como una oportunidad para asumir responsabilidades y crecer?

SAM: Pondré esa frase como encabezamiento de las notas.

MAIA: ¿Cuándo tendrás esa conversación, Sam?

SAM: La semana que viene.

Plantea peticiones para ayudar al coachee a superar sus resistencias

MAIA: Me gustaría que le dieras prioridad y que avanzaras la conversación a esta misma semana. Veo cómo te está afectando y sé que quieres resolverlo. Ya has tenido éxito abordando problemas como oportunidades para crecer, así que estoy segura de que podrás hacer las paces con ellos y conseguir que sientan que son importantísimos para el equipo. ¿Qué piensas ahora?

Refuerza

SAM: Creo que es una prioridad y he decidido enfrentarme a ello ahora.

MAIA: ¿Quieres enfrentarte a ello o resolverlo?

SAM: Resolverlo de una vez por todas.

MAIA: ¿Qué piensas hacer concretamente, y cuándo?

SAM: Me acercaré al edificio nuevo con dos chocolatinas como ofrenda de paz y los invitaré a un café.

Plantea nuevas responsabilidades y comprueba qué ha aprendido el coachee

MAIA: ¿Qué piensas decirles exactamente y qué has aprendido?

SAM: Empezaré por disculparme por haberlos acribillado a correos electrónicos y les diré que quiero que reflexionemos juntos sobre cómo conseguir que nuestra relación se base en la confianza y en el respeto, para que puedan hacer aportaciones al equipo que sé que serán beneficiosas para todos. Y estoy aprendiendo que no he de sentir que soy yo contra ellos. Todos estamos en el mismo bando.

Más refuerzo, para consolidar la confianza y la seguridad en sí mismo del coachee

MAIA: Me parece muy buen comienzo. Dime qué tal ha ido antes de irte a casa. Y gracias por estar dispuesto a resolverlo cuanto antes, estás demostrando una auténtica fortaleza de carácter.

Fíjese en que Maia formula preguntas potentes que llevan a Sam a reflexionar sobre qué ha sucedido, qué resultados ha obtenido, qué ha aprendido y qué hará de otro modo a partir de ahora. Es posible que haya tenido que morderse la lengua varias veces para no decirle a Sam que hiciera el favor de ir a hablar con Johann y Catherine, pero lo que ha hecho es acompañarlo de modo que fuera él quien llegara a esa conclusión por sí mismo, por lo que es mucho más probable que pase a la acción.

Maia tampoco ha esquivado la resistencia de Sam: sencillamente, la ha puesto sobre la mesa sin juzgarla y lo ha invitado a que dijera qué le sucede. Así, la conversación ha podido proseguir y Sam ha revelado su reticencia a lo que consideraba una conversación complicada, de modo que Maia ha podido ayudarlo a formular un nuevo plan de acción que le resultaba más cómodo y le ha pedido que lo ejecutara rápidamente, antes de determinar cómo lo evaluarían.

Tal y como sucede con este ejemplo, si el coaching está integrado en el estilo de liderazgo, no parecerá una «sesión de coaching». Es posible que una persona lega en la materia ni siquiera reconozca que se trata de coaching y, sencillamente, piense que un interlocutor está siendo especialmente considerado y amable con el otro y que, obviamente, sabe escuchar muy bien. Ya se enmarquen en una estructura formal o informal, los principios fundamentales de generar conciencia y responsabilidad personal en el coachee son la clave para mantener una actitud de coaching.

Anote una cosa que le haya gustado especialmente en el diálogo anterior y que vaya a poner en práctica en sus interacciones de liderazgo o coaching.

La voluntad y la curva de rendimiento

Cuando Maia pasa a la etapa final de este ejemplo de coaching, su intención es motivar a Sam a emprender una acción que lo acerque a su objetivo. Es lo que impulsa la conversación para pasar de las buenas ideas al compromiso de emprender una acción que servirá a un propósito superior. Al conectar a Sam con lo que le motiva del proyecto, Maia lo ayuda a avanzar y a liderar al equipo desde la interdependencia, de modo que pueda liberar todo su potencial para permitir e inspirar un trabajo en equipo fantástico. Maia sabe que, para no retroceder a fases anteriores, es vital que los líderes mantengan el equilibrio interior, por lo que es muy proactiva a la hora de dirigir a Sam hacia la autogestión para conservar el equilibrio. Finalmente, le demuestra que está de su lado, que lo apoya y que cree en él.

CREAR APRENDIZAJE

Volviendo al ejemplo de Medtronic, cuando enseñamos a los líderes a mantener continuas conversaciones de rendimiento desde un estilo de coaching, se generó una actitud completamente distinta hacia la gestión del rendimiento y desapareció la actitud tradicional, que consiste en transmitir al empleado el mensaje de que lo está haciendo mal y de que tiene que solucionarlo. Ahora, el coach y el coachee trabajan juntos para explorar qué funciona bien y dónde están las oportunidades para crecer. La atención se centra en el aprendizaje. Cuando aplicamos el espíritu del coaching a la responsabilidad personal, nos centramos en crear aprendizaje, capacidad de elección y motivación interna a través del análisis y del refuerzo de lo que funciona bien, y cuando es necesario, ayudamos al coachee a cambiar de dirección o a hacer algo de manera distinta. Determinar responsabilidades y hacer un seguimiento de las mismas mantiene a las personas conectadas con el objetivo soñado que las inspira, y transforma lo que podría parecer un aburrido objetivo de proceso en algo realmente motivador (véase el capítulo 10). Por lo tanto, la responsabilidad personal entendida de este modo está a años luz del impopular lugar que ocupa en las culturas tradicionales del «ordeno y mando» y se convierte en un instrumento clave para el alto rendimiento mediante el principio general del coaching: generar conciencia y responsabilidad personal.

Simon Losasso, Global Talent Consultant en Medtronic, explicó así el poder del coaching:

> Si sabes hacer coaching, es muy probable que sepas delegar, dar un *feedback* efectivo y ayudar a las personas a crecer de un modo significativo para ellas... Cuando, de repente, los líderes se dan cuenta de que hay una habilidad que puede marcar una diferencia

tan positiva en el rendimiento y en la vida de las personas, se entusiasman. Descubren que la persona que tienen delante puede llegar a conclusiones nuevas y obtener claridad en muy poco tiempo. La transformación puede ser muy rápida.

También tiene muy clara la responsabilidad de la empresa: «El año pasado, los tratamientos de Medtronic mejoraron la vida de 72 millones de personas. Eso equivale a aproximadamente dos personas por segundo. Sentimos que ejercemos un impacto real en el mundo». Dijo que los participantes en los cursos de coaching salían sintiéndose diferentes, pero no porque hubieran aprendido habilidades nuevas, sino por el cambio de mentalidad: «No creo que exista otra habilidad de liderazgo capaz de conseguir nada semejante».

14
EL COACHING PARA LA BÚSQUEDA DE SENTIDO Y DE PROPÓSITO: CREAR RESILIENCIA

Lo importante no es llegar a ser un líder. Lo importante es llegar a ser uno mismo y aprovecharse al máximo (todos nuestros dones, habilidades y energías) para hacer realidad nuestra visión. No podemos desaprovechar nada.

WARREN BENNIS

Ahora que hemos visto la secuencia GROW de principio a fin y hemos empezado a asimilar la práctica de los principios fundamentales del coaching, creo que es un buen momento para añadir una profundidad crucial y ver cómo el coaching nos ayuda a conectar con el sentido y el propósito de nuestras vidas. Le recomendamos encarecidamente que emprenda este camino, porque es en él donde le aguarda el verdadero tesoro. Aunque buscar el sentido y el propósito pueda parecer abrumador, es un viaje que está completamente bajo su control.

En el capítulo 1 hemos mencionado que las personas que se realizan buscan sentido y propósito y que, con frecuencia, los encuentran contribuyendo al bienestar de los demás, de su comunidad o de la sociedad en general. Cada vez más personas demuestran que se preocupan tanto por la justicia y por la situación de los demás como por la propia. Estas tendencias altruistas emergentes también las llevan a cuestionar la ética y los valores corporativos, además de la motivación de los beneficios económicos. El éxito y la sostenibilidad de las respuestas que da la especie humana a las dificultades externas se relacionan directamente con lo conectados que estamos con nosotros mismos. No es una casualidad que Google decidiera llamar «Busca en tu interior» a su Instituto de Liderazgo ni que Warren Bennis, uno de los pioneros del liderazgo, dijera que la cuestión no es llegar a ser un líder, sino llegar a ser uno mismo. Y los estudios más recientes concluyen que el significado y el propósito también aumentan la resiliencia.

Tanto el líder coach como el coach profesional tienen el objetivo de liberar el potencial y maximizar el rendimiento: los líderes, el potencial de sus equipos, y los coaches, el potencial de sus coachees. Si echamos un vistazo a la realidad empresarial actual, nos daremos cuenta de por qué es una necesidad tan urgente.

La lucha por el talento

Últimamente, hemos sido testigos de un cambio de corriente en la guerra por el talento. De hecho, la marea ya había empezado a cambiar antes de la pandemia: el encabezamiento de un artículo del *Financial Times* proclama: «Reconectar con los valores básicos; la avaricia no es buena en la nueva era de los negocios; los trabajadores son más que la suma de sus partes; la espiritualidad en la empresa; Stephen Overell se une a la búsqueda de la ventaja competitiva definitiva y descubre que las empresas intentan ofrecer a sus empleados sentido y propósito». La pandemia no hizo más que exacerbar un fenómeno ya existente. Lo que antes era un «plus» es ahora un «requisito indispensable».

En el entorno empresarial actual, y sobre todo después de que la pandemia nos llevara a reflexionar más profundamente acerca de lo que queremos de la vida, los salarios elevados no bastan para asegurarse el mejor talento.

Ken Costa, entonces vicepresidente del grupo bancario UBS Warburg, declara: «La frustración es evidente. Se plasma en la incertidumbre y en la falta de realización y hace que, al final, las personas abandonen la organización. Cada vez son más los que se van para trabajar en el sector del voluntariado... En la última ronda de contratación de recién licenciados que hicimos, una sorprendente proporción de los entrevistados nos preguntaron, "¿cuáles son sus políticas de responsabilidad social?". Jamás nos había sucedido antes».

¿Pueden las empresas pasar por la misma crisis de sentido que experimentan tantas personas en la actualidad? En nuestra opinión, pueden pasar y pasan por ellas. ¿Podría generalizarse todavía más? ¿Es posible que el mundo corporativo, o el mundo entero, esté al borde de una crisis de sentido colectiva? Hay muchas señales que apuntan en esa dirección. Los indicadores económicos y políticos ya no son reflejos claros de lo que sucede. El medioambiente, la inestabilidad económica y política, y el declive de la ética corporativa plantean retos inéditos e inmediatos a las empresas, pero estas no responden, porque están atrapadas en paradigmas antiguos y necesitan una gestión inmediata de la crisis. A ojos de muchas personas, en la actualidad experimentamos una crisis mayor y vivimos en una negación flagrante.

Una economía al servicio de las personas

Muchas personas creen que es inevitable que la actitud y la función de las empresas cambien y que, de hecho, ya han empezado a cambiar, impulsadas en gran medida por las exigencias de la población, que afirma que ya no está dispuesta a seguir estando al servicio de la economía. Al contrario, exige que sea la economía la que esté al servicio de las personas. ¿Se logrará mediante una serie de cambios de rumbo a medida que las empresas aprendan a aceptar su responsabilidad y su sentido y su propósito verdaderos, o persistirán en la búsqueda ciega de riqueza a cualquier precio, hasta que se encuentren con las barricadas ocupadas por personas corrientes que defienden exigencias y aspiraciones más elevadas?

Al comienzo de su trayectoria de crecimiento global y en pleno periodo de expansión acelerada, la cadena de restaurantes Nando's tomó la decisión consciente de que no se quería convertir en una gran cadena impersonal. En ese momento, solo se promocionaba internamente al 21 por ciento de sus directivos, lo que no ayudaba a mantener los valores de orgullo, pasión, valentía, integridad y familia. Nando's se dio cuenta de que la respuesta a sus desafíos de gestión del talento residía en desarrollar habilidades de coaching dentro de la organización.

El entonces responsable de aprendizaje y desarrollo explicó:

> Todos estaban entusiasmados con el principio del [coaching]... Se trata de empoderar a otros para que encuentren las soluciones por sí mismos... Queremos que los managers hagan coaching como una reacción instintiva, no como una decisión consciente... Lanzamos el programa Whitmore, en el que participaron todos los managers. Volvieron a sus locales entusiasmados y dispuestos a ponerlo en práctica de inmediato.

La directora de marketing asistió a uno de los primeros cursos. Dijo: «Me impresionó muchísimo esa manera de hacer. Animar a los miembros del equipo a hacerse cargo tiene mucho más sentido. Un estilo directivo solo te permite llegar hasta cierto punto». Introdujo el estilo de liderazgo basado en el coaching en su departamento y observó que «ahora, la gente disfruta más de su trabajo. Saben lo que hacen y, en definitiva, son más eficaces».

Los resultados del programa de coaching fueron espectaculares, sobre todo en cuanto a la retención del talento. La rotación de directivos en Nando's cayó 35 al 20 por ciento, mientras que el porcentaje de managers promocionados internamente se duplicó.

El éxito de Nando's ha continuado desde entonces. Tiene restaurantes en más de veinte países y un equipo de sostenibilidad que procura «pisar con suavidad nuestro planeta y apoyar a las comunidades cercanas a nuestros restaurantes». El caso de Nando's demuestra que una empresa con una visión con sentido no se limitará a seguir el ritmo que marque el estado de ánimo colectivo, sino que se adelantará al mismo, sobre todo porque se dará cuenta de que tiene una responsabilidad para con la sociedad.

La función de las empresas está cambiando

Y estamos empezando a ver cómo cambia la función de las empresas. John Browne, el expresidente de British Petroleum, escribió lo siguiente en su libro *Connect*:

> En una era de transparencia implacable, el mundo exige mucho más al sector privado. [...] Una recompensa enorme aguarda a las empresas que decidan satisfacer esas nuevas exigencias con respeto, autenticidad y apertura e integren las necesidades de la sociedad en su modelo de negocio.

Claude Smadja, del Foro Económico Mundial, escribió:

> Las empresas privadas han de asumir un sentido de responsabilidad social corporativa mucho más amplio y potente. Y debemos escuchar a las voces responsables de una nueva «sociedad civil». [...] El aumento de las ONG refleja también el creciente desencanto de la población con todas las organizaciones: gobiernos, empresas, organismos internacionales, medios de comunicación, etcétera.

Michael Hirsh, escribió en un artículo para *Newsweek* que el debate no trata tanto de privatizar el sector público, sino de lo contrario, de «hacer más público» el sector privado.

La siguiente ola evolutiva

La globalización y la comunicación instantánea y frecuente con cualquier parte del mundo están difuminando las barreras temporales y espaciales entre «nosotros» y «ellos». En consecuencia, tanto las fuerzas externas como nuestro crecimiento interior conspiran para derribar barreras y persuadirnos de que aceptemos y acojamos el destino común que compartimos todas las personas y cuya responsabilidad compartimos también. Por fin llegamos al último nivel de Maslow, que se correlaciona con una actitud de interdependencia: «Estamos juntos en esto».

La realidad externa refleja la realidad interna

Los cambios que están sucediendo en nuestra realidad externa se corresponden con la conciencia cada vez mayor que tenemos de muestra realidad interna. La inversión mundial en lo que conocemos como «fondos de inversión éticos» está aumentando rápidamente; el sexismo y el racismo, que antes eran endémicos en muchas empresas, ahora se condenan ampliamente, y se informa con asiduidad de la responsabilidad social corporativa y de la triple cuenta de resultados.

El impulso que motiva estos cambios procede de personas corrientes que quieren tener más que decir sobre cómo las tratan en el trabajo y en la empresa. Además, el cambio climático también nos está enviando a todos en general, y a las empresas en particular, mensajes muy duros sobre nuestros valores, conductas y responsabilidades en el contexto global. Por otra parte, las posibles consecuencias de la cría de ganado intensiva, de los biocombustibles y de las cosechas transgénicas nos están obligando a reconsiderar seriamente los métodos agrícolas, tanto si somos «amantes de la naturaleza» como si no. ¿Qué será lo siguiente? Ciertamente, tendrá que ver con la sostenibilidad, pero ignoramos de dónde vendrá, porque los sistemas de control de la naturaleza se están desmoronando y ya no podemos predecir lo que sucederá. Lo siguiente es el punto de no retorno. La cuestión es mucho más seria de lo que sugieren las respuestas políticas y corporativas, cortoplacistas y totalmente inadecuadas e insuficientes.

El sentido y el propósito en las organizaciones

En estas condiciones no sorprende que la cuestión del sentido y la del propósito aparezcan cada vez con mayor frecuencia en nuestro trabajo en organizaciones, como muestra del deseo de escapar de lo que muchos ven como un mundo corporativo carente de sentido. Es habitual que el coach escuche al coachee lamentarse de esto y hablar sobre un cambio de trabajo. Pero cuidado con la seducción asociada al cambio de formas y estructuras, pues lo que ha de cambiar es la conciencia.

SENTIDO Y PROPÓSITO: LA DIFERENCIA

En el capítulo 6 hemos afirmado que si aumentamos nuestro nivel de conciencia, podemos descubrir y conectar más profundamente con nuestro propósito. Aunque decimos que el sentido y el propósito van de la mano, no son conceptos idénticos. El **sentido** es el significado que atribuimos a un hecho o a una actuación en retrospectiva, mientras que el propósito es nuestra intención de embarcarnos en una acción concreta. El **sentido** es fundamentalmente psicológico, mientras que el propósito es un concepto más espiritual. Para ser más precisos, deberíamos especificar si hablamos de sentido, de propósito o de ambas cosas. Veámoslo con relación a dos áreas:

- Encontrar el sentido y el propósito en la vida.
- Encontrar el sentido y el propósito en situaciones que surgen a diario.

DESCUBRIR EL SENTIDO Y EL PROPÓSITO

Uno de los mantras de Performance Consultants, que es a su vez una de las claves del coaching, es «acercarse a la persona donde está ahora». Una vez que nos hemos acercado a alguien en el lugar donde se encuentra, podemos acompañarlo para que llegue tan lejos como lo desee. Esto es colaboración plena y, además, respeta el despliegue de la conciencia a medida que se avanza en el camino del autoconocimiento. A continuación, encontrará un ejercicio que le permitirá explorar el sentido y el propósito en su vida.

ACTIVIDAD:	Siéntese en un lugar tranquilo, con rotuladores de colores y una hoja en
Explorar el sentido	blanco. Apunte las respuestas a las preguntas siguientes. Si vienen a
y el propósito	usted en forma de imágenes, dibújelas. La clave reside en no esforzarse
personales	ni intentar hacerlo «bien». Limítese a observar qué le viene a la mente
	y use el color que más le guste para cada respuesta.

- ¿Cuál es su sueño?
- ¿Qué anhela?
- ¿Qué diferencia querría marcar en el mundo?
- ¿Qué es lo más importante de eso para usted?
- En el fondo, ¿qué es lo que quiere de verdad de la vida?
- Imagine que tiene 80 años de edad y está reflexionando sobre su vida. ¿Qué momentos destacan? Escriba o dibuje lo que le venga a la mente.

Las respuestas a estas preguntas le darán una primera idea del sentido y el propósito en su vida. Esta exploración empezará a crear una senda de miguitas de pan, un camino que podrá seguir para encontrar el sentido y el propósito en su vida. A medida que le vengan a la mente más detalles de la imagen, añádalos a la hoja de papel. Dé el primer paso de este viaje y pida al potencial ilimitado que forma parte de usted que lo cree junto a usted.

De víctima a creador

El mayor paso que podemos dar para encontrar sentido y propósito es darnos cuenta de que, en última instancia, la realidad actual es una oportunidad. Significa dejar de considerarnos víctimas del destino y empezar a crearlo nosotros mismos. El coaching capacita al coachee para que se haga responsable de su situación actual, elija cómo quiere relacionarse con ella y tome las acciones necesarias para crear o cambiar cosas y crear algo más significativo.

Pruebe a realizar la siguiente actividad.

Piense en un reto o dificultad al que se enfrente ahora y responda a las siguientes preguntas: • Imagine que el reto contiene el regalo ideal que necesita para crecer en estos momentos. ¿Cuál es ese regalo? • ¿Por qué siente agradecimiento? • ¿En qué se convertirá para aceptar ese desafío?	**ACTIVIDAD:** *Aceptar el desafío*

Esta actividad puede dar un enfoque extraordinariamente distinto a las situaciones que aparezcan en su vida. Las preguntas como estas lo ayudarán a dejar de considerarse una víctima del destino y a empezar a crear el suyo propio, lo que a su vez contribuirá a dar sentido y propósito a todos y cada uno de los momentos de su vida.

Carl Jung dijo: «Aquello a lo que te resistes persiste». Si no quiere toparse una y otra vez con los mismos problemas en el trabajo, en la vida y en el amor, le animamos a que acepte el desafío que le planteen las dificultades que surjan.

DESCUBRIR EL SENTIDO Y EL PROPÓSITO EN EL LUGAR DE TRABAJO

Ahora vamos a relacionar esto con el trabajo que hemos hecho en los capítulos anteriores. En los diálogos de coaching que empezaron en el capítulo 10 hemos acompañado a Maia y a Sam en su colaboración en el proyecto Summit. ¿Y si Maia hubiera profundizado más en el aspecto del sentido y el propósito con Sam? ¿Cómo hubiera sido la conversación?

A continuación, encontrará algunas de las preguntas que hubiera podido formular:

- Sam, me he dado cuenta de que dejas que Johann y Catherine desencadenen conductas reactivas en ti. ¿Qué dirías al respecto?
- Si lo supieras, ¿cuál dirías que es el origen de esa reacción en ti?
- Si pudieras elegir, ¿cómo reaccionarías?
- ¿Qué te ayudaría a elegir una respuesta distinta?
- ¿Por qué es importante para ti elegir una respuesta distinta?
- ¿Qué efectos tendría eso en tu vida?

De hecho, en este sentido, el proyecto Summit es la plataforma que permitirá a Sam desarrollar su potencial; ha de darse cuenta y descubrir el sentido y el propósito intrínsecos en ello. Por supuesto, como parte de su desarrollo profesional hay que ayudarlo a centrar su atención en esa dirección y en quién quiere llegar a ser. Por ejemplo, Maia podría haberlo hecho hablando con él cuando empezaron a trabajar juntos, para explorar su visión de qué quiere conseguir a través de su liderazgo, en el trabajo y en la vida. Sin embargo, una advertencia: en tanto que coach o líder coach, cabe pensar que usted ya ha explorado su propio sentido y propósito y ha empezado a crear su propio destino antes de conducir a su coachee a este espacio avanzado. Otro de los principios clave del coaching es que jamás se pregunta al coachee algo que uno no esté dispuesto a responder también (o haya respondido ya).

Enseñar habilidades de coaching avanzado va más allá de este libro, por lo que, de momento, lo dejaremos aquí. Sin embargo, un coach profesional o un líder que haya llevado a cabo una formación avanzada en coaching podrán ayudarlo a profundizar en esta exploración.

CUARTA PARTE
COACHING: APLICACIONES ESPECÍFICAS

15
SESIONES FORMALES DE COACHING EJECUTIVO

El 87 por ciento de las empresas encuestadas
ofrecen coaching individual.

ICF Y HUMAN CAPITAL INSTITUTE

Ha llegado el momento de dedicar un capítulo a las sesiones formales de coaching ejecutivo, o individual, llevadas a cabo por coaches internos o externos. Las sesiones formales de coaching son periodos de tiempo dedicados expresamente a un proceso de coaching y exigen contar con una estructura desde el principio. A continuación encontrará algunas directrices que lo ayudarán a sacar el mejor provecho del proceso de coaching, tanto si es un coach interno como externo en una organización.

DURACIÓN DEL COACHING FORMAL

El coaching formal, que habitualmente recibe el nombre de coaching individual (o ejecutivo en el contexto empresarial), funciona mejor si se desarrolla a lo largo de un periodo de seis meses. Al espaciar las sesiones a lo largo de varios meses, el coachee cuenta con tiempo suficiente para poner en práctica los nuevos hábitos y las nuevas maneras de hacer las cosas con usted, su coach, en tanto que paladín y apoyo. Además, el coaching necesita tiempo, dado que es una colaboración continuada, centrada en el desarrollo y en el cambio conductual sostenible. El periodo de coaching recomendado para que el coachee obtenga resultados reales es de seis meses, y en eso se centra este capítulo.

Hay una alternativa más breve, llamada «coaching láser», que adopta la forma de tres sesiones de coaching virtual de sesenta minutos de duración y centradas en una dificultad específica a la que se enfrenta el coachee. Con frecuencia, las organizaciones compran un *pack* de este tipo de sesiones y las ofrecen como recurso a sus empleados.

CANTIDAD DE HORAS DE COACHING

El primer paso de cualquier proceso de coaching es que el coach averigüe qué quiere concretamente el cliente. Y una de las maneras más fáciles de plasmarlo es la cantidad de horas que quieren invertirse en el proceso de coaching y el formato preferido para el mismo. Es posible que el coste de las sesiones presenciales y virtuales sea distinto, lo que afectará al presupuesto. Recuerde que el periodo inicial de cualquier proceso de coaching es de seis meses, prorrogables.

FORMATO Y DURACIÓN

Una vez acordadas las horas de coaching, el segundo paso es elegir con el coachee el formato más adecuado, así como la duración de las sesiones. Hay tres opciones básicas, pero, de nuevo, tanto el formato como la duración de las sesiones dependerán del lugar del mundo en el que tengan lugar. Por ejemplo, en la India, donde es fácil tardar tres horas en recorrer Bangalore de punta a punta, el coaching es, en la mayoría de las ocasiones, virtual. Por el contrario, en Oriente Medio, las sesiones de coaching suelen ser presenciales y pueden durar hasta tres horas. En Performance Consultants, todos los procesos de coaching terminan con una evaluación individual de 60 minutos de duración (en el capítulo 19 veremos cómo llevarla a cabo).

Estas son las tres opciones:

- **Coaching presencial:** por ejemplo, seis sesiones de 120 minutos cada una, una vez al mes durante seis meses.
- **Coaching telefónico o virtual:** por ejemplo, doce sesiones de 60 minutos cada una en semanas alternas durante seis meses.
- **Formato mixto:** por ejemplo, una sesión presencial de 60 minutos, más doce sesiones telefónicas de 45 minutos cada una, aproximadamente en semanas alternas, a las que seguirá una última sesión presencial de 60 minutos.

La Figura 15 ilustra un formato mixto típico. Los apartados que siguen profundizan en las sesiones individuales y en otras consideraciones.

FIGURA 15: *Un compromiso de coaching de «formato mixto» típico*

Sesión		Semana 1	360° opcional con las partes interesadas	Semanas 2-24	360° opcional con las partes interesadas	
	Reunión de química	Sesión de partida		Sesiones de coaching periódicas		Sesión de evaluación
Formato	Presencial o virtual	Presencial		Combinación de sesiones presenciales y virtuales		Virtual
Duración	Aprox. 30 min.	1 hora		12 sesiones virtuales de 45 min., aprox. cada 2 semanas Una sesión presencial de 60 min.		60 min. en el plazo de un mes tras la última sesión
		12 horas de coaching de formato mixto a lo largo de 6 meses				

REUNIÓN DE QUÍMICA

La reunión de química es la primera sesión, en la que conocemos al coachee. Suele ser gratuita. Es una oportunidad para que ambos se conozcan y comprueben que pueden trabajar bien juntos. Es habitual que, tras la reunión de química, se haga saber a la otra parte si cree que encajan o no. En caso negativo, no se preocupe, pues a veces la química brilla por su ausencia.

CONFIDENCIALIDAD

Una vez que el coachee y usted hayan decidido trabajar juntos, es importante que instauren una relación de colaboración y establezcan la confidencialidad. La confidencialidad es crucial en todas las relaciones de coaching y hay que definir los límites desde el principio. Imagine que el coachee es usted y que va a hablar de cuestiones profundas y personales. Sin confidencialidad, los coachees, y sobre todo en el marco de una organización, no estarán dispuestos a compartir información sensible que podría ser importante para el proceso de coaching, que, por lo tanto, verá limitado su impacto positivo. La Figura 16 muestra que la confidencialidad implica que ni el líder del coachee ni quien esté pagando las sesiones (el cliente) podrán saber todo lo que sucede en las sesiones. Los óvalos representan lo que en ocasiones se conoce como «murallas chinas».

En tanto que coach, ha de tener claro quién lo ha contratado (cliente), la relación del cliente con el coachee y a quién debe rendir cuentas usted del proceso de coaching. Por ejemplo, es posible que lo haya contratado:

- Un líder que quiere que trabaje con un miembro de su equipo.
- Una persona que lo contrata directamente a través del departamento de Recursos Humanos.
- El departamento de Recursos Humanos, para que trabaje con uno de los líderes de la empresa.

La persona o el departamento que tiene el presupuesto para el coaching y que va a pagar sus honorarios puede ser, o no, el líder del coachee. En la Figura 16, el término «cliente» alude a la persona responsable del presupuesto. Es probable que el cliente, y posiblemente el líder del coachee, quieran conocer tanto las metas y los objetivos del proceso de coaching como los resultados del mismo. Es importante que codiseñe junto al coachee cómo se implicarán estas personas en el proceso y que sea el coachee quien se lo comunique.

FIGURA 16: *La confidencialidad es crucial para la relación de coaching*

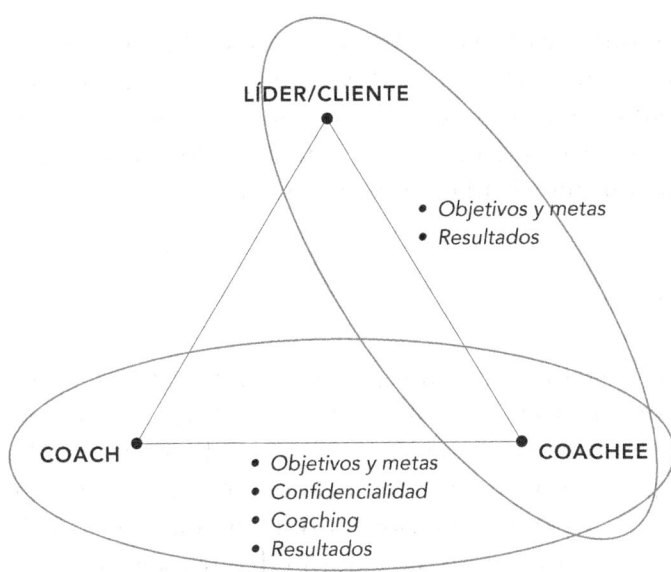

Comunicar las metas y los objetivos al principio de la relación y los resultados al final de la misma son oportunidades fantásticas para ayudar al coachee a potenciar su relación con la organización y para crear alineamiento entre el uno y la otra. Es una parte crucial del proceso de coaching y podría ser uno de los motivos por el que se ha solicitado. Por ello, la comunicación con el líder del coachee, el cliente u otros miembros de la organización ha de pasar siempre por el coachee, puesto que así usted lo empoderará continuamente en su relación con la empresa.

Dos de las áreas a las que debe prestar atención para garantizar que preserva la confidencialidad y empodera al coachee son las siguientes:

- Ayudar al coachee a mantener conversaciones con su líder o con el cliente que lo ayuden a asumir la responsabilidad de sus metas y objetivos.
- Si el coachee no está plenamente comprometido con sus metas y objetivos, hay que explorar qué lo bloquea y ayudarlo a encontrar los recursos en su interior para mantener conversaciones honestas con su líder. Normalmente, estas conversaciones facilitarán que se alineen.

En algunos casos puede estar indicado que las conversaciones de determinación de objetivos y de evaluación sean a tres bandas. De todos modos, el objetivo del coach ha de ser siempre empoderar y apoyar al coachee al tiempo que se preserva la confidencialidad, en vez de reforzar su propia relación con la organización.

SESIÓN DE PARTIDA

Una sesión de partida efectiva cerrará un compromiso de coaching efectivo. Tal y como sugiere su nombre, el propósito de la sesión de partida es sentar las bases de la relación de coaching con el coachee, y es muy importante que le dedique el tiempo suficiente. Se trata de mucho más que de escuchar qué quiere el coachee, y en ella usted puede plantear sus propias necesidades y expectativas para que, juntos, puedan diseñar una relación de coaching efectiva.

Hay varios aspectos que merece la pena cubrir en esta sesión; aunque los enumeramos en la lista siguiente, le recomendamos que no lleve a cabo sesiones formales de coaching individual si no cuenta con una formación certificada.

LISTA DE VERIFICACIÓN EN LA SESIÓN DE PARTIDA

Formato y logística: formato (virtual, presencial o mixto); duración; frecuencia; ubicación (también es importante en las sesiones virtuales).

Acuerdos: aclaren las autorizaciones y compartan las expectativas; pregunte al coachee qué grado de apoyo y de desafío quiere de usted; acuerden las responsabilidades.

> **«Enseñe» al coachee:** qué es el coaching (no es mentoring, asesoría ni psicoterapia); el coach y el coachee comparten la responsabilidad de la relación de coaching; el coachee ha de implicarse plenamente.
>
> **Objetivos:** establezcan objetivos que inspiren y aporten energía (a corto y a largo plazo); si es relevante, recurran a una evaluación reciente; acuerden cómo trabajarán con los objetivos.
>
> **Biografía resumida:** pídale por adelantado al coachee que prepare un resumen con los momentos críticos de su vida hasta la fecha (no una biografía completa); analícenlo juntos para identificar patrones de conducta y sistemas de creencias.
>
> **Fuentes de fuerza o valores:** descubrimiento de valores; descubrimiento de fortalezas; metáforas que inspiren al coachee; actitudes y creencias limitantes.

ENTRE SESIONES

Recuerde que el verdadero trabajo sucede entre las sesiones, cuando el coachee prueba de forma consciente maneras distintas de hacer las cosas y pone el aprendizaje en práctica en la vida y en el trabajo. Este es uno de los motivos por los que la responsabilidad, la evaluación y el seguimiento son fundamentales.

Es importante tener un registro de los resultados deseados y de las acciones y los límites temporales acordados y repasarlo en las sesiones siguientes, para hacer el seguimiento de dichas acciones (en los capítulos 13 y 19 se habla más de la cuestión del registro escrito).

SESIONES SIGUIENTES

En general, las siguientes sesiones de coaching seguirán una estructura parecida a esta:

- Recapitulación y seguimiento de la última sesión.
- Determinación de los objetivos de la presente sesión.
- Coaching.
- Determinación de responsabilidad sobre las acciones acordadas.

FEEDBACK DE 360 GRADOS

Una sesión de *feedback* de 360 grados puede ser un punto de referencia muy útil para comparar el antes y el después del proceso de coaching. Consiste en enviar un cuestionario o en entrevistar al líder, a los subordinados directos y a los compañeros del coachee, para obtener una visión de 360 grados del impacto que ha ejercido el coaching en el coachee. En <**performanceconsultants.com/beyondthebook**> encontrará un sencillo cuestionario (en inglés) de 360 grados que puede descargar. Al principio de la relación de coaching ofrece una línea base o punto de partida para explorar áreas de desarrollo en las que centrarse durante el proceso. Si se repite una vez finalizado este, permite ver el alcance del desarrollo del coachee. Si ha acordado un proceso de coaching de larga duración, por ejemplo, de un año, puede programar también un 360 al llegar a la mitad.

Como parte del trabajo como sus clientes, Performance Consultants lleva a cabo amplias encuestas de *feedback* de 360 grados y usa algoritmos a los que, en conjunto, denomina Impact 360. Los resultados se plasman en la curva de rendimiento del equipo u organización para que sus miembros tomen conciencia de dónde se encuentran y en qué se podrían centrar para mejorar su rendimiento. Por ejemplo, en una empresa correlacionamos los resultados del Impact 360 de sus líderes con sus propios datos de rendimiento, con el objetivo de identificar qué atributos del liderazgo transformacional crean las condiciones para un alto rendimiento en su organización. Los resultados mostraron que los líderes de alto rendimiento se sentían cómodos aunque no tuvieran todas las respuestas, se mostraban flexibles, se recuperaban rápidamente después de los fracasos y fomentaban un entorno seguro en el que era posible mantener conversaciones abiertas y honestas. Por el contrario, los líderes con un rendimiento inferior tenían un estilo de liderazgo rígido, intervenían rápidamente en el día a día de sus equipos y estos no superaban las expectativas de manera constante, quizá debido a la falta de apoyo o de empoderamiento.

EVALUACIÓN

La evaluación del impacto que el proceso de coaching ha ejercido en la persona y en el contexto más amplio de la organización, y la obtención de una cifra para el retorno de la inversión (ROI), necesitan un capítulo completo, de modo que hablaremos de ello en el capítulo 19.

*El coaching desarrolla la identidad y la creatividad
de los equipos para que puedan desplegar todo su potencial.*

Para que los equipos puedan instaurar una cultura de coaching, hay que fomentar una actitud de apertura y de curiosidad, y es necesario que se desarrollen las habilidades que caracterizan las conversaciones de coaching. El líder del equipo está en la mejor posición en cuanto a autoridad e influencia para fomentar la actitud y las habilidades necesarias, por lo que en este capítulo nos centraremos en cómo los líderes de equipo pueden ser coaches. El coach ha de aproximarse al equipo con atención plena, curiosidad, confianza en las capacidades del equipo y apertura de mente para explorar distintas maneras de conseguir el objetivo. Además, si quiere movilizar plenamente el potencial del equipo en su conjunto, el coach ha de tener claro lo siguiente:

- Un equipo tiene entidad propia, con inteligencia que podemos aprovechar.
- El coaching puede movilizar la inteligencia y el potencial colectivos del equipo si revela, en lugar de pisotear o corregir, la dinámica existente en el equipo.
- El objetivo del proceso de coaching es crear conciencia colectiva y generar corresponsabilidad y alineamiento en el equipo.

Entender cómo se desarrollan los equipos es importante si queremos usar el coaching para que alcancen su potencial y entender qué nivel han alcanzado en la curva de rendimiento. Por lo tanto, empezaremos por explorar la teoría de cómo se desarrollan los equipos. Las investigaciones de la ICF y del Human Capital Institute demuestran que el coaching mejora el funcionamiento del equipo y las habilidades de trabajo en equipo. Más adelante en este mismo capítulo hablaremos de los matices de los procesos del coaching de equipos y de sus diferencias con el coaching individual, y de cómo acceder de forma efectiva a la identidad única y la inteligencia colectiva de un equipo. El capítulo empieza explicando una teoría básica sobre la personalidad, las características, la dinámica y la evolución de los equipos, para ayudar a explicar el mejor modo de aumentar el rendimiento de un equipo en las distintas fases de su desarrollo.

Los equipos son las unidades de trabajo esenciales de las organizaciones. Llevan a cabo tareas que están relacionadas y que exigirían demasiado tiempo a una persona sola, o que son demasiado complejas o difíciles para que las lleven a cabo personas trabajando en paralelo. La capacidad de rendimiento de un equipo no depende únicamente del talento y las habilidades individuales de los miembros que lo componen, sino también de cómo esas personas trabajan juntas y de hasta qué punto comparten objetivos, valores, propósitos y responsabilidad. Una de las características de los equipos de alto rendimiento es el elevado grado de interdependencia. De hecho, si no hay interdependencia, podríamos decir que un equipo es, sencillamente, un grupo. Una tarea solo podrá llevarse a cabo con éxito si hay sinergia y cooperación. En este sentido, los equipos, su capacidad y su potencial son mayores que la suma de sus partes. Tienen una identidad propia que es distinta a todas las identidades individuales que los componen. Hackman y sus colaboradores lo resumen:

> Los verdaderos equipos: 1) tienen límites claros; 2) son interdependientes en aras de un propósito común; 3) tienen al menos cierta estabilidad en cuanto a pertenencia, lo que da a los miembros el tiempo y la oportunidad para aprender a trabajar bien juntos.

LAS FASES DE DESARROLLO DE UN EQUIPO

Parte de la tarea del coach consiste en conocer la identidad del equipo con el que va a trabajar y ayudarlo a crear o a reforzar esa identidad y desarrollar su potencial. En cierto modo, conocer a un equipo es como conocer a una persona. Es útil saber en qué fase de la «vida» está, porque hay varias normas generales acerca de las distintas fases de desarrollo que son aplicables a todos los equipos. Al mismo tiempo, todos los equipos son únicos y tienen su propia personalidad, talentos y fortalezas. Si el equipo cuenta con más de quince o veinte personas, es muy probable que haya subequipos, pero algunas de las características serán las mismas tanto si hablamos del equipo principal como de un subequipo.

Del mismo modo que las personas no podemos pasar de la infancia a la edad adulta de un día para otro, los equipos tampoco maduran de repente. Las personas se desarrollan a lo largo de la primera infancia, la infancia y la adolescencia, y los equipos necesitan tiempo para desarrollarse plenamente y alcanzar la fase interdependiente de la curva de rendimiento. Es importante recordar esta idea y entender que se trata de un proceso natural y necesario al que el coaching puede prestar apoyo.

Para explicar el desarrollo de los equipos usamos un modelo de cuatro fases que me parece sencillo de entender: inclusión, afirmación, cooperación y cocreación. Las tres primeras siguen la teoría Firo B de la conducta interpersonal, de William Schutz, y son fáciles de detectar en la mayoría de los equipos deportivos y laborales. Aunque existen modelos más complejos y sofisticados, también pueden ser menos prácticos. Schutz fue uno de los precursores de la terapia de «grupos de encuentro», en el Instituto Esalen de Big Sur (California, Estados Unidos), junto a otras leyendas como Abraham Maslow, Fritz Perls o Carl Rogers, los padres de la psicología humanista.

A los participantes en terapias de grupo les cuesta exponer sus debilidades emocionales hasta que se sienten seguros con el resto de las personas, por lo que es fundamental que el terapeuta cree un entorno seguro lo antes posible. Los coaches también pueden conseguirlo si entienden los principios del desarrollo de equipos. Veamos cada una de las fases.

Inclusión

La primera fase es la de **inclusión**; se llama así porque en ella las personas establecen si son, y si sienten que son, un miembro del equipo. La ansiedad y la introversión son habituales, pero en algunas personas pueden disfrazarse con una conducta compensatoria opuesta. La necesidad de aceptación y el miedo al rechazo son también muy intensos.

Cuando nos enfrentamos a un entorno social nuevo, el cerebro está muy ocupado intentando mantener nuestra seguridad, por lo que nos centramos en conseguir que el equipo nos acepte. Es posible que los miembros del equipo no sean mentalmente muy productivos en este punto, porque se centran en sus propias necesidades y preocupaciones emocionales.

Si hay un líder explícito, los miembros acudirán a él en busca de aceptación y orientación. Quieren adaptarse y cumplir con las normas. El ejemplo que dé el líder y el tono que marque en este momento son muy importantes, porque se convertirán rápidamente en la norma del grupo. Por ejemplo, si demuestra apertura y honestidad y habla de sus emociones o incluso de sus puntos débiles, el resto tenderá a seguir su ejemplo y se establecerá una buena pauta de relación. Es un momento de incertidumbre, y el buen líder intentará abordar y resolver las preocupaciones individuales para que el grupo, en su conjunto, pueda avanzar.

Por suerte, para muchas personas, esta fase es relativamente corta, aunque hay quien puede llegar a necesitar semanas o incluso meses para sentirse parte del equipo. Quienes tuvieron una infancia en la que pudieron desarrollar una firme sensación de seguridad personal (los que asumen el liderazgo suelen pertenecer a este grupo) deberían ser tolerantes y apoyar a los que no fueron tan afortunados.

Afirmación

Cuando la mayoría de los miembros del grupo ya se sienten incluidos, aparece otra dinámica grupal, la de la **afirmación** individual, la etapa intermedia. Schutz la describió como la fase en que es necesario el control. Es el momento en que se expresa el poder y se amplían las fronteras. Los animales también lo hacen: marcan su territorio y expulsan a cualquier oponente que se atreva a entrar en él. En esta fase se establecen las jerarquías. El término empresarial políticamente correcto es el de asignación de roles y funciones, pero las palabras suelen ser más amables que las acciones. La competencia interna en el equipo es muy intensa, lo que puede llevar a un gran rendimiento individual, pero a veces a costa de los demás. Es una fase en la que las personas tantean y descubren sus puntos fuertes y el equipo puede compensar con productividad lo que le falta en cohesión.

Es una fase importante y valiosa, pero puede resultar muy complicada para el líder. Habrá desafíos a la autoridad, porque los miembros del equipo deben aprender que pueden estar en desacuerdo con el líder antes de poder estar de acuerdo con él. Necesitan ejercitar su voluntad internamente para poder perfeccionarla y aplicarla al equipo externamente. Un buen líder ofrecerá responsabilidades a los miembros del equipo y los animará a aceptarlas, para que satisfagan su necesidad de afirmarse. Es importante que el líder admita los desafíos, pero, por desgracia, muchos se sienten amenazados por ellos, se atrincheran y afirman su propia autoridad para controlar el proceso. Hay que encontrar un punto de equilibrio.

Tal y como hemos dicho antes, los equipos que se encuentran en esta fase pueden ser bastante productivos, lo que puede ocultar que el potencial es aún mayor. De hecho, la mayoría de los equipos deportivos o de trabajo no pasan de esta fase, sobre todo porque, en general, aquí se ha quedado nuestra sociedad industrial occidental en conjunto. Por lo tanto, pasar de aquí supone superar la norma, algo que no es tan difícil como se suele pensar... si se aplica el coaching.

Cooperación

Schutz denominó fase de afectividad al estado ideal del grupo. Sin embargo, hay empresarios que se sienten muy incómodos con este término, así que nosotros la llamamos fase de **cooperación**. No es nuestra intención dar a entender que en un equipo todo deba ser dulzura y alegría. De hecho, uno de los peligros de la fase de cooperación es que se exagere el énfasis en el grupo y que este se sienta tan cómodo que no dé cabida a las disensiones. Los equipos más productivos son muy cooperativos, pero conservan cierta tensión dinámica que el coach se esfuerza en preservar.

Por ejemplo, si el equipo se encuentra en la fase de cooperación y uno de sus miembros tiene un mal día, el resto cerrará filas a su alrededor y lo apoyará. Si se encuentra en la fase de afirmación, es posible que el resto del equipo celebre en silencio la caída del competidor. Si se encuentra en la fase de inclusión, muy pocos se percatarán o le darán importancia. Por otro lado, si el equipo se encuentra en la fase de cooperación y uno de sus miembros logra un triunfo personal, el resto se unirá a la celebración. Sin embargo, si el equipo se encuentra en la fase de afirmación, es posible que el resto sienta celos. Y si el equipo se encuentra en la fase de inclusión, el resto podría llegar a sentirse amenazado.

Cocreación

Nuestra experiencia en el trabajo con equipos nos ha demostrado que hay una cuarta fase en el desarrollo de los mismos que va más allá de la cooperación. Es la fase de la **cocreación**, de la transformación y de la evolución individual y de la organización. Un equipo que opera en esta fase es consciente de que es más grande que la suma de sus partes y de que el equipo es el espacio en el que puede desplegarse el potencial de la organización.

En cada una de las fases es importante generar conciencia de las dinámicas de grupo que intervienen e identificar qué hay que hacer para conseguir un rendimiento superior. Si el coach crea un espacio seguro para que los miembros del equipo puedan expresar sus temores, incomodidades y necesidades, fomentará la fortaleza emocional, la autoestima, la fuerza y la corresponsabilidad del equipo. Cuando el coach ayuda al equipo a ser consciente de la fase en que se encuentran, lo invita a asumir la responsabilidad del proceso de desarrollo y a adaptarse.

LA PIRÁMIDE DE LAS NECESIDADES DE MASLOW Y LA CURVA DE RENDIMIENTO

Al igual que sucede con la evolución personal, los equipos han de pasar por un proceso de desarrollo para alcanzar las fases de cooperación y cocreación, y es ahí donde el coaching puede resultar útil. No se trata necesariamente de un proceso lineal, sino más bien de una sucesión de progreso, estancamiento, salto hacia delante, regresión y desarrollo.

En el capítulo 1 vimos la pirámide de las necesidades de Maslow. Las necesidades superiores en términos de desarrollo personal son paralelas a las fases del desarrollo de un grupo. Un equipo de personas que se autorrealizan alcanzaría rápidamente las vertiginosas cotas de la cocreación y lograría resultados extraordinarios en la fase interdependiente. Un equipo de personas en busca de autoestima obtendría un rendimiento individual muy bueno, pero todos tenderían a «ir a la suya», por lo que encajarían en la fase independiente. Las personas que buscaran la estima de los demás competirían intensamente entre sí, lo que llevaría a algunos rendimientos fantásticos... y a algunos muy malos. Un equipo de personas en busca de afiliación sería tan obediente y servicial (más con palabras que con hechos) que llegaría a ser irritante, y se ubicaría en la fase dependiente.

TABLA 5: *Las fases del desarrollo de un equipo*

Etapa de desarrollo del equipo	Cultura	Características	Pirámide de las necesidades de Maslow
COCREACIÓN (desempeño)	Interdependencia	Energía dirigida a valores compartidos y al mundo exterior.	Autorrealización
COOPERACIÓN (normalización)	Independencia	Energía dirigida a objetivos comunes.	Autoestima Estima de los demás
AFIRMACIÓN (conflicto)		Energía centrada en la competencia interna.	
INCLUSIÓN (formación)	Dependencia	Energía de cada uno de los miembros dirigida al interior.	Afiliación

La Tabla 5 ilustra la correspondencia entre la pirámide de las necesidades de Maslow y, entre paréntesis, las etiquetas del modelo del psicólogo educativo Bruce Tuckman (formación-conflicto-normalización-desempeño), con la secuencia evolutiva y las tres fases de la curva de rendimiento. También destaca algunas de las características principales en cada fase del desarrollo de equipos. Obviamente, la separación entre las fases es permeable y se solapa, y la posición y el estado del equipo fluctúan cuando hay algún cambio en la composición del mismo.

Coaching para equipos de alto rendimiento

Podría decirse que, en la actualidad, sacar lo mejor de un equipo es aún más difícil, por los siguientes motivos:

- La movilidad global y el trabajo remoto aumentan la diversidad de los equipos, lo que exige una mentalidad más flexible.
- Las personas ya no trabajan en grupos fijos, sino que los equipos se forman y re-forman continuamente.
- Los equipos pueden depender de proyectos, ser funcionales, basados en estructuras matriciales, ser operativos, virtuales o autónomos.
- Algunos equipos traspasan fronteras geográficas, por lo que el contacto es menos frecuente y más problemático o son de naturaleza completamente virtual.
- El marco temporal en el que se espera que los equipos se unan, se formen y trabajen para satisfacer una necesidad empresarial es más corto que nunca.
- Los desafíos empresariales son cada vez más complejos.

El coaching desempeña un papel muy importante a la hora de ayudar a las personas a trabajar juntas y puede ayudarlas a determinar si necesitan formar parte de un equipo y en qué momento.

El coaching también desempeña un papel crucial como apoyo del líder del equipo. Se dice que los líderes solo tienen dos funciones: la primera es lograr que el trabajo se haga, y la segunda, contribuir al crecimiento de su equipo. Con demasiada frecuencia, los líderes están tan ocupados con la primera que se olvidan de la segunda. Del mismo modo, hay veces en que parece que ambas entran en conflicto. El ansia por hacer bien el trabajo ha dado lugar a una «cultura de auditoría»: hemos llegado a creer que podemos ejercer un control completo sobre nuestros resultados (ya sean individuales, del equipo o de la organización) si lo cuantificamos y medimos todo. Sin embargo, el desarrollo siempre tiene que ver con el potencial, el futuro, la visión, la innovación y el crecimiento. Las empresas, atrapadas entre la espada de tener que hacer el trabajo y la pared de desarrollar a los empleados, intentaron separarlas diferenciando entre gestión y liderazgo. En palabras de Alma Harris, experta y profesora universitaria de liderazgo educativo:

> El liderazgo consiste en aprender juntos y en construir sentido y conocimiento de forma colectiva y colaborativa... Significa generar ideas juntos; reflexionar acerca del trabajo y darle sentido a la luz de las creencias compartidas y de la nueva información; y crear acciones que surjan a partir de esas nuevas ideas.

La gestión quedó limitada al aspecto operativo de completar las tareas, de los procesos y del presente. Por su parte, el liderazgo se centraba en el desarrollo, la visión y el futuro. Sin embargo, en el complejo y rápido mundo actual, las líneas entre gestión y liderazgo quedan difuminadas, sobre todo cuando hablamos del funcionamiento cotidiano de la empresa.

El coaching permite integrar y aprovechar la tensión entre la gestión y el liderazgo. Puede ayudar a los equipos a encontrar el equilibrio entre la cultura de gestión y la tendencia a «ir sobre seguro» y la cultura del liderazgo y la tendencia a «asumir riesgos». Fomenta un entorno en el que el aprendizaje, la innovación y la toma de conciencia suceden de forma simultánea con la acción y la responsabilidad.

RENDIMIENTO POR PROYECTOS

El coaching es aplicable siempre que trabajamos con un equipo, porque ayuda a activar la inteligencia colectiva. Dos de los momentos en que a los líderes de equipo les resulta fácil empezar a usar esta manera de funcionar son, por un lado, al principio de un proyecto nuevo y, por el otro, en la evaluación de la tarea finalizada. Mantener una conversación de coaching en estas etapas del ciclo de un proyecto crea un entorno en el que los miembros del equipo pueden pensar juntos, aprender juntos y acceder a sus recursos colectivos. A su vez, esto generará un rendimiento mucho más elevado que si cada uno de los integrantes del equipo se hubiera limitado a cumplir con su parte tras una breve explicación de la función que les corresponde.

¿Cómo sería una conversación así? Imaginemos que un equipo de trabajo acaba de asumir un nuevo proyecto. Algunas de las preguntas clave que un coach podría plantear serían:

- ¿Cómo puedo aumentar la conciencia del equipo acerca de sus propios recursos en relación con este proyecto concreto? (El foco de atención es el equipo en su conjunto, no cada integrante del mismo por separado).
- ¿Cómo los invito a que se responsabilicen del proyecto en tanto que equipo? (De nuevo, no se trata de las funciones de cada uno, sino del equipo como unidad).
- ¿Cómo podría este equipo asemejarse a una red que sostenga el proyecto con fuerza pero, al mismo tiempo, con flexibilidad?

Una vez enfocada la conversación con esta lente colectiva, el coaching puede seguir el modelo GROW. A continuación encontrará algunos ejemplos de posibles preguntas. La lista es infinita y depende del contexto concreto.

Objetivo (**Goal**)

- ¿Cuál es nuestro objetivo?
- ¿Qué es importante acerca de este objetivo?

- Si el proyecto/tarea es un éxito, ¿cómo será el resultado?
- ¿Qué sería distinto para nosotros/nuestros clientes/todas las partes interesadas?
- Si trabajásemos juntos de la mejor manera posible, ¿cómo trabajaríamos?

Realidad (**Reality**)

- ¿Cuáles de nuestros puntos fuertes como equipo pueden ayudarnos a llevar a cabo el proyecto?
- ¿Con qué dificultades podríamos encontrarnos en tanto que equipo? (Tanto externas como internas).
- En una escala del 1 al 10, ¿cómo estamos de preparados para acometer esta tarea?
- ¿Qué tipo de ayuda necesitamos?

Opciones (**Options**)

- ¿Cómo podemos prepararnos mejor para la tarea? (Lluvia de ideas de opciones).
- ¿Quiénes podrían ser nuestros aliados para llevar a cabo esta tarea? (Hacer una lista).
- ¿Qué podemos hacer? (Lluvia de ideas de acciones).

Voluntad (**Will**)

- ¿Qué haremos en tanto que equipo? (Crear una lista de acciones).
- ¿Qué hará cada uno de nosotros? (Acciones y responsabilidades individuales).

Aunque por cuestiones didácticas he presentado las preguntas siguiendo el orden del modelo GROW, se trata de un proceso que rara vez es lineal, como sucede con el coaching en general.

FACILITAR CONVERSACIONES DE COACHING

El proceso de facilitar una conversación de coaching con un equipo puede variar. El coach puede formular preguntas y pedir a los miembros del equipo que trabajen en parejas o tríos para responder juntos a las respuestas sobre los **objetivos** y la **realidad**, y luego presentar las conclusiones a todo el equipo. Si junta a personas con distintas funciones en el proceso, es posible que propicie nuevas ideas. También puede participar en una de las parejas o tríos. Los recursos y las ideas de todo el equipo servirán para las lluvias de ideas de **opciones**, a partir de las que se acordará un plan de acción que se impulsará gracias a la **voluntad** colectiva del grupo.

Otra situación en la que se puede integrar con facilidad y naturalidad la conversación de coaching es la evaluación del rendimiento del equipo en relación con una tarea ya finalizada. Si el foco de atención está en el aprendizaje del grupo, la conversación seguirá la estructura GROW de *feedback*, pero se centrará en el grupo como entidad:

- ¿Qué ha hecho bien el equipo?
- ¿Qué puntos fuertes del equipo se han hecho evidentes mientras llevábamos a cabo el proyecto?
- ¿Con qué dificultades se ha encontrado el equipo?
- ¿Qué hemos aprendido?
- ¿Qué haremos de otro modo la próxima vez?

Tal y como hemos visto antes, fíjese en que el proceso crea simultáneamente *feedback* dirigido hacia el propio equipo y bucles de *feedforward* (que mira hacia delante, a diferencia del *feedback*, que mira hacia atrás). Es muy completo, se fija en el detalle, garantiza claridad y comprensión y activa los recursos de los miembros del equipo. Se trata de un proceso que también promueve la responsabilidad personal y el compromiso y genera seguridad y motivación interna.

PREDICAR CON EL EJEMPLO

La única manera de fomentar de verdad un cambio deseado es modelarlo uno mismo, primero con la actitud, ya que esta teñirá todas nuestras acciones, y luego mediante las interacciones con los demás.

El líder del equipo ha de tener clara su propia voluntad de invertir tiempo y energía en el desarrollo del grupo, con el objetivo de fomentar relaciones y rendimiento de calidad y a largo plazo. Ha de crear una cultura en la que todo el equipo entienda las relaciones como algo en lo que merece la pena invertir tiempo y esfuerzo. Si el líder no se compromete de verdad con los principios de la construcción de equipos, el compromiso del equipo se alzará sobre arenas movedizas. Por el contrario, invertir en el equipo siempre da frutos.

Si el líder quiere un equipo abierto y honesto, ha de mostrarse abierto y honesto desde el principio. Si quiere que los miembros del equipo confíen en él y en el resto del equipo, ha de demostrar confianza en el equipo y ser merecedor de la confianza del mismo.

Sin embargo, él no es el único que crea esta cultura, y debe implicar al equipo en la conversación, para que la cocree junto a él. El líder ocupa una posición tan delicada como potente, que le permite iniciar y facilitar, liderar sin imponer y aceptar la realidad tal como es mientras ve con claridad lo que podría ser y lo que es posible para el equipo.

EL COACHING Y EL DESARROLLO DE EQUIPOS

Las cuatro fases del desarrollo de los equipos constituyen una base excelente para aplicar el coaching de equipos. Si el líder entiende que los equipos logran su mejor rendimiento cuando alcanzan la fase de cocreación, usará el coaching con el equipo en su totalidad y con los miembros del mismo por separado para generar un progreso ascendente a través de las etapas. Por ejemplo, si el objetivo acordado es llevar al equipo a la fase de cooperación y la realidad es que ahora se hallan en algún punto entre las fases de inclusión y afirmación, ¿qué opciones tiene el equipo y qué harán sus miembros? El propio proceso de coaching modela la transformación y activa la sabiduría colectiva para acceder al siguiente nivel del desarrollo del equipo.

Cómo gestionar la incertidumbre

Para poder alcanzar un gran rendimiento, los equipos deben ser ágiles, creativos e innovadores. La mayoría de la gente vive el cambio, ya sea real o imaginado, como un factor de estrés y tiene dificultades para adaptarse a la velocidad y al alcance del mismo. El cerebro detesta la incertidumbre y cuando operamos en un entorno que no podemos predecir o controlar tanto como nos gustaría, tendemos a funcionar en «modo de supervivencia». La consecuencia directa del estrés en el lugar de trabajo es que somos menos colaboradores, menos creativos y menos eficientes. El coach desempeña la tarea crucial de recordar a los miembros del equipo qué sigue bajo su control y qué fortalezas poseen que ayudarán al equipo a tener éxito.

MANERAS PRÁCTICAS DE FOMENTAR UNA CULTURA DE COACHING EN LOS EQUIPOS

Cada equipo, al igual que cada familia o sociedad, es distinto. Aunque hay principios y prácticas generales que son ciertos y que permiten aumentar la positividad y la productividad en todas las relaciones, no acabamos de estar de acuerdo con Tolstói, que afirmó que «todas las familias felices son iguales; y todas las familias infelices son infelices a su manera». Cada equipo es un ecosistema individual y debe descubrir su propia manera de ser mediante la curiosidad, el compromiso y la creatividad. Lo que funciona para un equipo puede no funcionar en absoluto para otro, y las dinámicas del equipo exigen una atención, exploración y cuidados continuos para poder lograr los mejores resultados.

La lista de opciones que encontrará a continuación se ha confeccionado a partir de las sugerencias de participantes en nuestros talleres de desarrollo de equipos. El equipo puede valorar cada una de ellas desde el coaching: el líder propone y conduce la conversación, pero son los miembros del equipo los que deciden qué sucede o deja de suceder.

Acordar una serie de normas o principios operativos básicos que resulten aceptables para todos los miembros del equipo y a los que todos hayan contribuido

Estas normas básicas deben someterse a una revisión regular para comprobar si se cumplen o no, y determinar si hay que cambiarlas o actualizarlas. Todas las partes deben acordar también las consecuencias de incumplir los principios acordados; no se trata de castigar al miembro del equipo, sino de facilitar que se haga responsable de lo sucedido y repare las relaciones. Crear por adelantado y de forma consciente los acuerdos de trabajo y redefinirlos tantas veces como sea necesario genera relaciones sólidas, colaboración y alto rendimiento en el equipo. (Muchas de las sugerencias que siguen podrían incluirse como normas básicas).

Formar a los líderes y a los equipos en habilidades de comunicación clave y en las dinámicas necesarias para que el equipo prospere

Aunque cada equipo es único, hay algunos principios y prácticas que pueden ayudar a mejorar la comunicación, el bienestar y la eficacia del mismo. Hacer que estas prácticas sean transparentes y enseñar al equipo a utilizarlas le permitirá crear las interacciones y los resultados que desea. Los miembros del equipo también han de entender que, del mismo modo que cada uno de ellos ejerce un impacto en el bienestar del equipo, la dinámica del equipo también ejerce un impacto en el bienestar de cada uno de sus miembros. Es más, aunque cada miembro del equipo ejerce un impacto en la cultura de la organización, el equipo tiene la capacidad, a través de su desarrollo, de transformar a la organización en su conjunto.

Debatir y acordar objetivos comunes para el equipo

Hay que hacerlo, independientemente de que la organización haya definido previamente un objetivo para el equipo. Siempre hay un margen para modificar la tarea y para decidir cómo llevarla a cabo. Hay que invitar a todos los miembros del equipo a que participen y añadan objetivos personales que puedan enmarcarse en el objetivo global del equipo.

Celebrar reuniones de equipo sobre la percepción que tienen sus miembros acerca del sentido y el propósito individuales y colectivos

Se trata de una cuestión más amplia y profunda que la exploración de los objetivos. El sentido y el propósito son lo que impulsa a las personas, y su ausencia provoca letargo, depresión y mala salud. Aumentar la comprensión o la conciencia sobre algo que es tan omnipresente que apenas somos conscientes de ello aumentará la resolución y la calidad de vida, tanto en el trabajo como en el hogar.

Reservar tiempo con regularidad, y normalmente coincidiendo con una reunión de equipo sobre la tarea, para trabajar el desarrollo del equipo

En estas reuniones se revisan los acuerdos, se expresan el agradecimiento y el malestar, y se comparten cuestiones personales, para crear apertura y confianza. Una vez que el coach haya dirigido unas cuantas de estas reuniones, los equipos de alto rendimiento podrán hacer solos este trabajo.

Instaurar sistemas de apoyo para abordar, confidencialmente si es necesario, los problemas o las preocupaciones individuales que puedan surgir

Si por cuestiones geográficas o de otro tipo no pueden celebrarse con frecuencia reuniones de seguimiento, puede instaurarse un sistema de parejas de apoyo en el que cada miembro del equipo pueda acudir a otro si lo necesita. Esto permite resolver rápidamente las cuestiones más sencillas y evita que ocupen tiempo en las valiosas reuniones de seguimiento.

Recabar la opinión de los miembros del equipo acerca de la conveniencia de programar actividades sociales juntos

Hay equipos que funcionan mejor si refuerzan las relaciones con actividades fuera del trabajo. Si se organiza una actividad para el equipo, hay que respetar la preferencia de alguno de los miembros de no asistir, debido a compromisos previos o al deseo de pasar más tiempo con la familia. Asimismo, ese miembro del equipo ha de asumir que quizá se sienta menos integrado como consecuencia de su decisión.

Desarrollar intereses comunes ajenos al trabajo

Algunos equipos descubren que la práctica de una actividad en grupo, por ejemplo, un deporte u otro interés compartido, fuera del trabajo puede ser una magnífica oportunidad para consolidar los vínculos. En una ocasión, un equipo «apadrinó» a una niña de un país en vías de desarrollo y pagaron su escolarización con una pequeña contribución mensual. Sentían que ella había contribuido más a sus vidas que ellos a la de ella.

Aprender juntos una habilidad nueva

Algunos equipos acuerdan aprender juntos una habilidad nueva (por ejemplo, un idioma) o asistir juntos a un curso relacionado con el trabajo, o incluso de habilidades en coaching. Esto puede coordinarse de forma que se genere una competencia sana con otros equipos regionales de la misma organización.

La decisión de adoptar una o más de estas opciones ha de tomarse de forma democrática, pero también debe ser específica y quedar registrada, tal y como hemos explicado en el capítulo 13. Recuerde que la base del coaching para mejorar el rendimiento del equipo no es la imposición, sino el aumento de la conciencia y de la responsabilidad personal y colectiva.

Tal y como muestra la curva de rendimiento, el líder ha de demostrar voluntad y concentración, además de abundante inteligencia emocional, para crear las condiciones y fomentar la actitud y la cultura necesarias para que los equipos puedan alcanzar, y mantener, un alto rendimiento. El coaching de equipos ofrece un espacio en el que son factibles el aprendizaje, la adaptación y el desarrollo en tiempo real.

17
EL COACHING Y LA FILOSOFÍA LEAN

Juntos, el coaching y la filosofía Lean crean un círculo virtuoso
y una mejora del rendimiento sin precedentes.

Muchas empresas han adoptado el sistema de producción Lean para mejorar el rendimiento de los procesos mediante la eliminación del despilfarro, la reducción de las incongruencias y la simplificación de la carga de trabajo. Fue concebida por Toyota Motor Company en la segunda mitad del siglo XX y ahora se usa en un contexto empresarial mucho más amplio.

Las organizaciones y los equipos que usan los principios Lean pueden crear las condiciones ideales para un auténtico entorno de aprendizaje y máximo rendimiento si incorporan también un estilo de liderazgo basado en el coaching. Esto es así porque lograr una mejora continuada mediante el aprendizaje, que es la esencia de Lean, exige que las personas salgan constantemente de su «zona de confort», donde operan normalmente, y se introduzcan en la «zona de aprendizaje», que las acerca a su potencial. El coaching desafía a las personas para que se sumerjan en esa zona y las apoya en su proceso de aprendizaje y desarrollo para que creen nuevas conductas y estándares, en lugar de «superar el trago» antes de regresar a su zona de confort. Caroline Healy, la directora de aprendizaje y desarrollo en Medtronic, donde Performance Consultants impartió un programa de coaching Lean, afirma que adoptar el enfoque del coaching pone «empatía, corazón y propósito en el mismo centro de Lean y ofrece a quienes lo practican una fuerza impulsora con la que mejorar el rendimiento. Al adquirir habilidades de coaching que complementan a la perfección lo que ya están haciendo, tanto los practicantes de Lean como sus equipos se sienten más capacitados, más implicados y más capaces de hacer más con menos».

Algunas organizaciones tienen dificultades para aplicar plenamente la filosofía Lean, probablemente porque pasan por alto la necesidad de implicar a su gente en el proceso mediante la adopción de una actitud de coaching. Este capítulo ilustra la compatibilidad del coaching y Lean, señalando las características de los sistemas Lean más exitosos y relacionándolas con el coaching.

De la dependencia a la interdependencia

En términos productivos, los sistemas Lean que funcionan bien son la manifestación de una cultura de aprendizaje, interdependiente y de alto rendimiento. Demuestran lo valioso que es entender cada uno de los pasos de un proceso y el impacto que cada paso ejerce en el siguiente, además de las necesidades actuales del paso siguiente. Si lo tuviéramos que traducir en un equipo de personas, imagine que cada una entendiera cómo sus acciones afectan al resto del equipo y pudiera comunicar a las demás sus necesidades para poder alcanzar el éxito juntas.

¿Por qué, entonces, tantas de las organizaciones que deciden aplicar la filosofía Lean tienen dificultades para mantener los beneficios tras la primera oleada de ahorro de costes o de mejora de la eficiencia? Una de las explicaciones posibles es que se invierte mucho esfuerzo en aplicar los procesos técnicos de Lean, pero se presta muy poca atención al factor humano. Del mismo modo que limitarse a aplicar GROW no es coaching (cualquier dictador puede usar GROW), limitarse a seguir los pasos que establece la implantación de Lean no generará una mejora sostenible del proceso. Si las personas no están implicadas y comprometidas, es más que probable que el líder use un enfoque directivo, con lo que solo conseguirá reforzar una cultura dependiente y socavar el proceso Lean.

Efectivamente, la importancia que se da a las relaciones entre los líderes y sus equipos es una parte integral de la que, probablemente, es la cultura Lean más exitosa del mundo, el Sistema de Producción Toyota (TPS, por sus siglas en inglés), en la que el respeto por las personas y el trabajo en equipo son principios fundamentales. Y es aquí donde la aplicación de las habilidades y de los principios del coaching puede sustentar el impacto de los procesos Lean y generar verdadera interdependencia y, por supuesto, alto rendimiento.

Empezar con el objetivo en mente

El punto de partida para desarrollar una cultura Lean consiste en identificar el desafío global al que quiere enfrentarse el equipo. Algunos de los ejemplos habituales de desafíos que las organizaciones quieren acometer son acabar con el despilfarro, reducir costes y mejorar la satisfacción de los clientes. Si lo compara con los objetivos finales y los objetivos soñados del capítulo 10, verá que ofrecen una dirección congruente hacia la que dirigir el proceso de coaching.

Identificar los desafíos globales de este modo ayuda a conectar con los objetivos y con las actividades a más corto plazo (objetivos de rendimiento y objetivos de proceso), lo que a su vez permite que el equipo centre sus esfuerzos y trabaje con eficiencia para acercarse a lo que quiere conseguir. En la práctica de Lean, el hábito de mantener frecuentes conversaciones de mejora crea un enfoque en el corto plazo, pero siempre manteniendo una conciencia del desafío global con el fin de que sean lo más relevantes posible. Tener una dirección clara significa que las personas pueden actuar de forma mucho más intencional o deliberada; y trabajar con intención en las acciones nos da muchas más probabilidades de acercarnos a lo que queremos conseguir.

Mejora continua

Kaizen, o 'mejora continua', como se suele traducir al español este término japonés, es un principio muy instaurado en las culturas Lean. Creer que ningún proceso es perfecto abre la puerta a la innovación y a la evolución continuadas, que nos aproximan al objetivo gracias a mejoras progresivas y a grandes avances ocasionales.

El hecho de que todos nosotros poseemos mucho más potencial del que solemos demostrar es crucial a la hora de adoptar una mentalidad de coaching y buscar activamente el potencial que indudablemente está ahí. El coach puede ayudar al coachee a acceder a ese recurso para lograr la mejora continua del rendimiento.

Llegar a un buen nivel de conciencia es fundamental

Averiguar cuál es la situación actual (realidad) es fundamental tanto en la filosofía Lean como en el coaching. En los sistemas Lean, esto significa ir allá donde se desarrolla el trabajo y hacerlo todo tan visible como se pueda, para que los problemas no queden ocultos. En el coaching significa trabajar desde la perspectiva del coachee y no tomar decisiones basadas en ideas preconcebidas o hábitos.

Lean puede ser una manera fantástica de aplicar el pensamiento científico y el aprendizaje a las situaciones, es decir, de identificar qué sucede «en realidad» mediante la observación atenta y la cuantificación, en lugar de quedarnos en lo que esperamos que suceda o suponemos que está sucediendo. Usar preguntas efectivas para indagar en mayor detalle y cuestionar las suposiciones es empezar a aprender, tanto en Lean como en el coaching. En la práctica, se trata de aumentar el nivel de conciencia, que es el punto de partida para mejorar el rendimiento, y desde el que podemos generar responsabilidad y seguridad en uno mismo.

Planificar-Hacer-Verificar-Actuar

No es sorprendente que un sistema de mejora continua como Lean se haya seguido desarrollando como un método para gestionar el rendimiento. Es muy importante que verifiquemos con frecuencia y regularidad que lo que hacemos funciona, y que cuando identificamos oportunidades de mejora, modifiquemos las maneras de trabajar.

En Lean, la práctica de la mejora gradual se sustenta en el ciclo Planificar-Hacer-Verificar-Actuar (PDCA, por sus siglas en inglés):

- **Planificar:** ¿Cuál es el objetivo de este proceso? ¿Qué cambiará como resultado de esta mejora?
- **Hacer:** Aplicar los cambios identificados.
- **Verificar:** Comparar los resultados con los previstos en el plan.
- **Actuar:** ¿Qué incorporaremos al nuevo proceso?

FIGURA 17: *El coaching y el ciclo Planificar-Hacer-Verificar-Actuar*

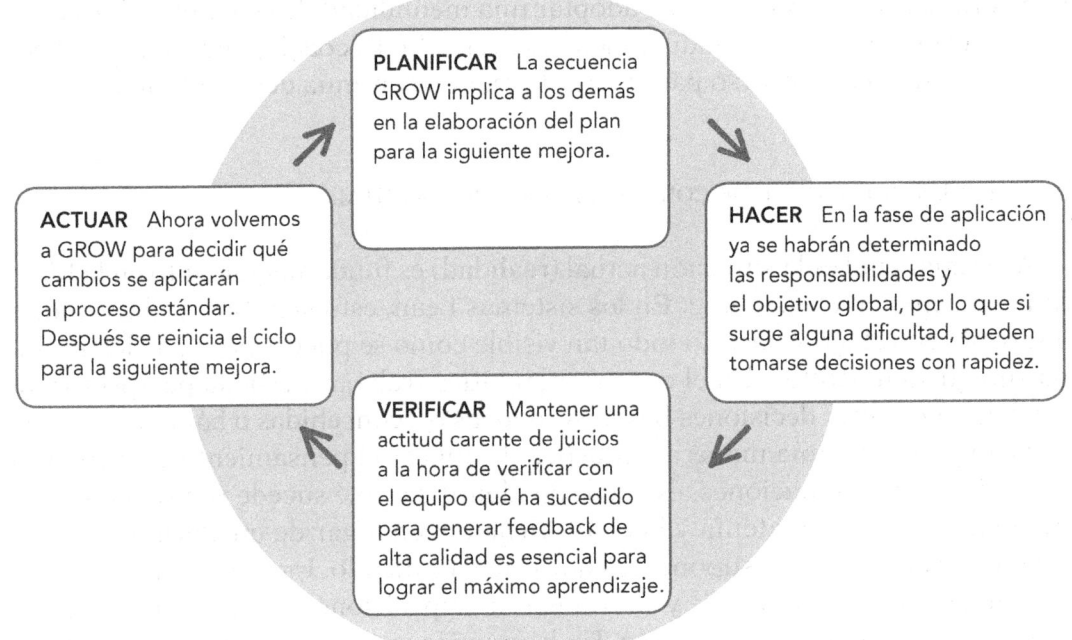

Uno de los beneficios de seguir este ciclo es que lleva a prestar una atención constante a la mejora del rendimiento: se basa en el principio *kaizen* de que siempre hay oportunidades de mejorar lo que ya se ha conseguido.

Mantener una actitud de coaching y usar los procesos de coaching es algo que se integra de forma natural en este ciclo... y genera más tiempo para el coaching. La Figura 17 ilustra este ciclo virtuoso.

LA ZONA DE APRENDIZAJE Y EL FACTOR HUMANO

Es posible que el factor decisivo para que el coaching maximice los beneficios de aplicar una metodología Lean sea que equilibra los niveles de apoyo y de dificultad. Cuando Lean funciona bien, el proceso exige que las personas experimenten y prueben maneras distintas de hacer las cosas. Con frecuencia tendrán éxito, pero en algunas ocasiones fracasarán. En ambos casos, lo importante es aprender del proceso.

Por ejemplo, el programa de coaching Lean en Medtronic incluyó un juego que replicaba una línea de producción típica a la que se exigía una producción concreta y donde se incurría en penalizaciones si los objetivos de calidad no se cumplían. La mejora continua del rendimiento era un requisito, como lo era en los puestos de trabajo reales. El propósito del juego era ofrecer la oportunidad de practicar habilidades de coaching de forma inmediata en un entorno que reflejara condiciones de trabajo normales, además de demostrar el impacto sobre el rendimiento y el aprendizaje de los participantes.

Siempre que una persona, un equipo o una organización quieren cambiar, es imprescindible que haya un elemento de aprendizaje. Y esto exige que todos salgan de su zona de confort y se introduzcan en su zona de aprendizaje. Es posible que recuerde algún momento en que formara parte de un equipo o de una organización que operaba en una cultura dependiente, con múltiples normas acerca de lo que se podía hacer y lo que no. ¿Qué hubiera hecho falta para dar un primer paso hacia una forma de trabajar más independiente? ¿Cómo hubieran reaccionado algunos de los líderes al permitir que otros tomaran decisiones y tener que abandonar su papel de «expertos»?

Si recuerda el ejemplo de Fred, en el capítulo 5, verá que la zona de aprendizaje puede ser, a veces, un lugar incómodo y amenazante. Por definición, es una zona desconocida (al menos en parte): jamás estamos completamente seguros de lo que encontraremos allí y nos da miedo fracasar.

Por sí solos, los procesos de coaching apenas ejercen impacto alguno, a no ser que el coachee se sienta capaz de introducirse en la zona de aprendizaje y se libere del miedo a las consecuencias de equivocarse. Por lo tanto, la función del coach es ayudar a todas las personas, los equipos y las organizaciones a pasar de la zona de confort a la zona de aprendizaje, equilibrando los niveles de apoyo y de dificultad que las personas necesitan para adentrarse en lo desconocido. Es decir, ayudándolas a gestionar el temor y la ansiedad.

UNA APROXIMACIÓN DESDE EL COACHING

Veamos cómo un líder podría usar el coaching para abordar una situación en la que ha aparecido un problema en el proceso. Paolo, el supervisor de un equipo de operarios de máquinas, se reúne con su jefa, Alice.

ALICE: Hola, Paolo, ¿qué te preocupa hoy?

PAOLO: Tenemos problemas con los excedentes. El equipo de almacén me ha comunicado que se están quedando sin espacio para nuestra línea.

Fase de planificación del PDCA

ALICE: Bueno, ahora tenemos diez minutos. ¿Qué te gustaría haber conseguido al final de la conversación?

PAOLO: Me gustaría saber cómo resolver esta situación.

Identifica los objetivos

ALICE: Muy bien, veo que solucionar este problema es prioritario para ti. Antes de pasar a los detalles, ¿en qué otros aspectos te sería útil resolverlo ahora?

PAOLO: La cuestión es ser tan eficientes como sea posible... Pero de una semana a la otra nunca sé cómo será la carga de trabajo, así que programar los turnos y las horas extras es una pesadilla.

ALICE: ¿Qué te gustaría lograr a largo plazo?

El mayor «desafío»

PAOLO: Bueno, creo que regularidad.

ALICE: ¿Regularidad?

PAOLO: Sí, tener un flujo de trabajo más predecible. Ahora da la impresión de que o vamos ahogados o nos aburrimos. Y creo que también es complicado para el equipo, porque nunca saben si les voy a pedir que hagan horas extra o si voy a rechazar sus solicitudes de hacer más horas... porque yo soy el primero que no lo sé. Y también está afectando a la calidad. Cuando vamos tan apretados, son más las unidades que no superan el control de calidad.

ALICE: ¿Qué más has detectado?

PAOLO: Bueno, pues que al final acabará afectando a la empresa. Estoy seguro de que las cosas no son tan eficientes como podrían ser y, a ver, eso es a lo que nos recuerdan constantemente que debemos aspirar, la máxima eficiencia.

Siguiente fase del objetivo

ALICE: Sí, definitivamente esa es la visión a largo plazo. ¿Qué primer paso querrías dar en relación con este problema inmediato para mejorar la eficiencia?

PAOLO: Conseguir que el ritmo de producción sea constante para satisfacer la demanda sería una manera fantástica de empezar.

ALICE: ¿Cuál es la situación ahora?

Determina la realidad

PAOLO: Tenemos un excedente enorme.

ALICE: ¿Cuántas unidades?

PAOLO: Ayer por la noche era de veinte, que es muchísimo... El objetivo es tener un máximo de dos.

ALICE: Muy bien, ¿qué has intentado hasta ahora?

PAOLO: Lo principal es ajustar el ritmo de producción... ya he comunicado a dos de los trabajadores externos que no los necesitaré durante el resto de la semana y hoy he dado permiso a un par de miembros del equipo para que se vayan a casa pronto.

ALICE: ¿Qué efectos crees que tendrán estas medidas sobre la situación?

PAOLO: Si seguimos al ritmo actual, ya habremos terminado con los excedentes a finales de esta semana.

ALICE: ¿Con cuánta frecuencia pasa esto?

PAOLO: Ahora es una vez al mes... o bien tengo que pedir que hagan horas extra o bien tengo que ralentizarlo todo.

ALICE: ¿Qué más necesitas para poder solucionar esto a largo plazo?

Posibles siguientes pasos

PAOLO: Lo que necesito es tener acceso a información sobre la demanda futura... qué pedidos están en marcha.

ALICE: ¿Dónde podrías encontrar esa información?

PAOLO: Bueno... en el equipo comercial. Ellos cierran los tratos con los clientes, así que tendrían que tener información acerca de cantidades, fechas de entrega, etcétera.

ALICE: ¿Y qué te impide acceder a esa información?

PAOLO: Bueno, en realidad... nada.

ALICE: Entonces, ¿qué harás?

Acuerda acciones

PAOLO: Hablaré con Mark, el director comercial.

ALICE: ¿Qué le dirás?

PAOLO: Que me gustaría conocer con antelación las ventas que han cerrado.

ALICE: En concreto, ¿con cuánta antelación quieres saberlo?

PAOLO: Tanta como sea posible.

ALICE: Te entiendo, pero eso es muy difícil de medir. ¿Y si defines un periodo de tiempo, para que podamos evaluar cómo funciona?

Pide que sea tan específico como sea posible en cuanto a las acciones

PAOLO: Bueno, si me informaran de los nuevos pedidos con dos semanas de antelación, me sería de gran ayuda.

ALICE: Muy bien, dos semanas. ¿Y qué me dices de las modificaciones de pedidos existentes que mencionaste antes?

PAOLO: Ah, sí. Cuando tenemos pedidos regulares y repetidos, no hay problema, porque sé cuántos necesitan cada semana. El problema viene cuando cambian algo y no me lo comunican hasta el último momento.

ALICE: ¿Qué necesitarías en estos casos?

PAOLO: Si se trata de un cambio pequeño, bastaría con una semana, pero si es un cambio importante, querría dos semanas de aviso también.

ALICE: ¿Qué quieres decir, exactamente, con «pequeño» o «importante»?

PAOLO: Bueno, menos del 10 por ciento del pedido habitual es pequeño. Cualquier cosa por encima de eso es importante.

ALICE: Así me queda más claro. Entonces, ¿qué le vas a pedir a Mark?

PAOLO: Dos semanas de aviso para los nuevos pedidos y para los cambios de más del 10 por ciento en los pedidos repetidos. Y una semana de aviso para los cambios inferiores al diez 10 ciento en los pedidos repetidos.

ALICE: ¿Cómo sabrás que el cambio funciona?

PAOLO: Idealmente, no necesitaríamos horas extra para satisfacer la demanda.

ALICE: ¿Y los excedentes?

PAOLO: Bueno, sí, creo que nos quedaríamos dentro de un máximo de dos.

ALICE: Muy bien, parece que hablar con Mark va a ser tu primer paso. ¿Cuándo vas a hacerlo?

PAOLO: Creo que encontraré tiempo en algún momento de esta semana.

ALICE: ¿Esta semana? ¿Cuándo exactamente esta semana?

PAOLO: Bueno, tengo una reunión con Mark esta tarde para hablar de la consulta de un cliente, así que aprovecharé la ocasión.

ALICE: Muy bien. ¿Cuándo sería un buen momento para que volvamos a hablar y veamos cómo ha ido?

PAOLO: Te puedo comentar cómo ha ido la conversación con Mark cuando termine la reunión. Creo que tardaremos un par de semanas antes de que podamos ver cómo ha afectado a la producción.

ALICE: Muy bien, pues volvemos a hablar al final del día y entonces acordaremos cuándo volvemos a hablar para ver cómo ha ido.

Seguimiento

El beneficio de ayudar a Paolo a que exprese con claridad qué se compromete a hacer y cómo es que se produce una alineación muy clara de las expectativas y los objetivos. Alice querrá verificar con él cómo ha ido, pero no desde una posición de crítica, sino para determinar qué ha aprendido de la acción inicial y como parte de la fase de verificación del ciclo PDCA de mejora. Verificar y hacer el seguimiento permiten crear una cultura de aprendizaje, acompañando a las personas cuando se aventuran en su zona de aprendizaje.

Veamos cómo va esa verificación inicial.

ALICE: Paolo, quería hablar contigo sobre la conversación que ibas a tener con Mark. ¿Tienes un par de minutos ahora?

Fase «Hacer» del PDCA

PAOLO: Sí, ha ido muy bien, gracias.

ALICE: ¿Qué ha pasado?

PAOLO: Le he explicado los problemas que tenemos para controlar los excedentes y ha estado de acuerdo conmigo en que teníamos que resolverlo.

¿Qué ha pasado?

ALICE: ¿Qué medidas habéis acordado?

PAOLO: Le he dicho que me iría bien que me avisaran de los pedidos con más tiempo y le he preguntado si podía echarme una mano con eso. Ha dicho que sí y que me pasará los pedidos con cuatro semanas de antelación.

ALICE: ¿Cuatro semanas? Pero eso es más de lo que necesitas, ¿no?

PAOLO: Sí, sí que lo es. Pero ellos ya imprimen esa información, así que de este modo se evitan tener que duplicar informes. Me limitaré a usar las dos últimas semanas para mi planificación.

ALICE: ¿Cuándo empezaréis a trabajar así?

PAOLO: A finales de esta semana, lo cual es fantástico.

ALICE: Parece que estás satisfecho. Me alegro de que haya ido bien y de ver los avances que has logrado. Ahora, lo interesante será ver el impacto que tienen estas medidas. ¿Qué has aprendido de momento?

¿Qué ha aprendido?

PAOLO: Que la gente está encantada de ayudar si se le explican las cosas.

ALICE: Muy bien. ¿Qué más has aprendido?

PAOLO: Que es muy posible que haya otros aspectos en los que podamos mejorar si colaboramos más estrechamente con otros departamentos.

ALICE: ¿Por ejemplo?

PAOLO: Bueno, aún no he hablado en detalle con las tiendas acerca del problema, pero estoy seguro de que podrán aportar más información.

ALICE: Entonces, ¿cuál sería el siguiente paso en relación con eso?

Y ahora, ¿qué?

PAOLO: ¿Sería posible tener una reunión a tres bandas, con nosotros, el departamento comercial y ventas?

ALICE: Estoy segura de que sí. ¿Te ayudaría que tú y yo nos volviéramos a reunir para hablar con más tranquilidad, quizás en nuestra próxima reunión semanal?

PAOLO: Sí, creo que es una buena idea.

ALICE: ¿Puedo formularte una pregunta para que reflexiones sobre ella y lo hablemos en la reunión?

PAOLO: Sí, claro.

ALICE: Gracias, Paolo. Me gustaría escuchar tus ideas acerca de lo que podríamos conseguir si todos los departamentos supieran qué pueden hacer para facilitar la vida de los demás.

Siembra las semillas para una operativa más interdependiente

PAOLO: Muy bien. Me parece una pregunta fantástica y voy a tener que dedicarle bastante tiempo. En la reunión de la semana que viene te diré lo que se me haya ocurrido.

Las fases «verificación» y «hacer» de PDCA

Durante las próximas cuatro a ocho semanas, Alice trabajará estrechamente con Paolo para determinar qué sucede con la reducción de excedentes y para evaluar el impacto del cambio que han aplicado. Es muy probable que identifiquen otros posibles cambios a medida que celebren reuniones y mantengan conversaciones de *feedback* con regularidad (como la reunión a tres bandas que han sugerido en la segunda conversación). Cada cambio dará lugar a un miniciclo PDCA a partir de las conversaciones de seguimiento, cuyo objetivo es fomentar la experimentación y aumentar la conciencia respecto a la situación.

Por lo tanto, dentro de ocho semanas se llevará a cabo una evaluación en profundidad y se llegará a un acuerdo acerca de los cambios permanentes que se aplicarán a los procesos y a los sistemas. La secuencia GROW será la estructura que enmarque la conversación, y se insistirá en la siguiente mejora en la que hay que centrarse, de modo que el ciclo volverá a empezar. Esto no ha sido más que un ejemplo de los enormes beneficios que pueden obtener los usuarios de Lean si adoptan un enfoque de coaching en sus intervenciones.

El coaching crea una cultura de interdependencia y de alta seguridad.

Tal y como he mencionado en el capítulo 2, enseñar un enfoque de coaching mejora drásticamente el rendimiento en términos de seguridad en el trabajo. Por ejemplo, en Linde, una HRO, mejoró en un 73 por ciento. La explicación es muy clara: los estudios demuestran que las culturas interdependientes logran un alto rendimiento en materia de seguridad en el trabajo. Los líderes y los supervisores pueden crear este tipo de cultura mediante el coaching e implicar y capacitar a todos los miembros del equipo directamente en los resultados de seguridad. Además de crear un entorno seguro en general, algunas de las situaciones de seguridad concretas en las que puede aplicarse el coaching incluyen las inspecciones, los diálogos acerca de la seguridad, las investigaciones de incidentes, las charlas y la evaluación de riesgos.

EL COACHING CREA INTERDEPENDENCIA

Pensemos en dos maneras distintas de enfocar el aprendizaje: dar instrucciones, que fomenta una cultura dependiente, y el coaching, que fomenta una cultura interdependiente.

Es justo decir que ambos enfoques pueden mejorar el rendimiento, pero lo logran de formas muy distintas, y el rendimiento que consigue el segundo enfoque supera con creces al del primero. ¿Por qué? Porque dar instrucciones puede ser muy limitado, ya que normalmente se trata de aprender la manera de hacer las cosas de otra persona, en lugar de la propia. Y, como resultado, se genera dependencia de la otra persona. Por ejemplo, puede haber mucha información que retener en un breve periodo de tiempo. Así que la próxima vez que debamos llevar a cabo esa tarea, es posible que debamos acudir de nuevo al formador para que nos recuerde parte de la información.

Por el contrario, el coaching usa un proceso de exploración. Nos ayuda a encontrar nuestra propia mejor manera de hacer una tarea concreta. Y eso nos permite explorar el potencial y las posibilidades, en lugar de quedarnos bloqueados en la idea de que solo hay una manera correcta de hacer las cosas. Por el camino, el coaching genera seguridad en uno mismo: a medida que vamos encontrando nuestra propia manera de hacer y nos damos cuenta de cómo avanzamos, crece la seguridad en nosotros mismos. Por otro lado, es una manera de aprender mucho más agradable, lo que significa que debería ser más fácil replicar el rendimiento.

Hay una anécdota muy famosa acerca de una visita del presidente de Estados Unidos a la NASA a principios de la década de 1960, cuando Estados Unidos se estaba preparando para enviar a personas al espacio. El presidente John F. Kennedy caminaba por un pasillo y vio a uno de los empleados de mantenimiento trabajando allí. El presidente se detuvo para charlar con él y le preguntó qué hacía. «Bueno, presidente, lo que hago es ayudar a que el hombre pueda llegar a la Luna». Es un ejemplo extraordinario de alguien que entendía que, por pequeña que fuera su aportación, sin ella hubiera sido más difícil lograr el objetivo global. Tener en cuenta el impacto que cada persona ejerce sobre las demás es un factor crucial en los equipos que funcionan de forma interdependiente.

Situémonos en el contexto de la seguridad en el trabajo e imaginemos que un equipo depende mucho de su líder. Es probable que haya largas listas de cosas que hacer y cosas prohibidas, así como de normas de seguridad, y es muy probable que el líder dedique mucho tiempo a asegurarse de que las normas se cumplen, de que el equipo las respeta y de que todo el mundo evita equivocarse. Es posible que los miembros del equipo no acaben de entender por qué están ahí las normas, pero las cumplirán si el líder los vigila. Sin embargo, es muy probable que tomen atajos si no está encima de ellos. Por supuesto, la probabilidad de que ocurran accidentes es mucho más elevada. Y cuando los accidentes suceden, un entorno dependiente tiene muchos números de reaccionar culpabilizando, criticando y castigando, lo cual deja poco margen para el aprendizaje. Por lo tanto, la probabilidad de que los accidentes se repitan es muy grande.

Hay varios aspectos que distinguen a los equipos que trabajan de forma interdependiente de los que operan en otras fases de la curva de rendimiento:

- Un equipo interdependiente reconoce el valor y el potencial del trabajo colaborativo y es mucho más probable que sus miembros establezcan objetivos ambiciosos. Ven que es posible conseguir más.
- Es más probable que la actividad que estén llevando a cabo sea intencional.
- Hay más diversión, porque trabajar en equipo suele ser más divertido que trabajar de forma independiente o aislada.
- Hay muchísimo *feedback*, que no es unidireccional, sino que va en todas direcciones, en el interior del equipo inmediato y también fuera, porque eso crea aprendizaje.
- Hay un alto grado de confianza y apertura.

- Los miembros del equipo tienen conversaciones difíciles si es necesario para plantear problemas y aumentar el rendimiento.
- Hay responsabilidad mutua, por lo que es más probable que los miembros del equipo vean que otros hacen cosas bien y les den *feedback*, al igual que si ven que se equivocan en algo.
- Hay una mayor conciencia de cómo funciona el equipo y de cómo están sus integrantes. Por lo tanto, es mucho más probable que detecten un problema o que alguien necesita ayuda.
- Hay un énfasis continuado en la evaluación y el aprendizaje, para permitir una mejora continua del rendimiento.

CURVA DE RENDIMIENTO EN SEGURIDAD LABORAL

En la quinta edición lanzamos la curva de rendimiento (Figura 3). En esta, nos alegra presentarle la curva de rendimiento en seguridad laboral (Figura 18). La tabla 6 describe la relación entre la madurez cultural de una organización y el modo en que esta gestiona la seguridad laboral. Tal y como hemos explicado en el capítulo 2, las cuatro fases de la evolución cultural de una organización son: impulsiva, dependiente, independiente e interdependiente.

FIGURA 18: *Curva de rendimiento en seguridad laboral*

TABLA 6: *Curva de rendimiento en seguridad laboral: cultura organizativa y madurez de la gestión de la seguridad laboral*

	Impulsiva	Dependiente	Independiente	Interdependiente
Vista rápida Actitud respecto a la seguridad				
Líderes	«Los accidentes son cosas que pasan».	«Los empleados han de cumplir la normativa de seguridad».	«Puedo marcar una diferencia en la seguridad laboral».	«La seguridad es nuestra manera de hacer negocio».
Organización	«Lo que nos preocupa es que nos pillen».	«Lo que nos preocupa es el cumplimiento».	«Lo que nos preocupa son las personas».	«Lo que nos preocupa es la seguridad de todos».
Rendimiento en seguridad laboral	Baja	Baja-media	Media-alta	Alta
Responsabilidad de la seguridad laboral	Departamento de seguridad laboral	Líderes	Individual	Responsabilidad compartida por todos
Características culturales	La organización aplica medidas de seguridad y mejoras de forma reactiva y como respuesta a incidentes. El foco está en evitar la detección. Los líderes asumen que los incidentes se deben exclusivamente a conductas incorrectas en primera línea. Los empleados ignoran los procesos de seguridad en aras de la eficiencia y de la productividad, y gestionan los incidentes y los accidentes a medida que ocurren. Se los considera una parte inevitable del trabajo. El nivel de confianza es bajo.	La organización percibe la seguridad como un riesgo de negocio y asigna tiempo y esfuerzo de los directivos a la prevención de accidentes. «Controla» el cumplimiento. Se puede percibir a los líderes como fríos y acostumbran a culpar a los trabajadores de los incidentes que ocurren. Los empleados conocen la normativa de seguridad, que aplican mecánicamente. El nivel de confianza es bajo. El miedo a informar de incidentes puede ser elevado, por lo que es posible que se oculte información a los líderes.	La organización promueve prácticas proactivas en la gestión de la seguridad laboral y aplica un estilo de liderazgo y de feedback basado en el coaching. Los líderes valoran y respetan a todos los empleados y reconocen que algunas de las decisiones de la dirección pueden llevar a accidentes. Los empleados aceptan la responsabilidad personal sobre su propia seguridad. La confianza y la comunicación promueven el compromiso.	La organización promueve entre los directivos una actitud comprometida con la seguridad y basada en el liderazgo transformacional y la comunicación eficaz en materia de seguridad laboral. La seguridad es una prioridad para todos los empleados, que la tienen integrada en su conducta. Colaboran en un aprendizaje continuado para la mejora del rendimiento en seguridad laboral, un objetivo en el que creen sinceramente. La confianza es elevada y los empleados asumen la seguridad laboral como una cuestión de corresponsabilidad.

TABLA 6: *Curva de rendimiento en seguridad laboral: cultura organizativa y madurez de la gestión de la seguridad laboral (cont.)*

	Impulsiva	Dependiente	Independiente	Interdependiente
Sistemas de gestión de seguridad laboral	Sistemas rudimentarios de seguridad laboral. La atención se centra en soluciones técnicas y procedimentales, así como en el cumplimiento de la ley y de los requisitos de los clientes. La seguridad se entiende como una responsabilidad casi exclusiva del «departamento de seguridad».	Se han implantado sistemas de seguridad, pero son mecánicos y directivos. Se centran en soluciones técnicas y procedimentales y dependen del control y la supervisión arriba-abajo, el énfasis y los objetivos, la recompensa y el castigo.	Los sistemas de seguridad promueven la seguridad psicológica y conductual mediante el respeto, la confianza y la responsabilidad individual. Se pone énfasis en la conciencia de la seguridad y en la mejora continua en seguridad laboral.	Los sistemas de seguridad son colaborativos y cohesivos, y se sostienen mediante el interés y la responsabilidad colectiva. La seguridad está plenamente integrada en los procesos operativos y vive en la organización.

CREAR INTERDEPENDENCIA EN LA PRÁCTICA

Veamos cómo el coaching podría contribuir a crear una cultura de interdependencia en un contexto de seguridad en el trabajo.

Si en el lugar de trabajo alguien hiciera algo que le pusiera a sí mismo, o a sus compañeros, en peligro, es obvio que le pediríamos que dejara de hacerlo inmediatamente y le explicaríamos cómo hacerlo de una manera más segura. Normalmente, esto consigue que la situación inmediata sea más segura. Sin embargo, si el trabajador no entiende «por qué» era peligroso lo que estaba haciendo, ni piensa en otras alternativas más seguras, es muy probable que la próxima vez que se encuentre en esa situación repita el error. Y quizás entonces no estemos ahí para impedirlo.

Profundizaremos en esto a partir de dos actitudes opuestas en relación con un incidente con el conductor de una carretilla elevadora.

Cómo no hacerlo

JEFE: No doy crédito a lo que estoy viendo. ¡Estás acelerando! ¡Acelerando! Y tienes la horquilla muy subida, demasiado.
CONDUCTOR: Sí, ya, pero es que quería...
JEFE: Vas a volcar.
CONDUCTOR: Mira, si no hay nadie.

JEFE: ¿No crees que te he visto cuando has saltado de la cabina? Es peligroso, muy peligroso. Has saltado de la cabina. ¿Y los tres puntos de apoyo?

CONDUCTOR: Solo intento hacer mi trabajo.

JEFE: De hecho, creo que ni llevabas puesto el cinturón de seguridad. ¿Llevabas puesto el cinturón de seguridad?

CONDUCTOR: Pero si no hay nadie.

JEFE: ¿Dónde está tu visibilidad? Has salido hacia delante. ¿Acaso no salimos marcha atrás de los...?

CONDUCTOR: Tengo que irme, tengo trabajo...

JEFE: Ahora no te vas a ningún sitio, esto no puede quedar así. Tenemos que hablar. Creo que no lo entiendes. Imagina que no hubiera estado aquí. ¿Es así como conduces normalmente?

CONDUCTOR: Pero si no había nadie. Así que no hay problema, ¿no?

JEFE: No quiero oír excusas. Esta tarde vamos a hablar en mi despacho, porque es algo muy grave. Seguro que es así siempre que no estoy.

CONDUCTOR: Por favor, solo intento hacer mi trabajo.

JEFE: Por supuesto que tienes que hacer tu trabajo, pero no saltándote las normas de seguridad. Las cosas no van así. Hablaremos esta tarde. Y punto.

Es evidente que el comportamiento del jefe crea una conducta dependiente. Ahora veamos cómo podría hacerse desde el coaching.

Cómo hacerlo

JEFE: Te he parado porque me ha preocupado ver cómo salías del almacén. ¿Cómo has salido?

CONDUCTOR: Tenía la horquilla levantada.

JEFE: Sí, la llevabas bastante arriba. ¿Qué más?

CONDUCTOR: Estaba conduciendo hacia delante.

JEFE: Sí. Y...

CONDUCTOR: Quizás iba algo rápido.

JEFE: Vale. Así que conduciendo hacia delante, algo rápido, con las horquillas algo subidas...

CONDUCTOR: Voy deprisa para terminar el trabajo.

JEFE: Sí, tienes prisa, de eso me he dado cuenta.

CONDUCTOR: Estaba saliendo del almacén y me dirigía hacia el muelle de carga.

JEFE: ¿Te soltaste el cinturón de seguridad antes de saltar de la cabina?

Detiene la conducta no segura de inmediato

Formula preguntas abiertas para comprobar la conciencia de lo sucedido

Sigue preguntando para aumentar la conciencia y deja tiempo para pensar y responder

Formula preguntas cerradas para determinar conductas específicas

CONDUCTOR: No, no llevaba el cinturón.

JEFE: Te acuerdas de los tres puntos de apoyo... Un, dos, tres.

CONDUCTOR: Es todo por la prisa de hacer el trabajo.

JEFE: Es todo por la prisa... Eres un conductor con experiencia y llevas bastante tiempo con nosotros. Dime qué puede pasar cuando vas con una carga pesada a esa velocidad, hacia delante y con las horquillas levantadas.

Deja tiempo para pensar, lo que revela posibles interferencias con las conductas de seguridad

CONDUCTOR: La carretilla podría volcar y la carga podría caer.

JEFE: La carga podría caer. Eso sería el coste material. ¿Y el coste humano? ¿Cómo podemos asegurarnos de que eso no suceda de nuevo?

Reconoce los puntos fuertes del conductor y comprueba que entiende los riesgos

CONDUCTOR: Tengo que conducir de la manera que me enseñaron, salir del almacén marcha atrás si no tengo visibilidad frontal e ir despacio. Tengo que ir más despacio.

JEFE: Te oigo decir que «tienes que» hacerlo. ¿Podemos convertirlo en un «lo haré»?

Formula preguntas abiertas en busca de cambios en el futuro y para evitar que se repita la situación

CONDUCTOR: A partir de ahora me aseguraré de llevar las horquillas a la altura correcta y de conducir a la velocidad indicada. Me aseguraré de ello.

JEFE: Te asegurarás de que suceda todo eso. Así que cada vez que salgas de la tienda, ¿qué sabré que haces para conducir de forma segura?

CONDUCTOR: Lo haré correctamente, como me enseñaron.

Comprueba la responsabilidad personal: independencia (haré) en lugar de dependencia (tengo que hacer)

JEFE: Bien. Así que saldrás marcha atrás, con las horquillas abajo y a la velocidad adecuada.

CONDUCTOR: Sí.

Este segundo ejemplo ilustra algunas de las prácticas de coaching que hemos explorado en capítulos anteriores. Por ejemplo:

- No hay crítica. Las conductas observadas están por debajo de lo exigido, pero lo exploran conjuntamente para crear una cultura de aprendizaje.
- Se busca el aprendizaje. Siempre hay una oportunidad para aprender, tanto si las acciones están por encima como por debajo de las expectativas.
- Una mentalidad de coaching, que ve a la persona como a alguien capaz, con recursos y con potencial.

- Curiosidad acerva de las dificultades que experimenta la persona y de qué puede hacerse para solucionarlas.
- Buscar el potencial además de las interferencias. Es más efectivo construir a partir de los puntos fuertes y de los puntos donde la persona muestra el máximo compromiso que centrarse en lo que no funciona.

Una conversación de coaching creará una cultura de aprendizaje, al aumentar la conciencia de por qué era tan peligroso lo que estaba haciendo la persona y, lo que es más importante, al incrementar la responsabilidad sobre cómo podría llevarse a cabo la actividad de forma más segura en el futuro.

De este modo, el grado de aprendizaje aumenta, la seguridad y la confianza del líder crecen y la probabilidad de instaurar cambios de conducta duraderos es mayor. Dar instrucciones puede ser una reacción efectiva y trata los síntomas de las acciones peligrosas, pero el coaching tiene muchas más probabilidades de conducir a una cura. Amy Edmondson explora esto en detalle en su libro *Right Kind of Wrong: Why learning to fail can teach us to thrive*.

En un primer momento, Linde, una empresa de la que hemos hablado en el Capítulo 2 en relación con la curva de rendimiento, recibió con escepticismo este enfoque contraintuitivo. Bruce Parnell, entonces supervisor de seguridad laboral en la organización, declaró a *Financial Times*: «Todos pensaban "Es imposible que esto funcione. ¿Cómo vamos a lograr que las cosas se hagan si empezamos a pedirle a la gente que haga cosas en lugar de ordenárselo?"». Pero continuó: «Históricamente, en la industria de la construcción... si quieres que se haga algo, hay que decirle a la gente que lo haga. Muchos de estos trabajadores no habían interactuado con dirección jamás, por lo que nunca habían tenido la oportunidad de demostrar que sabían lo que hacían. ¡Un trabajador dijo que hacía veinticuatro años que trabajaba en el sector y que nunca nadie le había preguntado su parecer acerca de nada!». El impacto del cambio en la mentalidad y en la conducta tras la implantación del programa es evidente: hace poco, los empleados de Linde Engineering celebraron 10 millones de horas sin accidentes, y el coaching de seguridad ahora se ha extendido a otras partes del grupo.

QUINTA PARTE

COMO HACER REALIDAD EL POTENCIAL DEL COACHING

19
CUANTIFICAR LOS BENEFICIOS Y EL ROL DEL COACHING

Medir el impacto económico justifica la inversión en el futuro.
Una vez que puedes demostrar que ejerce un impacto tangible, todo cambia.

ALAN BARTON, EXDIRECTOR DE ARUP

¿En qué beneficia el coaching al líder y a los liderados, al coach y al coachee? ¿En qué beneficia a una organización adoptar una cultura de coaching y cómo se mide el rendimiento de la inversión (ROI, por sus siglas en inglés) de un proceso de coaching? Cuantificar el impacto del coaching es el Santo Grial de la industria, y hablaremos de cómo hacerlo más adelante, pero, antes, permítanos que enumeremos algunos de los beneficios que el coaching ofrece a las organizaciones.

Aumento del rendimiento y de la productividad

Esto ha de ser lo primero, y si no fuera así, nadie se dedicaría al coaching. El coaching logra sacar lo mejor de las personas y de los equipos, algo que el sistema autocrático ni siquiera se plantea, así que difícilmente podría conseguirlo.

Aumento del desarrollo del personal

El desarrollo del personal no significa limitarse a enviarlo a breves cursos de formación una o dos veces al año. Desarrollar a las personas en el lugar de trabajo crea una cultura de aprendizaje y aumenta la satisfacción y la retención del personal. La manera en que dirija a su equipo o bien lo ayudará o bien lo limitará. Depende de usted.

Mejores relaciones personales y mayor implicación

Respetar y valorar a las personas mejora las relaciones, aumenta la implicación e impulsa el éxito que acompaña al coaching. El mero hecho de preguntarle algo a alguien demuestra que se lo valora tanto a él como a su respuesta. Si uno se limita a dar órdenes, no hay intercambio. Es como hablar con una pared. Una vez, John Whitmore preguntó a una joven promesa del tenis que era especialmente callada por qué pensaba que su golpe directo era tan bueno. Sonrió y dijo: «Pues no lo sé. Nadie me había pedido mi opinión hasta ahora». Con eso se lo dijo todo.

Mayor satisfacción y retención del personal

El ambiente cambiará a mejor, porque trabajar de un modo colaborativo aumenta nuestro grado de satisfacción. Quienes usan un estilo de liderazgo basado en el coaching hablan de un aumento de su propia satisfacción en el trabajo y de la de sus equipos, además de una mayor retención del personal.

Más tiempo libre para el líder

El coaching logra que los miembros del equipo asuman responsabilidades y que no haya que perseguirlos ni controlarlos. Los líderes explican que sienten que se han quitado un peso de encima, que están menos estresados y que tienen más tiempo para dar un paso atrás y pensar de forma estratégica, en lugar de quedar absorbidos en las operaciones diarias.

Más innovación

Los líderes afirman que el coaching y el ambiente que genera fomentan las sugerencias creativas por parte de todos los miembros del equipo, que ya no temen ni el ridículo ni el rechazo prematuro. Y una idea creativa suele llevar a otra.

Mejor uso de las personas y del conocimiento

Es habitual que los líderes desconozcan los recursos ocultos de los que disponen hasta que empiezan a aplicar el coaching, el cual les permite desarrollar la actitud y las habilidades necesarias para acceder a los recursos y las cualidades de sus equipos. Pronto descubren en ellos gran cantidad de habilidades que no se habían manifestado hasta entonces, así como soluciones a problemas prácticos que solo pueden encontrar las personas que llevan a cabo una tarea con regularidad o que están en contacto directo con un grupo concreto de agentes interesados.

Las personas estarán dispuestas a ir más allá de lo exigido

En un entorno en el que se valora a las personas, estas siempre se muestran más dispuestas a tirar del carro cuando se les pide, o incluso sin que se les pida. En demasiadas organizaciones en las que no se valora a los empleados, estos se limitan a hacer lo que se les pide y, además, con el menor esfuerzo posible.

Más agilidad y capacidad de adaptación al cambio

El coaching tiene que ver con el cambio, con tener capacidad de respuesta y con ser responsable. En el futuro, cada vez se exigirá más flexibilidad, no menos, como consecuencia del aumento de la competencia en los mercados, la innovación tecnológica, las comunicaciones globales instantáneas, la incertidumbre económica y la inestabilidad social. Solo aquellos con más flexibilidad y con más capacidad de adaptación.

Una cultura de alto rendimiento

Los principios del coaching apuntalan el estilo directivo de la cultura de alto rendimiento a la que aspiran tantos líderes empresariales. Y aún más importante, permiten que los líderes sumen a sus equipos al proceso, en lugar de decirles lo que han de hacer y esperar que cumplan las órdenes.

Una habilidad aplicable a todos los ámbitos de la vida

El coaching es una actitud y una conducta con múltiples aplicaciones, tanto en el trabajo como fuera de él. Cada vez tiene más importancia, e incluso los que quieren cambiar de trabajo descubrirán que se trata de una habilidad de valor incalculable allá donde vayan. Los líderes expresan una profunda gratitud cuando sus organizaciones invierten en habilidades para la vida que ejercen un impacto positivo en todos los ámbitos de la misma. El uso de las habilidades de coaching con adolescentes difíciles parece ser especialmente efectivo.

EL ROI DEL COACHING PARA MEJORAR EL RENDIMIENTO

¿Cómo podemos cuantificar esos beneficios? Hay muy pocas personas u organizaciones en el mundo que puedan hacerlo, y creemos que este es uno de los motivos que está frenando la industria del coaching. El coaching seguirá siendo una caja negra hasta que puedan cuantificarse el cambio de conducta y los beneficios resultantes, incluidos los que tienen que ver con la cuenta de resultados.

Hace ya más de diez años, Performance Consultants desarrolló una metodología llamada «ROI del coaching para mejorar el rendimiento», dirigida a medir el impacto de los cambios conductuales en la cuenta de resultados. Cuando la compartimos con nuestros clientes, siempre escuchamos un suspiro de alivio, porque nunca antes habían visto algo parecido. Podemos demostrar un ROI promedio del 800 por ciento para los procesos de coaching y de desarrollo del liderazgo. Parte de nuestra misión consiste en profesionalizar la industria del coaching, es decir, establecer la excelencia y los principios del coaching en las organizaciones. Por eso compartimos nuestra metodología; puede descargar las plantillas de esta herramienta de evaluación (en inglés), visite <**performanceconsultants.com/beyondthebook**>.

La metodología se basa en la teoría del aprendizaje adulto. Llevar a cabo esta evaluación con sus coachees los ayudará a ser más conscientes y, por lo tanto, a hacerlos más responsables de su propio desarrollo y a promoverlo. La metodología facilita y respeta completamente la confidencialidad, y está plenamente alineada con los principios del coaching.

Como ejemplo, veremos la evaluación de un joven jefe de operaciones que estaba a cargo de un equipo de ciento ochenta personas. Lo llamaremos Kenzo. Cuando empezó el proceso de coaching, su objetivo a largo plazo era convertirse en director en un plazo de tres años. Aunque no había comunicado a su jefe que ese era su objetivo, el coaching les permitió alinear sus posturas respecto al desarrollo profesional de Kenzo. Ya hemos explicado anteriormente lo importante que es para el compromiso personal y el éxito de la empresa que los objetivos de todos estén alineados.

Al principio del proceso de coaching, el jefe de Kenzo consideró que estaba en la casilla 1 de 10 en el camino para convertirse en director. Tres meses después, cuando se repitió la evaluación, ese mismo jefe consideró que estaba en un 9 de 10. Estas cifras ilustran un salto exponencial en el rendimiento de Kenzo, y el hecho de que alcanzara su objetivo en seis meses demuestra que el coaching ejecutivo es un programa de desarrollo de liderazgo personalizado y acelerado. El ROI del coaching para mejorar el rendimiento abre la caja negra y nos permite mirar en su interior, por lo que quienes han contratado el coaching pueden cuantificar el impacto que la inversión ha ejercido en la organización.

Para poder medir los beneficios del coaching, es imperativo que se registren tres cosas, tal y como hemos explicado en el capítulo 13:

- **Metas y objetivos:** los objetivos de los que el coachee se hace responsable.
- **Acciones en curso:** tanto el coachee como el coach han de registrar la información sobre las acciones emprendidas.
- **Notas sobre lo sucedido:** tanto el coachee como el coach han de registrar la información acerca de los progresos, para poder consultarla en el futuro; debe incluir el *feedback* que los compañeros hayan ofrecido durante el proceso.

El registro de las acciones y del progreso tiene que hacerse en un documento compartido. Lo que no se escribe no queda reflejado en ningún sitio y no puede consultarse en el futuro. Hay demasiados coaches a quienes les da pereza este aspecto. Sin embargo, si trabaja en un contexto empresarial en el que le pagan un buen dinero por sus servicios de coaching, tendrá que esmerarse en mejorar sus habilidades administrativas y de registro. De otro modo, corre el riesgo de que su fantástico coaching, por no mencionar el gran trabajo de su coachee, quede sin reconocimiento, porque ninguno de los dos tiene claro ni de dónde vienen ni qué han conseguido.

Estos son los objetivos que Kenzo estableció:

Metas y objetivos: 6 meses

- Trabajar más en el plano sistémico, o macro (60 por ciento del tiempo), que en tareas concretas, o micro.
- Delegar más.
- Llevar a cabo la reestructuración.
- Contratar a un jefe de equipo.
- Reducir los subordinados directos a cinco.
- Desarrollar un estilo de liderazgo propio.
- Desarrollar profesionalmente a los subordinados directos.

Metas y objetivos: largo plazo

- Ser director a los treinta y cinco años.

Fíjese en que hay una combinación de objetivos conductuales, organizativos y técnicos. En este caso se llevó a cabo una evaluación a los tres meses para determinar si el coaching estaba siendo efectivo y decidir si proseguir o no.

Veamos primero el impacto cualitativo del coaching: los cambios en la conducta y en la actitud, y el impacto que han ejercido dichos cambios. Es una oportunidad para explorar el impacto conductual subjetivo, por ejemplo, en los líderes, subordinados y compañeros del coachee, a ojos del coachee. La Tabla 7 es un extracto de esta parte del informe. Verá que las primeras dos áreas de trabajo corresponden a los dos primeros objetivos.

TABLA 7: *Evaluación del coaching: impacto cualitativo*

Área de trabajo	Nivel de habilidad inicial y actual	Cambio conductual	Impacto en la empresa
Ser más estratégico Trabajar en el plano macro/micro	Antes 1, ahora 7	Dedico algo de tiempo cada día a reflexionar sobre la empresa en su totalidad, a pensar sobre ideas para el futuro y a intentar enmarcar los problemas actuales en un concepto más amplio.	He detectado algunas áreas que podrían ser problemáticas. También, como miro hacia delante, he establecido algunos contactos para el futuro. Dedico tiempo a desarrollar profesionalmente a los miembros del equipo.
Delegar Capacidad de delegar tareas	Antes 3, ahora 8	Delego en lugar de implicarme en todo directamente. Traslado a mi equipo proyectos y tareas a diario.	El entusiasmo y el desarrollo del equipo han aumentado significativamente. La productividad ha mejorado. Se ha detectado un ahorro de costes y se me ha devuelto. Dedico más tiempo a iniciativas y a proyectos nuevos.

Clave
Área de trabajo: el concepto sobre el que se ha trabajado y una breve descripción del mismo.
Nivel de habilidad inicial y actual: en una escala del 1 al 10, donde 10 es el nivel ideal al que le gustaría practicar ese concepto en su trabajo.
Cambio conductual: cambios detectados en las conductas y las actitudes.
Impacto en la empresa: el impacto tangible o intangible que han ejercido esos cambios de conducta y de actitud en la empresa

Ahora es el momento de dar un paso más y, en la medida de lo posible, calcular el impacto cuantitativo sobre la cuenta de resultados para obtener un ROI. Por supuesto, debo destacar que estimar un ROI es un arte, no una ciencia, y nos hemos dado cuenta de que es necesario insistir mucho en esta idea cuando el coachee da mucha importancia a la precisión (sucede, por ejemplo, con los ingenieros). La Tabla 8 sigue analizando las mismas dos áreas de trabajo.

TABLA 8: *Evaluación del coaching: impacto cuantitativo*

Área de trabajo	Impacto económico	Método de cálculo	Nivel de confianza	Rendimiento a los 3 meses
Ser más estratégico Trabajar en el plano macro/micro	Detección de un problema de marketing: ahorro de 6.400 libras esterlinas mensuales.	Reducción de los costes semanales en 1.600 libras esterlinas.	100	6.400 £ × 3 × 100% = 19.200 £
	Rediseño de la distribución: ahorro de 5.000-10.000 libras esterlinas.	Rediseño para ahorrar: he tenido tiempo para revisar la situación y sugerir una solución distinta.	60	7.500 £ × 60% = 4.500 £
Delegar Capacidad de delegar tareas	Identificación, por parte de un miembro del equipo, de un posible ahorro en logística: 1.000-2.000 libras esterlinas mensuales.	Reducción de los costes en un promedio de 1.500 libras esterlinas mensuales.	60	1.500 £ × 60% = 900 £
		Retorno total		**24.600 £**

Clave

Área de trabajo: el concepto sobre el que se ha trabajado y una breve descripción del mismo.

Impacto económico: si es posible, una cuantificación del impacto en la empresa usando sus propios métodos de cálculo.

Nivel de confianza: su nivel de confianza, expresado en porcentaje, en su estimación del impacto económico.

Una vez que se han determinado los distintos impactos cuantitativos, el siguiente paso es calcular un ROI para el coaching usando esta fórmula:

$$\frac{\text{Suma (valor económico × nivel de confianza)} \times 100}{\text{Coste del coaching}}$$

La tabla es un extracto del informe completo. Siempre que sea posible, se pide a un tercero que corrobore las estimaciones económicas o se usan datos que las sustenten. De hecho, el ROI total estimado por el coachee al cabo de tres meses fue de 78.000 libras esterlinas. Una vez que se ha llevado a cabo la evaluación con el coachee, y con el objetivo de respetar la confidencialidad, es él quien comparte el informe con la organización. En nuestra experiencia, los coachees están más que encantados de poder demostrar el trabajo que han estado haciendo y el impacto que han ejercido en la empresa. De hecho, tres meses después de esta evaluación y como resultado de la misma, Kenzo fue nombrado director, lo que supuso un adelanto de tres años respecto a su objetivo.

Otro elemento de la misión de Performance Consultants es cambiar la forma de pensar respecto a la inversión en capital humano y garantizar que deje de verse como un coste y pase a considerarse una actividad generadora de ingresos y de una importancia estratégica crucial. Apelamos a todos los que lleven a cabo sesiones formales de coaching ejecutivo en organizaciones para que usen el ROI del coaching para mejorar el rendimiento. Juntos podemos ayudar a las organizaciones a ver que están desaprovechando unas reservas extraordinarias de potencial: sus empleados.

MEDIR LA CULTURA Y EL RENDIMIENTO

En el capítulo 2 hemos presentado la curva de rendimiento. De un modo parecido al ROI del coaching para mejorar el rendimiento, nuestra encuesta sobre el impacto del liderazgo mide la cultura de la organización en su conjunto y predice el potencial de mejora de rendimiento. Se basa en conocimientos consolidados de la psicología industrial y mide la mentalidad colectiva imperante en la cultura y las condiciones de rendimiento que crea esa mentalidad, para ubicar la cultura en un punto concreto de la curva de rendimiento.

En el capítulo 6 hemos explicado que la conciencia y la responsabilidad personal son fundamentales en el proceso de coaching. Al igual que sucede con las personas, una vez que la organización tiene claro desde dónde opera predominantemente su cultura, tiene claro también qué conductas debe cambiar si quiere mejorar el rendimiento. El cuestionario se ha diseñado para generar conciencia y responsabilidad colectiva para actuar. Crear las condiciones necesarias para un alto rendimiento es responsabilidad tanto de las organizaciones como de quienes trabajan en ellas.

Los resultados del estudio determinan en cuál de las cuatro fases del desarrollo del rendimiento opera la empresa y el siguiente objetivo inmediato para mejorar el rendimiento. En realidad, el cuestionario no se aplica solo a organizaciones, sino que lo puede rellenar un equipo, o incluso una persona que tenga curiosidad. En **<performanceconsultants.com/beyondthebook>** encontrará más información (en inglés).

¿Podría ser que los únicos límites sean la magnitud de nuestra visión
y las creencias con que nos limitamos a nosotros mismos?

Una cultura interdependiente y de alto rendimiento como la que puede producir el coaching para mejorar el rendimiento es la que tiene más probabilidades de adaptarse y prosperar ante las inquietantes oleadas de cambio a las que se enfrentan las empresas. Estas empresas adoptarán una cultura de apoyo y orientada a las personas, en la que el coaching sea la norma y se practique de arriba abajo, horizontalmente e incluso de abajo arriba. Así se validan las necesidades de las personas, y el coaching las ayuda a determinar por sí mismas qué dirección tomar, mientras que a su vez el líder coach aprende muchísimo acerca de sus anhelos y esperanzas. Si los líderes escuchan de verdad a su gente, actúan según lo que aprenden y capacitan a su equipo para que asuman responsabilidad sobre sí mismos y sobre los demás, todos serán más felices y rendirán más, y la rotación de personal se desplomará. Por el contrario, si los líderes solo practican el coaching de boquilla, generarán expectativas solo para volver a hacerlas añicos, por lo que el remedio habrá sido peor que la enfermedad.

Además de esta exigencia de cambio en el estilo de liderazgo, dada la situación actual, es muy probable que también se exija a las empresas que pongan en práctica los principios y los valores éticos que con tanta pompa anuncian en sus misiones corporativas. De lo contrario, tanto sus empleados como sus clientes se lo harán pagar muy caro; lo más probable es que tanto los unos como los otros voten con los pies... y los pongan en polvorosa. Las empresas que ofrecen productos y servicios que suponen una verdadera aportación a la sociedad ofrecen empleos con un sentido intrínseco. Aquellas cuyos productos y servicios son dudosos, o directamente perjudiciales, tienen todos los números para caer en desgracia entre quienes buscan sentido y propósito en el trabajo.

Si hablamos en estos términos, muy pocas empresas son totalmente blancas o negras. La mayoría son de un gris más o menos claro u oscuro. Las más sabias pueden compensar, y compensan, los defectos percibidos de varias maneras, por ejemplo, colaborando con la comunidad local o cediendo empleados a proyectos sociales.

Por lo tanto, el coaching es tanto el destino (la cultura de alto rendimiento del futuro) como el ingrediente clave para llegar allí. Una autoridad externa no puede imponer un futuro basado en valores. El rendimiento siempre será superior cuando los empleados, los accionistas, los directores e incluso los clientes comparten los mismos valores. Sin embargo, antes de que eso pueda suceder, hay que facilitar que las personas puedan identificar sus propios valores.

Entonces, ¿por dónde empezamos si queremos promover el cambio cultural? ¿Por las personas o por la organización? Solo hay una respuesta posible: por las dos. Imponer la democracia y exigir cooperación son contradicciones inaceptables. A continuación encontrará algunas directrices:

- Si la reestructuración de la empresa es demasiado radical o demasiado rápida, es muy probable que se adelante demasiado a las personas.
- Si se impone la reestructuración de la organización a las personas, es muy probable que se opongan, incluso si la reestructuración las beneficia.
- Los ejecutivos y los mandos altos y medios han de ser un ejemplo desde el principio y modelar las actitudes y las conductas ideales, con honestidad y corrección.
- No puede obligarse a nadie a cambiar; la gente necesita que se le dé la oportunidad de «elegir» cómo cambiar.
- Debe ayudar a las personas a que se desarrollen por sí mismas y a que, mediante el coaching, experimenten con algunas de las actitudes y las conductas esperadas en la nueva organización.
- El cambio no puede tener éxito si no hay una visión colectiva que entusiasme a la gente; pero sin una visión de liderazgo, ni siquiera arrancará.
- Ha de estar dispuesto a hacer cambios en todo el ecosistema de la organización. El cambio conductual general no se mantendrá en ausencia de procesos congruentes, estructuras organizativas retributivas, etcétera.

EL ECOSISTEMA

Cambiar la cultura de una organización exige un enfoque emocionalmente inteligente que busque congruencia y equilibrio en todos los elementos del «ecosistema» organizativo. Esto incluye tanto los elementos técnicos más «duros», como los procesos, los sistemas y la estructura, como los elementos conductuales, sociales y personales más «blandos», con el liderazgo en el centro del sistema (Figura 19). La organización solo se transformará si se abordan todos estos elementos.

FIGURA 19: *El ecosistema*

El liderazgo está en el corazón del ecosistema

Con frecuencia, las organizaciones cometen el error de centrarse en un elemento o en el otro, algo que nosotros definimos como un abordaje transaccional (e ineficaz), y se inscriben en una de las dos categorías siguientes. En la primera, la empresa ni siquiera se da cuenta de que necesita un cambio de cultura y se limita a intentar mejorar el rendimiento introduciendo sistemas nuevos o cambiando de sitio algunas de las casillas del organigrama de la organización. Si no se centra también en las nuevas conductas y en el nuevo entorno que se necesita para que el nuevo sistema funcione, no se materializará la mejora de rendimiento deseada. En la segunda, la organización se da cuenta de que la cultura ha de cambiar y se centra en las conductas y en las personas, pero no adapta los sistemas y los procesos que sustentan y recompensan las nuevas conductas necesarias y proporcionan un contexto congruente en el que puedan prosperar. El primer tipo de cambio transaccional puede encargarse a quienes se ocupan del desarrollo del negocio y el segundo suele encargarse a los departamentos de recursos humanos.

Si usted es un coach que trabaja con el equipo de líderes de una empresa que quiere transformarse para mejorar el rendimiento, el primer paso que debe dar es ayudarlos a aclarar qué necesitan del cambio y qué implicaciones tienen que cambiar. También debe asegurarse de que están plenamente comprometidos a llegar hasta el final. Es muy probable que esto requiera una inversión de tiempo a la que los miembros del consejo suelen mostrarse reticentes, debido a las presiones más inmediatas. Sin embargo, el cambio efectivo y duradero no es más que un sueño si no cuenta con el compromiso y el respaldo del consejo de dirección. La voluntad de llegar hasta el final también es crucial para evitar la desilusión generalizada si los grandes planes acaban en nada.

Puede ayudar al equipo de líderes a aclarar qué quieren conseguir pidiéndoles que respondan a las siguientes preguntas:

¿Por qué?
- ¿Por qué hacemos este cambio?
- ¿Cuáles son las motivaciones internas y externas que nos impulsan?

¿Qué?
- ¿En qué nos convertiremos?
- ¿Qué ha de cambiar y qué ha de permanecer igual?

¿Cómo?
- ¿Cómo diseñaremos y aplicaremos los cambios?
- ¿Cómo decidiremos quién hace qué?

Una vez que entiendan y acepten dónde están ahora, puede colaborar con ellos para diseñar un proceso que aborde los cambios relevantes en todo el ecosistema de la organización.

En lo que concierne a las conductas y a las personas, un programa de desarrollo del liderazgo puede ayudar a dotar de las habilidades, las conductas y las mentalidades de liderazgo necesarias para que la organización pueda operar en el marco de una cultura de alto rendimiento. El capítulo siguiente centra la atención en las bases del liderazgo, ya que tanto el coaching como el liderazgo desempeñan un papel crucial a la hora de lograr el cambio duradero.

21
LAS CUALIDADES DEL LIDERAZGO

Los líderes del futuro necesitan valores y visión; han de ser auténticos
y ágiles, estar alineados y contar con un propósito.

Debería obligarse a todos los líderes del futuro a emprender su propio viaje de desarrollo personal para ganarse ese título. Vivimos en un mundo que busca, e incluso espera la gratificación instantánea, pero las cualidades de liderazgo no son rápidas ni baratas.

Este capítulo enfatiza las cualidades esenciales que, probablemente, comparten todos los líderes y que creo especialmente importantes en la época actual. La primera son los valores, y nos referimos a los valores personales, no a los corporativos.

VALORES

En general, las personas, sobre todo las que profesan una fe religiosa, creen que los valores proceden de la religión y que, sin ella, no los tendríamos. Es una idea falsa, porque hay una gran cantidad de personas que han crecido sin un condicionamiento religioso y que, a pesar de ser agnósticas, si no ateas, demuestran unos valores ejemplares. La realidad es que los auténticos valores proceden de nuestro interior y que, en su nivel más profundo, se trata de valores universales.

En el nivel más bajo del desarrollo personal, en el que desafortunadamente se encuentra la mayoría de la humanidad, las personas solo conectan vagamente con sus valores internos, que pueden aparecer repentinamente en respuesta a una situación de crisis. El resto del tiempo permanecen ocultos bajo las capas de condicionamiento social, educativo y cultural.

La magnitud de los crímenes corporativos y de la avaricia confirman que muchos de los que ostentan el poder carecen de la madurez o del desarrollo psicológico suficientes para ser conscientes de sus valores internos más profundos, y no digamos ya para dejarse guiar por ellos. El espíritu empresarial actual aún empeora más la situación, porque aunque quizá no obligue a las personas a centrarse en las cuestiones económicas en lugar de en las sociales o medioambientales, sí fomenta que jueguen al mismo juego que el resto. Los accionistas, especialmente los institucionales, esperan y exigen beneficios económicos, y no de los que pueden medirse en términos humanos.

Este es el juego de siempre, la mentalidad de siempre, que ya no puede sostenerse y que resulta inaceptable para cada vez más personas psicológicamente maduras, orientadas a valores superiores. Esos son los líderes del futuro, los únicos que nos podemos permitir aceptar o votar, si es que nos preocupa la supervivencia de nuestras futuras generaciones.

Los coaches bien preparados pueden aplicar una serie de ejercicios para penetrar más allá de la mente consciente y ayudar a los aspirantes a líder a acceder a sus valores y a otras cualidades fundamentales. Si, desde el coaching, se exploran las actividades y las pasiones del pasado, aparecen pautas que luego se pueden precisar y ampliar. Quizá la mejor manera de ilustrarlo sea con un ejemplo de la experiencia de John.

UN EJEMPLO PERSONAL

En 1970 John Whitmore emprendió activamente su propio viaje de desarrollo personal y empezó a estudiar la psicología más innovadora en California (Estados Unidos). Aprendió que debía escapar de lo peor del condicionamiento educativo, social y cultural antes de poder empezar a descubrirse a sí mismo y averiguar cuáles eran sus valores, así como explorar cuestiones sociales más profundas con una claridad que nunca antes había experimentado. Entonces dejó de preocuparse por sí mismo y se empezó a preocupar por los demás; no le gustó nada lo que vio a su alrededor, que hasta entonces había pasado por alto.

Empezó a predicar sobre el desarrollo personal, pero sin demasiado éxito; muy poca gente había oído hablar de ello. Entonces se implicó en actividades en contra de la guerra de Vietnam y luego se preocupó por la desigualdad y la pobreza en general; rápidamente se encontró inmerso en un sinfín de actividades. En ese momento ya estaba centrado en los valores, pero estaba demasiado disperso. Con la ayuda de un terapeuta (el coaching no existía todavía) se dio cuenta de que todas las cuestiones que más le apasionaban y sobre las que podía ejercer alguna influencia se relacionaban con la justicia. Había muchas otras que también le preocupaban, y siempre apoyaba a quienes se esforzaban por resolverlas, pero vio claro que su camino era el de la justicia social. Exploró su subconsciente, para ver si se trataba de algo terapéutico, es decir, si en su pasado lejano había sufrido o causado alguna injusticia y ahora intentaba redimirse. No era el caso, así que empezó a aceptar que su propósito era fomentar la justicia siempre que fuera posible.

Con el tiempo se le hizo evidente que esto también era demasiado general y que debía ser más específico, así que, esta vez con la ayuda de un coach, analizó las características de lo que más me frustraba y de los aspectos con los que el compromiso de cambio era más fuerte. Se dio cuenta de que la injusticia que más aborrecía era el abuso de poder de todo tipo, desde el nivel micro hasta el macro, desde el maltrato infantil hasta las prácticas empresariales que explotan al personal, a los clientes y a los proveedores. Esto le permitió entender con claridad cómo y por qué se sentía atraído por el coaching y por el liderazgo en las grandes empresas. Aún más macro y aborrecible es el abuso que padecen los países pequeños por parte de las superpotencias y de la élite en el poder, sus propios líderes.

Esperamos que esta breve revelación personal ilustre el tipo de pasos que pueden emprenderse si decidimos, primero, orientarnos a los valores y luego centrarnos en ellos, lo que a su vez puede guiarnos y ayudarnos a izar las velas de nuestro bote salvavidas.

Líderes orientados a los valores

Queda claro que necesitamos líderes orientados a los valores (colectivos, no egoístas) y decididos a ponerlos en práctica, para que puedan aplicarlos de la manera más adecuada. Si el ejecutivo de una multinacional que se comporta como se suelen comportar todos recibe un toque de atención (por ejemplo, sufre un problema cardiaco o tiene una sensación creciente de falta de sentido), quizá sería conveniente que explorara sus valores con un coach. Es posible que se plantee la cuestión de si sus creencias personales están lo suficientemente alineadas con los valores corporativos; con ello nos referimos a los valores por los que se rige la empresa, no los que proclama. Si no están alineadas, se enfrentará a algunas decisiones complicadas, como dejar el trabajo, asumir la responsabilidad de modificar los valores corporativos para alinearlos con valores universales más elevados o, si no ostenta un cargo superior, encontrar la manera de expresar sus propios valores en la empresa y que todos salgan beneficiados.

Richard Barrett, que solía trabajar en el departamento de recursos humanos del Banco Mundial, ha diseñado lo que denomina «herramientas de transformación corporativa», basadas en un modelo parecido al de Maslow, que miden los valores de todos los integrantes de una empresa. Lo único que deben hacer los empleados es conectarse durante quince minutos para seleccionar en una plantilla (específica para cada empresa) sus propios valores, cuáles son los valores corporativos en ese momento y cuáles les gustaría que la empresa adoptara. Los resultados se procesan informáticamente y cada empleado recibe una hoja explicativa con sus respuestas y un resumen sobre cómo el personal ve la empresa en la actualidad y cómo le gustaría que fuera. Las diferencias entre ambos aspectos muestran con precisión el camino que la empresa ha de seguir.

El sistema permite reflejar los valores que existen por departamento, por escala salarial, por género, por edad, por cargo, etcétera, para así identificar los puntos débiles en áreas específicas. El proceso aporta más información valiosa de la que podemos describir aquí, incluido un apartado sobre el liderazgo, pero se puede acceder a ella en internet o en las publicaciones de Barrett (véase la bibliografía). Es un sistema extraordinario que recomendamos a todos los coaches corporativos y a todos los profesionales de recursos humanos para cuando el consejo, o el director financiero de turno, crea que no es necesario modificar las políticas o los procesos internos. Las conclusiones son claras, definidas, reveladoras y muy persuasivas en la mayoría de los casos.

Sin embargo, si los directores, que son los que suelen elaborar la misión corporativa y los valores, quieren ir por un lado y la plantilla quiere ir por otro, se encontrarán en un dilema. Obligar al personal a modificar sus valores más profundos y a adaptarse a otros impuestos suele acabar en desastre. Los directores tendrán que pensar en cómo encajar los valores corporativos con los de sus empleados. Se trata de cambiar la responsabilidad. En la práctica se pueden encontrar o negociar compromisos que satisfagan las necesidades de todos.

Principios

Además de estar orientados a valores, los líderes deben ser capaces de traducir esos valores en principios que actúen como guía para quienes trabajan en la organización. El pensamiento global imperante en la empresa tiene mucho que ver con los principios, en el sentido de que todas y cada una de las acciones pueden tener consecuencias inesperadas en áreas que parecían no guardar relación alguna. Como estas situaciones suelen ser absolutamente impredecibles, hacerlo lo mejor posible en cada circunstancia significa que todas las acciones que se emprenden deben estar enmarcadas en el contexto de los principios guía de la organización. A su vez, estos han de estar en línea con el propósito del líder, siempre que haya avanzado lo suficiente en el camino del crecimiento personal.

Veamos un ejemplo concreto. Tal y como John McFarlane, exdirector ejecutivo de ANZ Bank, ha escrito en el prólogo de este libro, «en las empresas que destacan como extraordinarias, el liderazgo se basa en principios». Esto es lo que ANZ dijo acerca de sus valores en su sitio web:

En ANZ, nuestros valores consisten en «hacer lo correcto y hacerlo bien».

Nuestros valores son nuestra idea compartida de lo que somos en tanto que organización. Describen a qué no estamos dispuestos a renunciar en ninguna situación, ya sea con nuestros clientes, con nuestros accionistas, con la comunidad o con nosotros mismos.

Vivir según los valores de ANZ nos ayuda a lograr mejores resultados empresariales. Junto a nuestro código ético y de conducta, nuestros valores guían nuestras acciones y nos ayudan a tomar decisiones en el trabajo diario.

Nuestros valores son:

Integridad	Hacer lo correcto.
Colaboración	Conectar y trabajar al unísono para nuestros clientes y accionistas.
Responsabilidad	Hacernos responsables de nuestras acciones y lograr lo que nos proponemos.
Respeto	Valorar todas las voces e integrar en ANZ la visión del cliente.
Excelencia	Dar lo mejor de nosotros mismos, ayudar a los demás a progresar, estar orientado el negocio.

Es fácil ver cómo han articulado los valores en forma de principios. Lo bueno de los principios es que guían las acciones y las conductas, pero al mismo tiempo dejan un margen de flexibilidad suficiente para abordar situaciones excepcionales de un modo que sería imposible con meras normas. Tal y como hemos explicado en el capítulo 2, los principios son el centro de gravedad de las culturas interdependientes y de alto rendimiento.

VISIÓN

La segunda cualidad esencial con la que deben contar los líderes es una visión amplia y profunda. Debido a la creciente competencia y a la incertidumbre, es fácil que los líderes se centren en la cuenta de resultados. Es como si los números los cegaran y no les permitieran ver más allá de la pantalla del ordenador, y no digamos ya mirar por la ventana y ver el mundo exterior. ¿Cuántos líderes piensan en el impacto que tendrán sus decisiones en las generaciones futuras? ¿Esa decisión refleja y perpetúa los sistemas de siempre y, por lo tanto, la degradación medioambiental y la injusticia social, o cambia las cosas para bien?

Es una obviedad afirmar que los líderes deberían tener una visión a largo plazo, aunque solo fuera en el sentido económico. Pero en el mundo de las puertas giratorias y de las grandes bonificaciones, cada vez que llega el momento se suele escoger a los líderes por su capacidad de lograr beneficios económicos inmediatos, no por su visión a largo plazo, que se ha relegado y devaluado como cualidad de liderazgo. Y esto puede tener consecuencias muy peligrosas.

En el pasado, la visión era fundamentalmente estrecha y centrada, a pesar de que la innovación y los avances proceden invariablemente de una perspectiva distinta o más amplia sobre una cuestión concreta. El mundo actual está tan interconectado y las comunicaciones son tan inmediatas que el pensamiento global, que hoy ya es necesario, será imprescindible mañana. Y es algo que aparece automáticamente como resultado del crecimiento personal.

Así pues, ¿qué es la visión como cualidad de liderazgo? Puede descomponerse en dos partes. La primera es la capacidad de «visualizar» y de soñar, es decir, la capacidad de crear una imagen clara y atrevida de cómo quiere el líder que sean las cosas a largo plazo, sin que los límites convencionales le corten las alas. Esto incluye profundidad en términos de una escala temporal prolongada y amplitud en términos de una mentalidad sistémica que establece conexiones más allá de los límites. La segunda parte de la visión es la capacidad de comunicar esta imagen de tal modo que inspire a los demás, o de ser «visionario». El líder consigue que le sigan cuando comunica su visión e inspira a los demás. Porque ¿qué es un líder sin seguidores?

AUTENTICIDAD

La autenticidad es la siguiente cualidad esencial para el liderazgo: ser quienes somos y no tener miedo de serlo ante los demás. Lograr la autenticidad supone emprender un viaje interminable. Se trata de liberarnos de los condicionamientos educativos, sociales y culturales, así como de las creencias y las preconcepciones falsas que hemos ido acumulando por el camino. También se trata de liberarnos del miedo. Miedo al fracaso, miedo a ser diferente, miedo a parecer tonto, miedo a lo que puedan pensar los demás, miedo al rechazo y muchos más miedos egocéntricos.

El modelo de las subpersonalidades, que se explica con mayor detalle en el capítulo 23, puede resultar muy útil para los coaches que tratan cuestiones relacionadas con la autenticidad. Aprender a dar un paso atrás y a transformarse en un observador neutral supone otro avance en el camino del crecimiento personal, camino en el que nos puede ayudar un coach experimentado. Es como convertirse en un director de orquesta, que puede solicitar la intervención de cualquier instrumento o grupo de instrumentos y dirigir toda una sinfonía, pero sin tocar ni una sola nota. Es lo que podemos describir como un estado de autogestión, y comporta un gran aumento de la seguridad en uno mismo y de la sensación de poder personal.

En términos de psicosíntesis (también hablaremos de ello en el capítulo 23), se trata del lugar conocido como *yo* y que, en ocasiones, se describe como quién somos en realidad o nuestra identidad personal. La definición del *yo* que ofreció Roberto Assagioli era un lugar de conciencia pura y de voluntad pura (responsabilidad personal). Es el estado en el que, idealmente, los líderes deberían encontrarse la mayor parte del tiempo. Se trata de un estado muy potente, libre de miedos, auténtico y coherente, que muy pocas personas alcanzan a no ser que inviertan intensamente en su desarrollo interno. Equivale al liderazgo de más alto nivel que Jim Collins describe en su libro *Empresas que sobresalen* y en el que las cualidades fundamentales son la humildad personal (conciencia de uno mismo) y la voluntad profesional (responsabilidad colectiva).

Cada vez que el coach ayuda al coachee a lograr un pequeño reto y a ser más consciente y responsable del mismo, también le permite acostumbrarse a expresar la cualidad de su *yo*; es decir, a vivir desde su *yo* con más regularidad o a ser más auténtico con mayor frecuencia.

La transformación de la que hablo no sucede de la noche a la mañana, ni tras un par de sesiones de coaching. Es fruto del compromiso y la persistencia, y quizá de algunos momentos duros internamente, pero es el pequeño precio que hay que pagar para obtener los beneficios de ser nuestro *yo* real la mayor parte del tiempo. Desde ahí se puede liderar a los demás. Se trata de la autenticidad total, que va de la mano de los mejores valores y de la mejor visión.

AGILIDAD

La agilidad es otra cualidad de liderazgo importante. La capacidad de ser flexible, cambiar, innovar y abandonar los programas a los que se tiene apego es fundamental dadas la incertidumbre y la velocidad del cambio en el mundo actual. Es posible que la voluntad de cambiar de dirección rápidamente cuando lo exijan las circunstancias sea una necesidad para sobrevivir en el futuro. Debemos insistir en que no hablo de reinventarse al nivel de los valores personales o del *yo* auténtico.

La agilidad es el fruto del trabajo en dos áreas del crecimiento personal de las que ya hemos hablado extensamente. Por un lado, liberarse del corsé de los condicionamientos educativos, sociales, culturales y de las creencias y suposiciones obsoletas y, por el otro, eliminar el miedo, especialmente el miedo a lo desconocido que impide a tantas personas abrirse al cambio. Lo desconocido abarca muchos aspectos, como las situaciones nuevas, las reacciones inesperadas de los demás o las consecuencias inesperadas en sistemas cerrados.

La palabra *agilidad* se asocia a la juventud y a una buena forma física. En general, existe la creencia (con cierta base de realidad), de que cuanto más mayores nos hacemos, menos ágiles somos. Para mantenernos flexibles, tenemos que movilizar todos los músculos del cuerpo, y lo mismo podemos decir de la mente. Cuando envejecemos, normalmente a partir de los treinta años, empezamos a caer en innumerables pautas de conducta rutinarias. Vamos de vacaciones al mismo sitio, bebemos el mismo vino, hacemos las compras el mismo día, llevamos la misma ropa, pedimos lo mismo en el restaurante de siempre, damos los mismos paseos, vamos al trabajo por el mismo camino, decimos lo mismo y reaccionamos igual... Pruebe a hacer este ejercicio de agilidad.

ACTIVIDAD:
Ejercite la agilidad

Durante una semana (vigile, porque luego puede convertirse en costumbre), evite repetirse en todo lo que haga, desde lo más insignificante hasta lo más importante. Elabore una lista con todo lo que no haya podido evitar repetir durante esa semana y cámbielo a la siguiente. Salude a la gente diciéndole la verdad en vez de soltar tópicos gratuitos, converse con los taxistas interesándose realmente por ellos, visite a ancianos en una residencia, recoja los papeles del suelo, hable con los músicos callejeros y dé a los mendigos cinco euros en lugar de cinco céntimos. Piense en algo que jamás pediría en un restaurante... y pídalo.

Haga algo distinto, inténtelo. Así ejercitará la agilidad mental y, probablemente, también la física. Descubrirá que puede sobrevivir haciendo las cosas de otro modo. Al fin y al cabo, las costumbres son una repetición segura de conductas que permiten evitar el miedo. Abandonarlas abre la puerta a otras vías, hace que la vida sea más atractiva, nos permite hacer nuevos amigos, nos convierte en seres mucho más interesantes y es posible que incluso nos haga llorar de alegría.

Para algunas personas es más fácil empezar a aplicar cambios fuera del lugar de trabajo, pero estos mismos principios pueden llevarse también al ámbito laboral.

ALINEACIÓN

En general, se asume que la alineación en la empresa consiste en que los miembros del consejo o de un equipo de trabajo se unan y vayan en la misma dirección para lograr un objetivo o establecer un método de trabajo. Este tipo de alineación es importante, pero aún lo es más la alineación interna, o psicológica, de cada líder consigo mismo. Sin ella, es difícil lograr la alineación externa. Pero ¿qué es la alineación interna?

Es la alineación y colaboración entre nuestras subpersonalidades. Si un líder tiene un conflicto interno acerca de una decisión importante, las consecuencias pueden ser de gran alcance. Por ejemplo, una opción puede resultar en un gran beneficio personal para quien ha de tomar la decisión, como en una adquisición o una privatización. Otra opción quizá le ofrezca menos beneficios personales, pero sea más provechosa a largo plazo para la empresa y para los clientes, y una tercera opción quizá sea más positiva para la comunidad, para la sociedad y para el medioambiente.

Hasta que no haya resuelto con claridad el conflicto interno, no podrá comprometerse plenamente con la opción que escoja. La elección dependerá de lo que valore más o, sencillamente, de sus valores. Cuando distintos aspectos de una misma persona (las subpersonalidades) tienen valores diferentes, la toma de decisiones se convierte en una pugna interna entre ellas. A medida que nos desarrollamos psicológicamente, los valores cambian o se expanden, de forma que el conflicto interno es una consecuencia natural del proceso de maduración.

Si los distintos miembros de un equipo tienen objetivos diferentes, el equipo no será tan eficiente o eficaz como si estuvieran alineados. Sin embargo, no todo son malas noticias. Los diferentes puntos de vista en un equipo pueden dar lugar a un debate saludable y a un resultado meditado que abarque distintas perspectivas. No obstante, cuando el debate finaliza, todo el mundo ha de comprometerse con la acción acordada. Ha de ser así entre un grupo de personas, o deberíamos decir en cada una de las personas. Todo aquel que aspira al liderazgo ha de desarrollar su alineación interna. Si no lo hace, los demás percibirán cierta esquizofrenia en su manera de hacer y no sabrán qué terreno pisan con él; no sabrán con quién están tratando.

A veces, los líderes y la gente que hay a su alrededor no saben identificar la causa y el alcance de la falta de alineación interna; simplemente lo perciben como una incongruencia, como falta de responsabilidad o como falta de autenticidad. No hay que mirar muy lejos para ver lo evidente que es y lo extendido que está el problema en la clase actual de líderes corporativos y políticos. Tampoco sorprende, porque todos tenemos este problema en mayor o menor medida. Forma parte de la condición humana, aunque la manera en que nos crían, nos enseñan en la escuela y nos forman en la empresa podría mitigarlo considerablemente si se reconociera y se aceptara más ampliamente su existencia.

LOS LÍDERES DEL FUTURO

Los líderes del futuro necesitan valores y visión, ser auténticos y ágiles, y estar alineados internamente. Si a todo esto le añadimos la responsabilidad personal y la conciencia, la seguridad en uno mismo y una buena dosis de inteligencia emocional, la receta es verdaderamente potente. Todos estos ingredientes son orgánicos, caseros y no contaminantes, ya que nada es importado y, de hecho, todo está justo donde usted se encuentra, esperando a que lo recoja.

No es necesario saber hacer algo para ser capaz de hacerlo.
Aprendimos a caminar, a correr, a ir en bicicleta y a jugar
a la pelota sin que nos dieran instrucciones.

Hasta ahora, gran parte del libro ha tratado sobre el aprendizaje, y el aprendizaje de habilidades físicas en el deporte ha proporcionado varios ejemplos que han servido para ilustrar el proceso del coaching. Sin embargo, la amplia utilización de métodos basados en las instrucciones, tanto en el deporte como en el trabajo o en las escuelas, indica lo mal que se entiende, en general, el verdadero proceso de aprendizaje. Parte del problema reside en que los entrenadores, los profesores y los directivos están más preocupados por los resultados a corto plazo (ya sea aprobar el examen o acabar la tarea enseguida) que por el aprendizaje en sí mismo o por la calidad del resultado. Y eso ha de cambiar, porque los resultados no son lo bastante buenos ni para satisfacer nuestras necesidades ni para superar a la competencia. Tenemos que encontrar una manera mejor de aprender.

Existe la creencia, tan generalizada como errónea, de que los buenos líderes nacen, no se hacen, y que el estilo de coaching es exclusivo de personas que poseen determinados rasgos naturales. Sin embargo, aprendemos a comunicarnos observando a nuestros padres o a otras influencias tempranas. Si las habilidades de coaching no se aprenden en la primera infancia, es indudable que cualquiera puede aprenderlas de forma consciente más adelante y, con mucha práctica, desarrollar un estilo de liderazgo basado en el coaching. Con el tiempo, la conducta de coaching será algo automático o inconsciente.

Los participantes en nuestros cursos de coaching se quedan sorprendidos por lo obvios y sensatos que son los principios del coaching y por su lógica irrefutable, una vez que logran escapar de la tiranía de las pautas de pensamiento obsoletas y redundantes que nunca nos habíamos planteado cuestionar o poner en duda. A muchos les resulta útil aplicar una perspectiva del aprendizaje ampliamente aceptada en el ámbito de la formación empresarial y que postula que el aprendizaje pasa por cuatro fases:

- **Incompetencia inconsciente** = bajo rendimiento, sin diferenciación ni comprensión.
- **Incompetencia consciente** = bajo rendimiento, reconocimiento de las carencias y de los puntos débiles.
- **Competencia consciente** = mejora del rendimiento, esfuerzo consciente y un tanto artificial.
- **Competencia inconsciente** = rendimiento más elevado de manera natural, integrada y automática.

FIGURA 20: *La escalera del aprendizaje*

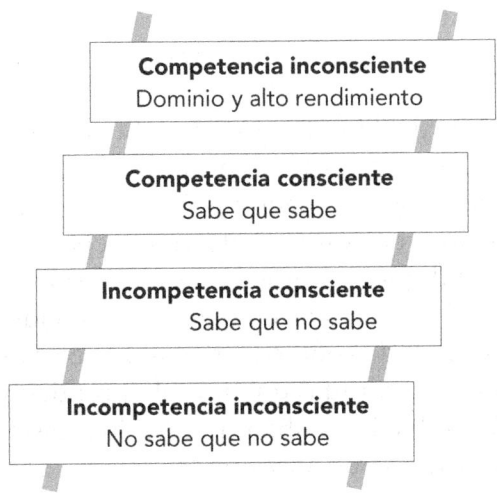

La escalera del aprendizaje (Figura 20) suele llevarnos por cada uno de estos cuatro escalones. Cuando acabamos de integrar plenamente una parte del aprendizaje, y si queremos seguir mejorando, abordamos el siguiente peldaño.

¿Debemos seguir siempre estas cuatro etapas o hay excepciones y atajos? Los niños aprenden a caminar y a hablar, a chutar la pelota o a ir en bicicleta en un proceso que pasa con bastante rapidez de la **incompetencia inconsciente** a la **competencia inconsciente**. Más adelante, cuando aprendemos a conducir, podemos identificar con claridad las cuatro etapas: el profesor de la autoescuela aplica su conocimiento en las etapas de **incompetencia consciente** y de **competencia consciente**. Una vez aprobado el examen, el aprendizaje prosigue con la **competencia consciente** hasta la **competencia inconsciente**, y el acto de conducir se convierte en un proceso integrado. Pronto somos capaces de conducir de un modo bastante automático mientras pensamos, conversamos o escuchamos música. La conducción se sigue perfeccionando con la experiencia.

El aprendizaje también puede acelerarse reiniciando el ciclo conscientemente. Puede hacerse de dos maneras: o bien contratando a un profesor de conducción avanzada para que nos ayude a pasar por las etapas 2 y 3, o bien con un proceso de autocoaching. La primera asume que no podemos saber qué hacemos mal ni qué debemos cambiar en el futuro. Trasladamos la responsabilidad de nuestra mejora a un tercero.

Con el segundo método conservamos la responsabilidad personal, apagamos la radio y detenemos los pensamientos irrelevantes para poder concentrarnos en las diferentes facetas de la conducción. Si se hace conscientemente, sin juzgar y con honestidad, los aspectos de la conducción susceptibles de mejora se harán evidentes por sí mismos. Puede tratarse de un cambio de marchas brusco, de errores de cálculo en la velocidad y en la distancia, o de una tensión muscular en brazos y hombros que hace que nos cansemos antes. Ahora estamos en la fase de **incompetencia consciente**, y es probable que pasemos a la etapa siguiente esforzándonos conscientemente en pisar el embrague con más suavidad, en vigilar el cuentarrevoluciones o el velocímetro, y en mantener siempre la distancia de seguridad con el coche de delante. Al final, y gracias a la repetición consciente, las mejoras se convertirán en costumbre y eso marcará el inicio de la **competencia inconsciente**.

Sin embargo, hay una variante del autocoaching mucho más efectiva. Si hacemos lo siguiente, en lugar de esforzarnos en cambiar los aspectos defectuosos de la conducción que se hayan identificado en la etapa de **incompetencia consciente**, obtendremos resultados mucho mejores y con mucho menos esfuerzo.

No esforzarse

Identificamos la habilidad que nos gustaría adquirir, por ejemplo, cambiar de marchas con suavidad, y en lugar de intentar hacerlo, nos limitamos a seguir observando cómo cambiamos de marcha. Para cuantificar la suavidad con que hacemos los cambios y evaluarnos con mayor precisión, podemos utilizar una escala del uno al diez en suavidad, considerando que diez es el máximo de suavidad posible. Seguimos conduciendo como siempre y nos limitamos a valorar cada cambio de marchas. Sin necesidad de esforzarnos más, los números empiezan a subir, y en un periodo de tiempo sorprendentemente corto, es muy posible que ya alcancen entre el nueve y el diez.

La **competencia inconsciente** hace su aparición, dejamos de aplicar la escala de puntuación y la suavidad en el cambio de marchas sigue ahí, incluso en condiciones extremas o en un vehículo que no conocemos bien. En caso de recaída, un par de kilómetros conduciendo con el registro de **competencia consciente** bastan para recuperar la suavidad. Este aprendizaje o mejora del rendimiento no requiere esfuerzo, es sorprendentemente rápido y ofrece un resultado de alta calidad.

En términos de proceso, supone un salto directo de la **incompetencia consciente** a la **competencia inconsciente**, sin necesidad de pasar por la fase de **competencia consciente**. El profesor de autoescuela nos mantendría oscilando entre la **incompetencia consciente** y la **competencia consciente**, con el consiguiente coste en tiempo y dinero. Por otro lado, aporta conciencia en forma de críticas e instrucciones, de las que el aprendiz no se siente responsable en absoluto. Cuanto más crítico y dictatorial sea el profesor, más perjudicada se ve la autonomía del alumno.

Hay una gran diferencia entre intentar hacer algo bien todo el tiempo e intentar registrar lo que hacemos todo el tiempo, sin emitir juicios. Esto último genera un bucle de retroalimentación que conduce al aprendizaje de calidad y a la mejora del rendimiento; es decir, facilita en lugar de forzar. Lo primero es estresante, poco efectivo... y lo más habitual en la práctica.

APRENDIZAJE Y PLACER

Muchas empresas están empezando a darse cuenta de que si quieren estimular y motivar a sus empleados, y si quieren afrontar la demanda de cambio casi permanente, deben convertirse en organizaciones de aprendizaje. El **rendimiento**, el **aprendizaje** y el **placer** están intrínsecamente relacionados. Los tres aumentan cuando el nivel de conciencia es elevado (uno de los objetivos del coaching), pero uno puede centrarse sobre todo en desarrollar uno de ellos con éxito, aunque no durante mucho tiempo. Cuando nos olvidamos de alguno de los tres, es inevitable que los otros se resientan tarde o temprano. El rendimiento no puede mantenerse si no hay aprendizaje o si no hay placer.

Si dedicásemos un capítulo entero al placer en un libro orientado sobre todo al sector de la empresa, es posible que más de uno arqueara la ceja. Aunque es un tema que bien merece un capítulo completo, nos controlaremos. Distintas personas experimentan el placer de maneras muy diferentes.

Podemos obtener placer también cuando experimentamos una expresión más plena de nuestro potencial. Cada vez que sentimos que nos hemos superado a nosotros mismos para llegar a donde nunca antes habíamos llegado, ya sea en esfuerzo, en valor, en actividad, en fluidez, en habilidad o en efectividad, logramos nuevos máximos sensoriales, gracias al flujo de adrenalina. El coaching trabaja directamente sobre los sentidos, sobre todo cuando se trata de actividades físicas. Por lo tanto, la propia naturaleza del coaching fomenta el placer. En la práctica, la distinción entre el rendimiento, el aprendizaje y el placer se difumina, y el límite de esta fusión se encuentra en lo que con frecuencia se describe como experiencia culminante. Nos cuidaremos mucho de promover experiencias culminantes en el lugar de trabajo, pero hay algo que debemos tomarnos muy en serio: es necesario entender cómo funciona el coaching, y, sobre todo, el coaching avanzado, que es de lo que trata el próximo capítulo.

Gran parte de las disfunciones psicológicas actuales
se deben a la frustración por la falta de sentido
y de propósito en nuestras vidas.

Una gran parte del coaching que se aplica en las empresas, diría que demasiado, es transaccional y o bien se limita a la psicología cognitiva, o bien se ve limitado por los principios de la psicología humanista, que mantienen que la conciencia es terapéutica por sí misma. La psicología transpersonal insiste en el principio de la voluntad, la intención o la responsabilidad. El coaching se construye sobre esta filosofía de conciencia y de responsabilidad. Lo llamo coaching transformacional, para distinguirlo del transaccional.

Roberto Assagioli concibió la psicosíntesis en 1911. Había sido alumno de Freud y fue el primer psicoanalista freudiano de Italia. Al igual que Carl Jung, amigo y compañero de estudios, se rebeló contra la limitada visión patológica y animalista que Freud tenía del ser humano. Ambos sugirieron que los seres humanos poseen una naturaleza mucho más elevada y que gran parte de las disfunciones psicológicas se deben a la frustración, o incluso desesperación, por la falta de sentido y de propósito en nuestras vidas.

La psicosíntesis ofrece una serie de mapas y modelos que tejen una trama muy útil para el coaching más profundo. Uno de ellos es un modelo simplificado del desarrollo humano que, como cualquier modelo, no es la verdad, sino una representación que nos permite entablar una conversación con el coach o con nosotros mismos. Este tipo de coaching avanzado invita al coachee a replantearse la vida como un viaje de desarrollo personal, a que vea el potencial creativo que esconde cada problema, a que perciba los obstáculos como escalones que permiten avanzar y a que imagine que todos tenemos un propósito en la vida y nos enfrentamos a retos que debemos superar para poder lograr ese propósito. Las preguntas del coach buscan que el coachee identifique el potencial positivo de la dificultad y de las decisiones que decida tomar. Y con esto llegamos a la culminación de la curva de rendimiento, porque se trata de mirar tanto hacia el interior como hacia el exterior, vinculando a la persona y la organización con la sociedad y el planeta.

LAS DOS DIMENSIONES DEL CRECIMIENTO

FIGURA 21: *Las dos dimensiones del crecimiento*

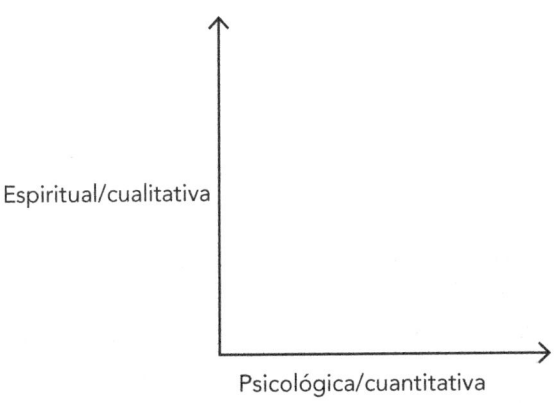

Podemos representar la experiencia de nuestra vida, o la de los demás, en una gráfica bidimensional (Figura 21) en la que el eje horizontal refleja el éxito material, y el vertical, los valores o las aspiraciones espirituales. Para ilustrar los dos ejes representaremos dos tipos de personas muy distintas.

Una es un empresario, que puede estar centrado en el logro y en el éxito personal en el mundo material y que quizás haya llegado a ser una persona bien integrada, un buen padre y un miembro respetado de la sociedad, sin haberse planteado nunca ni una sola pregunta significativa sobre la vida. Es posible que este empresario considerara que el tipo opuesto, el que sigue a continuación, es una persona perezosa, desorganizada, aprovechada e inconstante.

En la otra cara de la moneda está el tipo místico, el asceta que lleva una vida contemplativa, pero que no parece estar demasiado preparado para afrontar la realidad y los elementos esenciales de la vida cotidiana. Su casa, su economía e incluso su personalidad pueden ser un tanto caóticas. Son personas que llevan una vida monástica, de estudio o de vocación artística, y que siempre se muestran dispuestas a ayudar a los demás. Consideran que las ambiciones del empresario carecen de sentido, que son egoístas y que pueden llegar a destruir a la propia persona y a los demás.

FIGURA 22: *Alcanzar el equilibrio*

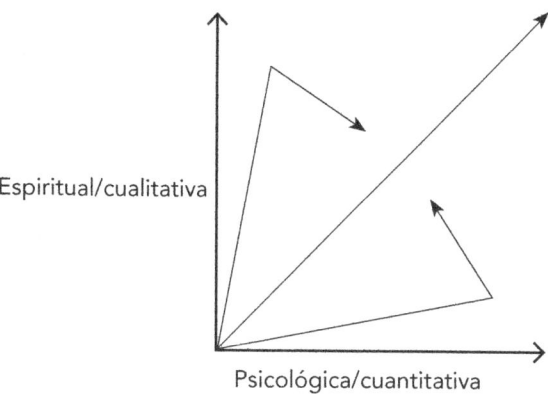

Es indiscutible que los occidentales han centrado sus esfuerzos en avanzar en el eje horizontal de la Figura 22 y que lo han hecho con entusiasmo y con éxito. Hace mucho tiempo que la influencia y los imperativos económicos de Occidente son una fuerza global, pero tanto en Oriente como en Occidente ha habido muchos que han decidido ascender por el eje vertical. Cuanto más avanzamos en uno a expensas del otro, más nos apartamos del camino ideal, el del equilibrio entre ambos, y, por lo tanto, aumenta la tensión.

FIGURA 23: *Crisis de sentido*

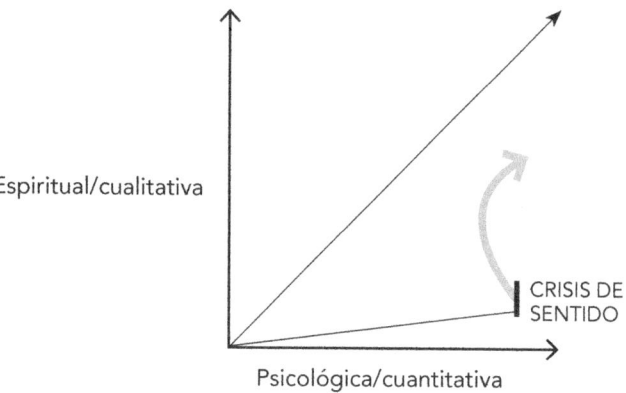

Si las presiones sociales, los imperativos económicos o la determinación ciega por lograr el éxito vencen la tensión que intenta que recuperemos el equilibrio, es probable que acabemos chocando contra un muro. Y ese muro es lo que conocemos como crisis de sentido (Figura 23). Cuando topamos con él, solemos caer en un estado de confusión transitoria y el rendimiento cae; sin embargo, es muy probable que acabemos sintiendo un impulso ascendente que nos acerca al ideal y que nos permite descubrir un camino más equilibrado. Hacemos más introspección, pintamos o escribimos poesía, y deseamos pasar más tiempo de calidad con nuestros hijos.

Conocimiento

El eje horizontal también puede equipararse con el conocimiento. La crisis de sentido aparece cuando el conocimiento se acumula hasta tal punto que supera el efecto moderador que ejercen los valores. Ante la crisis se desmorona el falso sentido de seguridad que nos proporcionaba la ilusión de poder y de certidumbre que nos da el conocimiento.

La sabiduría trasciende el conocimiento y es más profunda. Aumenta nuestra capacidad de previsión, a menudo resulta paradójica, y ofrece un tipo de seguridad distinta, que la persona experimenta una vez que ha superado la crisis. Por lo tanto, podría decirse que la línea de 45 grados que aparece en los diagramas de la página anterior representa la sabiduría que se encuentra entre los extremos de lo que podríamos describir como conocimiento explotado indiscriminadamente en un eje, y fanatismo espiritual irracional en el otro. Los excesos verticales también pueden dar lugar a una crisis, conocida como crisis de dualidad, debido a la gran divergencia entre la visión idealista y la dureza de la realidad cotidiana. Estas personas se dan de bruces con la realidad y es posible que acaben renunciando a sus valores para poder encontrar un trabajo serio.

En los diagramas anteriores sobre la psicosíntesis hemos omitido un elemento, un rayo de luz que se encuentra más allá de la punta de flecha de 45 grados. Representa el yo superior o el espíritu, que podría entenderse como la fuente del propósito y de la sabiduría. Nos impulsa suavemente a retomar el buen camino, pero los deseos y las ambiciones más terrenales suelen anularlo. En el pasado, las mentes racionales y científicas podrían haber desdeñado esta idea como una especulación sin fundamento. Sin embargo, los últimos avances en neurobiología han revelado lo que se ha dado en llamar «punto divino» en los lóbulos temporales del cerebro y que según Danah Zohar podría ser «un elemento fundamental de una inteligencia espiritual más amplia».

Las empresas reconocen que muchos sistemas en todo el mundo están pasando de dar órdenes a dar opciones. Eso es lo que hace precisamente un estilo de liderazgo basado en el coaching. Las personas quieren, y seguirán esperando tener más capacidad de elección en el futuro. Por supuesto, no es necesario pasar por una crisis para alcanzar el desarrollo espiritual. Hay personas que avanzan mucho en su viaje sin sufrir una crisis y sin el apoyo de un coach. Otras avanzan con consecuencias menos dramáticas a través de una serie de «minicrisis» y los cambios de dirección no son tan bruscos.

SUBPERSONALIDADES

A veces me quedo perplejo ante las distintas facetas de mi carácter.
Me doy cuenta de que soy varias personas y de que es inevitable
que la persona dominante en un momento dado dé paso a otra.

W. SOMERSET MAUGHAM

Este modelo de coaching avanzado trabaja con lo que llamamos subpersonalidades, las distintas facetas que nos componen y que pueden tener objetivos y características diferentes. Por ejemplo, ¿alguna vez se ha levantado en una mañana soleada y ha pensado: «¡Vaya! Podría ir a dar un paseo por la playa», para decirse a sí mismo, acto seguido: «No, no. Me quedo aquí en la cama; estoy muy cómodo y calentito»? ¿Quién le habla a quién? Son dos subpersonalidades de entre las muchas que tiene, incluida una tercera, que ha escuchado ambas partes del diálogo.

Todos conocemos a alguien que se pone el traje, se admira en el espejo y se va, hombros erguidos y cabeza bien alta, al trabajo. ¿Es así como habla y se mueve cuando va a visitar a su madre o está con sus hijos? Lo más probable es que no. Todos adoptamos ciertas características, e incluso personalidades, en distintas circunstancias, en función de cómo nos vemos o de cómo queremos que nos vean. Muchas de las subpersonalidades nos acompañan desde la infancia, cuando de manera inconsciente, al menos en parte, usábamos una estrategia para lograr lo que queríamos de nuestros padres. «¿Puedo comer más chocolate? Por favoooooooor, por favoooooor», decíamos con voz aguda, cabeza inclinada y tono desvalido. Si esa estrategia no funcionaba, lo intentábamos con otra hasta que lo conseguíamos, y entonces la perfeccionábamos. Nos damos cuenta de que también funciona con los demás, llegados a la edad adulta, y no solo para conseguir más chocolate. La mayoría de las subpersonalidades tienen una necesidad, y muchas, también un don (por ejemplo, el héroe suele ser valiente, una cualidad valiosa cuando alguien necesita que lo rescaten).

Coaching ante un conflicto interno

Cuando el coachee plantea un conflicto interno, se le puede preguntar: «¿Qué parte de usted quiere eso?», y luego: «¿Qué más caracteriza esa faceta suya? ¿Qué quiere esa faceta?». El objetivo de estas preguntas de coaching es que la persona identifique y entienda más sus impulsos y conflictos internos antes de empezar a resolverlos. Cuando el coachee se siente cómodo con el coach, normalmente se le puede pedir que asigne nombres (Chocoadicto, Héroe, Víctima, etcétera) a las distintas subpersonalidades. A partir de ahí surgen muchas preguntas de coaching:

- ¿Cuál de ellas resulta más perturbadora?
- ¿Cuándo aparece?
- Deme un ejemplo reciente.
- ¿Qué quería esa subpersonalidad en ese momento?
- ¿Lo consiguió? De ser así, ¿cómo cree que se sintió la otra persona?
- ¿De qué otra manera podría haber logrado lo mismo en esas circunstancias?

Este proceso aumenta la autoconciencia del coachee hasta el punto de que puede empezar a escoger cómo se presenta, en lugar de dejar que sean las circunstancias las que potencien una subpersonalidad u otra. La responsabilidad personal se ve reforzada y avanza hacia una mayor sensación de autocontrol. Cuando dos subpersonalidades entran en conflicto (como en el ejemplo del paseo por la playa) y suele darse un patrón repetitivo, se puede invitar al coachee a que entable una conversación imaginaria entre las dos partes, e incluso a que las haga negociar (por ejemplo, salir a pasear tres veces a la semana y quedarse en la cama cuatro).

¿Quién es usted?

Una manera de describir las subpersonalidades es aceptar que nos «identificamos» con ciertas descripciones, funciones e incluso objetos. Si le pregunta a un desconocido «¿quién es usted?», normalmente le responderá con su nombre. Sin embargo, cuando un grupo de personas se juntan para ayudar (o curiosear) en un accidente y un policía o un familiar le pregunta a alguien que se abre paso a través de la multitud «¿quién es usted?», es posible que la persona responda: «Soy médico», porque es más relevante en esa situación. En función de las circunstancias, una misma persona puede describirse como empresario, como seguidor del Arsenal, como contable, como corredor de carreras, como feminista, como estadounidense, como madre, como profesora, como científica... Y podríamos seguir. Ninguna de estas cosas define realmente quiénes son estas personas, sino con qué aspecto de sí mismas se identifican en cada momento o circunstancia.

Hay personas que se quedan muy bloqueadas en una única subpersonalidad y se niegan a sí mismas el acceso a otras facetas que quizá son más interesantes, creativas, divertidas, adecuadas, etcétera. Hay quien incluso llega a identificarse con objetos, como la ropa que lleva, el coche que conduce, etcétera. No solo los tiene, sino que se convierten en él o ella. Es importante que las personas lleguen a saber quiénes son, más allá de esas identificaciones temporales y superficiales.

Podemos comparar a la persona con un equipo cuyos distintos miembros tienen habilidades, deseos y expectativas diferentes. Es importante que los miembros del equipo se muestren receptivos y hablen de sus necesidades y diferencias para que puedan colaborar e incluso apoyarse mutuamente, con el objetivo de cumplir las aspiraciones individuales de cada uno. El coaching puede ayudar a que la persona sea más coherente y se sienta más integrada, tanto con ella misma como con quienes la rodean. El proceso consiste en aumentar la conciencia y la responsabilidad personal.

En el lugar de trabajo, y por supuesto también en casa, surgen muchos conflictos cuando la subpersonalidad de una persona choca con la subpersonalidad de otra, lo que resulta agotador. Cuando se dan cuenta de que solo han entrado en conflicto con una parte de esa persona, la energía del conflicto se disipa y ambas partes pueden empezar a gestionar sus subpersonalidades y adoptar otra distinta que incluso les permita llegar a un acuerdo sobre el tema que antes las enfrentaba.

Las subpersonalidades pueden usarse de maneras muy distintas y adoptan muchas formas. También podemos pensar que los equipos de trabajo tienen subpersonalidades. Otra analogía que resulta útil es la de la orquesta sinfónica: cada músico toca un instrumento distinto, pero luego se unen. Cuando afinan antes del concierto, cada instrumento emite su propio sonido y el ruido descoordinado que se oye dista mucho de ser agradable. Sin embargo, cuando aparece el director, la orquesta empieza a tocar con armonía.

Autocontrol

Y esto nos lleva a la siguiente pregunta: ¿podemos convertirnos en el director de nuestra propia orquesta? La respuesta es afirmativa, y para ello hay que desidentificarse o separarse de las subpersonalidades que nos componen y convertirse en un observador del proceso. Debemos añadir que se trata de una cuestión muy profunda y que no sucede de la noche a la mañana; sin embargo, llegar a ser director de la propia orquesta conduce a un estado tranquilo y poderoso al que llamamos autocontrol. En términos de psicosíntesis, el director es el *yo*, al que se describe como el centro de la conciencia y de la voluntad puras. Equivale, precisamente, a la conciencia y a la responsabilidad personal, por lo que ahora podrá ver que el principal propósito del coaching es fomentar estas cualidades y la presencia del *yo*. No es casualidad que también se equiparen a las cualidades de los líderes que se encuentran en el nivel más elevado del liderazgo en el libro de Jim Collins, *Empresas que sobresalen*. Se trata de la humildad (compañera inseparable de la conciencia) y de la voluntad o pasión.

¿Qué secuencia hay que seguir para llegar a la alineación?

- El primer paso consiste en reconocer la existencia de las subpersonalidades, e identificar las más activas y cuándo asumen el control. Esto requiere una introspección honesta, que resulta mucho más fácil con la ayuda de un coach.
- El segundo paso consiste en estar dispuesto a reconocer, ante otro u otros, que existe un conflicto entre las distintas subpersonalidades y en descubrir cómo aparecen y toman el mando, qué quieren, por qué son limitadoras y cómo pueden resultar útiles.
- El tercer paso es lograr que cooperen entre sí; este es el principio de la alineación interna. Volviendo al ejemplo de la voz que quiere ir a pasear por la playa y la que prefiere quedarse en la cama, ambas podrían hacer un ejercicio en el que negociaran una solución que fuera satisfactoria para las dos, como salir a pasear dos veces por semana a cambio de quedarse remoloneando tres días sin sentir culpa alguna.
- El cuarto y último paso es la síntesis verdadera, o la colaboración para lograr un mismo objetivo en beneficio de todos. Este proceso de desarrollo puede llevarse a cabo en casa mediante la introspección, la meditación y la visualización, pero los procesos en sí mismos requieren experiencia o formación previas. Lo mejor es hacerlo con la ayuda de un coach avanzado. Además, participar en un grupo de formación diseñado con este objetivo concreto aporta beneficios adicionales.

Hemos descrito aquí el ámbito del coaching avanzado para que los aspirantes a coach puedan entenderlo. Aconsejamos encarecidamente a todos los coaches interesados en este campo que se formen en habilidades de coaching avanzado, porque la práctica y el *feedback* en un entorno seguro son fundamentales para el aprendizaje. No hay una única manera de hacer las cosas, pero lo que sigue a continuación es una descripción detallada de cómo aplicar una forma concreta de coaching avanzado a la que pueden ceñirse, al menos al principio.

IMAGINERÍA O VISUALIZACIÓN GUIADA

Muchos métodos de coaching avanzado buscan llegar más allá de la mente racional, lógica y limitada, y alcanzar el subconsciente, que es un sistema completo en sí mismo. Por ejemplo, tal y como hemos visto en el capítulo 3, se puede usar la imaginería guiada para que el coachee se vea ascendiendo por una montaña, el símbolo arquetípico del crecimiento; se le sugiere que por el camino se irá encontrando distintas cosas: obstáculos, regalos, animales, un maestro sabio... y se le pide que imagine lo que sucede cada vez. Lo que ocurra, los obstáculos que encuentre y los seres que conozca por el camino son símbolos de algo que se halla en la mente del coachee y que se explorará en sesiones de coaching posteriores.

Pruebe la actividad siguiente para explorar este aspecto. Por supuesto, si es coach, es un ejercicio que puede llevar a cabo con su coachee. Le recomendamos que lo pronuncie sin preparárselo demasiado y de manera espontánea cuando se sienta lo bastante seguro. Así sonará más auténtico.

ACTIVIDAD:
Visualización guiada

Practique esta visualización con un colega, con un coachee o con alguien en casa, y pídale a alguien con quien se sienta cómodo que se la lea a usted.

- Siéntese tranquilamente y póngase cómodo durante unos instantes. Respire hondo unas cuantas veces.
- Ahora visualícese en un campo, rodeado de naturaleza y a los pies de una montaña.
- Camine lentamente hacia la montaña y empiece a ascender la primera ladera suave.
- A medida que avanza, la pendiente se hace más pronunciada y agreste.
- Ahora se encuentra rodeado de árboles y de rocas.
- De repente se encuentra con un obstáculo que parece insuperable.
- Quiere continuar y descubre cómo superarlo.
- Quizá le supone un gran esfuerzo, pero al final lo consigue y sigue avanzando.
- Súbitamente, aparece un animal y, lo que aún es más inesperado, le habla.
- ¿Tiene usted miedo? ¿Qué le dice el animal? ¿Está asustado el animal? ¿Qué le dice usted?
- Ha llegado el momento de despedirse y de seguir ascendiendo.
- Llega al final del bosque y se abre ante usted un claro.

ACTIVIDAD:

Visualización guiada
(continuación)

- Allí, en el camino, hay un regalo para usted. Lo recoge y se lo lleva.
- Ahora se acerca a la cima de la montaña. La vista es espectacular.
- Llega al otro lado de una gran roca y se encuentra con un anciano sabio o una anciana sabia, que está allí sentado/a.
- Lo saluda y le indica que lo estaba esperando.
- Lo invita a sentarse junto a él o ella y a formularle tres preguntas, que le responderá.
- Le hace las preguntas que le vienen a la mente una a una, y recibe las correspondientes respuestas.
- Deja que su mente asimile las respuestas, se despide y vuelve sobre sus pasos.
- El descenso es agradable, pero rápido.
- Pronto se encuentra en el campo donde ha iniciado el viaje.
- Cuando esté preparado, vuelva poco a poco a la sala y abra los ojos.

Ahora tome lápiz y papel y anote todo lo que recuerde, incluida la conversación con el animal, las preguntas que hizo y las respuestas que recibió de la persona sabia.

Una vez terminada la visualización, dejamos descansar al coachee y, después, hacemos una sesión de coaching sobre la experiencia, centrándonos sobre todo en lo que simboliza el obstáculo y en las cualidades que ha desplegado para poder superarlo. ¿Con qué animal se ha encontrado? ¿Qué ha sentido al verlo? ¿En qué ha consistido la conversación y qué ha simbolizado? A continuación le pregunto qué era el regalo, quién lo ha dejado allí y qué representa. Finalmente, indagamos quién era el sabio, qué le ha preguntado y, lo más importante, cuál ha sido la respuesta. Por supuesto, hay muchos otros aspectos de la experiencia que hay que explorar, pero esto ya le habrá dado una idea.

En cuanto al ritmo y la duración de la visualización, el ascenso debería ser lento y deliberado; deje suficiente tiempo entre frase y frase, quizás unos veinte segundos. Todo el trayecto, en ambos sentidos, debería durar unos quince minutos. La sesión de coaching posterior será tan larga como un carrete de hilo.

Esperamos que haya podido hacerse una idea de cómo es el proceso y que le sirva para empezar a experimentar con él. Es muy importante que llegue a desarrollar un estilo personal propio con este tipo de trabajo.

SABER MÁS

Un coach profesional certificado por la ICF o un organismo similar podrá usar todas estas herramientas con fluidez. En cuanto a los líderes, que normalmente no desean convertirse en coaches profesionales, les recomendamos encarecidamente que se formen en coaching avanzado para el liderazgo, porque, además de ampliar sus habilidades, fomentarán su propio desarrollo personal, que es aún más importante. Las habilidades de coaching avanzado serán cada vez más necesarias a medida que avancen el tiempo y la sociedad.

ANEXO 1
GLOSARIO DE TÉRMINOS DE COACHING

Compilamos este glosario para nuestro estimadísimo taller Coaching for Performance, que está acreditado por la ICF y al que se considera el patrón oro para quienes desean desarrollar sus habilidades de liderazgo. El lector los puede usar para explorar y poner a prueba el universo de las habilidades de coaching.

ACCIONES *Véase* RENDICIÓN DE CUENTAS, LLUVIA DE IDEAS, CELEBRAR, DISEÑAR ACCIONES, REVISAR LAS ACCIONES.

ACLARAR El coach expresa de manera sucinta la esencia o el núcleo de lo que se ha dicho u oído, y añade lo que haya detectado de forma intuitiva a partir de la observación de las emociones o de discrepancias entre las palabras y las expresiones faciales o el lenguaje corporal, para generar conocimiento personal y claridad para el coachee. Aclarar crea un punto de comprobación que permite al coachee asegurarse de que ha entendido el significado del mensaje del coachee. Por ejemplo, «me parece... ¿qué crees tú?». Si el coach es muy intuitivo, con frecuencia obtendrá la respuesta «¡exacto!» del coachee. *Véanse también* PARÁFRASIS, REFLEJO, RESUMEN.

ACONSEJAR Apoyo orientado a los problemas personales.

ACTITUD *Véase* ACTITUD DE COACHING.

ACTITUD DE COACHING El coach cree que el coachee es una persona capaz, con recursos y llena de potencial. Creer en las capacidades latentes de la persona aumentará tanto su confianza en sí misma como su motivación interna y le permitirá prosperar. Con esta actitud, se le puede acompañar para que tome sus propias decisiones y disfrute de su rendimiento y de su éxito.

ACUERDO El coach y el coachee diseñan juntos al principio, y luego revisan periódicamente, el acuerdo o la alianza de coaching para determinar qué quiere conseguir el coachee del proceso a largo plazo, si las necesidades del coachee y los métodos y la estrategia del coach encajan y cuáles son las responsabilidades de cada uno. Es importante que el coachee entienda desde el principio la naturaleza del proceso de coaching, que sepa que dispone de opciones a la hora de responder a una PETICIÓN del coach y que se hable de qué es adecuado en la relación y de cuestiones como la logística, los honorarios y los horarios. *Véanse también* PROGRAMA, DIRECTRICES ÉTICAS, ESTÁNDARES PROFESIONALES.

ALIANZA *Véase* ACUERDO.

ANALOGÍA Aunque una analogía puede contener una METÁFORA o comparar una cosa que se parece a otra, va más allá y añade un razonamiento o una explicación para ilustrar un concepto o proceso. Puede ayudar al coachee a entender algo complejo al compararlo con otra cosa que le resulta familiar, o al explorar parecidos y relaciones en algo que quizá no había tenido en cuenta antes. Sigmund Freud dijo de las analogías que «pueden hacer que nos sintamos como en casa». Por ejemplo, una analogía a la que el coach puede ayudar a llegar al coachee podría ser: «Quiero que mi próxima oferta destaque sobre el resto, que brille como un diamante, que resista el escrutinio y que plasme con transparencia cristalina lo que ofrezco, al mismo tiempo que refleja distintas ideas en función de lo que el comprador quiera ver». *Véase también* ACLARAR.

APEGO El coach no se apega a las ideas, sigue el PROGRAMA del coachee y no intenta influir sobre el resultado ni expresa su opinión acerca del mismo. *Véase también* COLABORACIÓN.

APRECIO El coach comunica al coachee algo que aprecia y que valora en él con el fin de aumentar su seguridad y confianza en sí mismo y ayudarlo a conocerse mejor. El aprecio es una forma sincera de RECONOCIMIENTO.

ARTICULAR LA REALIDAD El coach explica qué ve que está sucediendo (por ejemplo, una acción que el coachee ha emprendido y el efecto que está teniendo) para validar o añadir información. *Véanse también* REFLEJO, RESUMEN

ASESORÍA Ofrecer consejos y orientación profesionales.

ATENDER AL POTENCIAL El coach se centra en las capacidades del coachee y cree que este es capaz, tiene recursos y está lleno de potencial; no cree que tenga un problema o sea un problema.

AUTENTICIDAD El coach ha de sentirse cómodo siendo auténtico. Cuando admite que no sabe hacia dónde dirigir la conversación en un momento dado o explica una anécdota personal sobre una dificultad, el coachee percibe que es *honesto* y se sentirá más cómodo mostrándose vulnerable o admitiendo dificultades, dudas o fracasos.

BAILAR EN EL MOMENTO El coach está plenamente presente y sigue la dirección y el fluir del coachee, detectando los cambios de energía y creando conciencia tanto en él mismo como en el coachee momento a momento.

CELEBRAR Fomentar y facilitar tiempo para que el coachee celebre de verdad lo que ha hecho, para que lo sienta en el cuerpo y para que aprecie su capacidad de crecimiento futuro. Esto le da la oportunidad de experimentar su propio éxito en lugar de limitarse a enfrentarse a una sucesión de retos. La celebración es el antídoto del desgaste.

CENTRAR   *Véase* MANTENER EL FOCO.

COACHING   Ayudar a las personas a crecer y a mejorar su rendimiento, a aclarar su PROPÓSITO y su visión, a lograr sus objetivos y a desplegar su potencial. La CONCIENCIA y la RESPONSABILIDAD PERSONAL aumentan mediante la indagación, la exploración y la autorrealización. El coaching se centra en el presente y en el futuro, y es una colaboración absoluta entre el coach y el coachee, al que se ve como a una persona completa (ni está estropeada ni necesita que la arreglen), con recursos y capaz de encontrar sus propias respuestas. *Véanse también* COACHING AVANZADO, ACTITUD DE COACHING.

> **El coaching consiste en desbloquear el potencial de las personas para maximizar su rendimiento. Consiste en ayudarlas a aprender en lugar de enseñarlas.**

La ICF define así el coaching: «Un proceso de acompañamiento reflexivo y creativo con clientes que les inspira a maximizar su potencial personal y profesional».

COACHING AVANZADO   Invita al coachee a reformular la vida como un viaje de desarrollo, a ver el potencial creativo en la realidad actual y a encontrar sentido, propósito y una identidad potente. Refleja una psicología transpersonal que reconoce y responde al anhelo del coachee por algo que transcienda lo personal, lo material y lo cotidiano, y que añada una sensación más profunda de voluntad, de responsabilidad personal y de estar al servicio de algo más grande. Es transformacional, no transaccional, insiste en la exploración y acoge al coachee en su globalidad, tanto su grandeza y sus dones como sus creencias y pautas limitantes. El coach confía plenamente en el proceso y no teme formular preguntas que conecten al coachee con sus motivaciones y obstáculos ocultos. Es un proceso de capacitación que permite al coachee descubrir quién es y operar desde su núcleo interno (el origen de las cualidades y los valores más profundos), un manantial de poder personal, de creatividad y de realización personal. *Véase también* COACHING.

COACHING SISTÉMICO   El coach reconoce, tiene en cuenta y conecta todos los elementos del sistema que operan en el coachee. Esto puede incluir las dinámicas humanas, además de la carga de trabajo, la jerarquía, las unidades de negocio implicadas, los factores causales y las pautas globales presentes en el sistema. El coaching sistémico puede ser muy potente para un coachee que tiene dificultades con algunos de los elementos del sistema ajenos a su control. *Véase también* ENFOQUE SISTÉMICO.

CÓDIGO ÉTICO   *Véase* DIRECTRICES ÉTICAS.

COLABORACIÓN   El coach se asegura de que la relación entre coach y coachee es de igual a igual. Acompaña al coachee en lugar de adelantarse o enfrentarse a él. *Véanse también* PROGRAMA, BAILAR EN EL MOMENTO, APEGO.

COMPROBAR EL PROGRESO   El coach mantiene la atención del coachee centrada en su PROGRAMA y en el plan de coaching y RECONOCE la conciencia y la información conseguidas y las acciones emprendidas. El coach lo DESAFÍA con actitud positiva acerca de lo que no ha hecho y se muestra dispuesto a adaptar las medidas y ACCIONES. El coach desarrolla la capacidad de *autofeedback* del coachee. *Véanse también* RENDICIÓN DE CUENTAS, *FEEDBACK*, PLANIFICAR.

COMUNICACIÓN DIRECTA   El coach usa un lenguaje adecuado y respetuoso, adaptado al estilo de aprendizaje del coachee, para hacer aportaciones efectivas e invitarlo a desarrollar PUNTOS DE VISTA y pensamientos nuevos, INTUICIÓN y *feedback*. Lo hace sin APEGO, para dar apoyo a la conciencia personal y al PROGRAMA del coachee. La comunicación directa solo es efectiva cuando no genera resentimiento ni resistencias en el coachee. *Véanse también* ANALOGÍA, METÁFORA, REESTRUCTURAR.

CONCIENCIA   Información autogenerada, de alta calidad y relevante, obtenida mediante la mente, los sentidos y las emociones. La conciencia puede ser de uno mismo, de los demás, de cosas o de circunstancias. El coaching trata de facilitar la capacidad del coachee para acceder a una autopercepción precisa y aumentar la conciencia en áreas relevantes para mejorar su propia capacidad para el crecimiento y el rendimiento. Conduce a más aprendizaje, logro y placer. La conciencia es la base desde la que pueden aparecer la RESPONSABILIDAD PERSONAL, la confianza en uno mismo y la motivación interna. *Véase también* INTELIGENCIA EMOCIONAL.

CONFIANZA   El coaching depende de que se establezca una relación profunda y de confianza entre el coach y el coachee, basada en la intimidad, el respeto mutuo y una preocupación genuina por el bienestar y el futuro del coachee. Construir una relación de confianza entre el coach y el coachee necesita un entorno de apoyo, además de acuerdos claros, integridad personal, honestidad y sinceridad. *Véanse también* AUTENTICIDAD, DEFENDER, PERMISO.

CONTRATO   *Véase* ACUERDO.

DAR ESPACIO   El coach hábil respeta el espacio dinámico del coachee y le da permiso para que exprese con plena libertad las emociones, las dudas, los miedos y las creencias limitantes, sin juicio y sin reacciones excesivas.

DAR TESTIMONIO   El coach es un testigo objetivo que no juzga la vida del coachee y crea así el espacio donde pueden prosperar la creatividad y la reconexión con los valores y los sueños.

DECLARACIÓN   El coach crea un espacio o un entorno en el que el coachee se compromete con una acción efectiva que lo llevará a lograr el futuro deseado. Es mucho más que decir: «Sí, lo haré». Por ejemplo: «Declaro que a partir de este momento, practicaré un estilo de liderazgo nuevo que encaje con mi propia visión de en quién me estoy convirtiendo». *Véase también* DAR TESTIMONIO.

DEFENDER El coach ve el potencial del coachee y lo considera una persona capaz y con recursos. El coach gestiona sus propias creencias limitantes, suspende el juicio y está atento y cuestiona las creencias limitantes del coachee.

DESAFIAR El coach invita al coachee a salir de su zona de confort y a cuestionar ideas preconcebidas, creencias limitantes y PUNTOS DE VISTA, para dar lugar a más autoconocimiento y posibilidades. El coach habilidoso es capaz de desafiar sin juzgar y sin criticar.

DESAHOGO *Véase* VENTILACIÓN EMOCIONAL.

DIRECTRICES ÉTICAS El coach tiene unas obligaciones éticas con el coachee y las debe entender, comunicar y cumplir (por ejemplo, el código ético y los estándares profesionales de la ICF). *Véase también* ESTÁNDARES DE CONDUCTA.

DISEÑAR ACCIONES El coach ayuda al coachee a explorar ideas y soluciones alternativas en relación con su PROGRAMA y a definir las acciones a las que se compromete para acercarse a su objetivo. *Véanse también* RENDICIÓN DE CUENTAS, LLUVIA DE IDEAS, CELEBRAR, REVISAR LAS ACCIONES.

ENCARNAR Usar el cuerpo para reforzar un compromiso o para profundizar en una idea o experiencia (por ejemplo, adoptar la postura de un presentador potente cuando se trabaja para convertirse en uno, en lugar de limitarse a hablar de ello).

ENCONTRAR AL COACHEE EN EL LUGAR DONDE ESTÁ AHORA El coach demuestra empatía por la situación del coachee y respeta el punto en que está ahora. No intenta influir en el coachee para que esté en otro lugar. El coach usa los mismos términos que el coachee y usa su tipo de lenguaje.

ENFOQUE SISTÉMICO Reconoce la interconexión entre las personas, los procesos, las organizaciones y las comunidades. Desarrolla activamente la capacidad de trabajar y fomentar el potencial inherente al sistema.

ESCUCHA ACTIVA El coach escucha para entender la esencia de lo que el coachee comunica con sus palabras, silencios, tono de voz, lenguaje corporal, emociones y energía, así como para escuchar la visión, los valores, los objetivos y el principal PROPÓSITO del coachee. El coach escucha «entre líneas» para oír lo que el coachee no dice. El coach se centra en el PROGRAMA del coachee, sin juzgar y sin APEGO; integra y desarrolla el pensamiento, la creación y el aprendizaje del coachee; y fomenta y refuerza la expresión personal y la exploración deliberada. *Véanse también* SÍNTESIS, PRESENCIA DE COACHING, INTUICIÓN, PARÁFRASIS, REFLEJO, RESUMEN, VENTILACIÓN EMOCIONAL.

ESCUCHA ATENTA *Véase* ESCUCHA ACTIVA.

ESCUCHAR *Véase* ESCUCHA ACTIVA.

ESCUCHAR CON EL CORAZÓN El coach escucha los mensajes no verbales, como el tono de voz, la fraseología, las expresiones faciales y el lenguaje corporal. Cuando escuchamos con atención fijándonos en la emoción y en el significado (la intención), lo transmitimos con el lenguaje corporal y las expresiones faciales, y esto anima al interlocutor a abrirse a nosotros.

ESPEJO *Véase* REFLEJO.

ESTABLECER EL OBJETIVO El coach y el coachee acuerdan el resultado deseado del coaching (por ejemplo: «Quiero tener un plan efectivo para llegar al trabajo media hora antes cada día»). Esto permite que el coach dirija la conversación de manera efectiva en el tiempo disponible, para que sea lo más útil posible al coachee. *Véase también* Capítulo 10: «G (*Goals*): Definir los objetivos».

ESTÁNDARES DE CONDUCTA *Véase* ESTÁNDARES PROFESIONALES.

ESTÁNDARES PROFESIONALES Los coaches deben actuar en todo momento de un modo profesional y entender y modelar estándares profesionales adecuados, como el código ético y los estándares profesionales de la ICF. *Véase también* DIRECTRICES ÉTICAS.

EVALUACIÓN Evaluar o medir el resultado del coaching en términos de su valor añadido, tanto cualitativo (cambio conductual) como cuantitativo (impacto económico).

FEEDBACK El coach extrae *autofeedback* del coachee y hace que se centre en el objetivo, no en el obstáculo, de modo que las interferencias queden al margen, haya espacio para el autodescubrimiento y para el aprendizaje y se pueda revelar el potencial. El coaching efectivo, tanto si es *autofeedback* como si procede de las observaciones del coach, permite que el coachee identifique tanto sus capacidades principales como las áreas susceptibles de aprendizaje y crecimiento.

GREMLIN La personificación de una creencia que nos impide avanzar. La postura del coaching es que la creencia se desarrolló para protegernos y que, al hacernos conscientes de ella, podemos decidir qué impacto ejerce en nuestra vida. El libro de Rick Carson, *Cómo domar a tu gremlin,* es excelente para sacarlos a la luz.

HACER AVANZAR AL COACHEE El coach puede ayudar al coachee a avanzar de muchas maneras, como la SÍNTESIS, devolviendo la atención al objetivo, ayudando al coachee a crear acciones y haciendo una PETICIÓN al coachee. *Véanse también* LLUVIA DE IDEAS, DESAFIAR, ESTABLECER EL OBJETIVO, PUNTOS DE VISTA, VENTILACIÓN EMOCIONAL.

IMAGINERÍA GUIADA/VISUALIZACIONES El coach ayuda al coachee a crear una visión potente del futuro que lo motive a emprender el camino hacia el crecimiento. *Véase también* ESTABLECER EL OBJETIVO.

INTUICIÓN Acceder directamente a nuestro conocimiento interior o «pálpitos», y confiar en ellos; asumir riesgos para comunicar lo que intuimos. *Véase también* APEGO.

INTERRUPCIÓN Encontrar el modo de interrumpir las pautas que el coachee quiere dejar atrás. Puede tratarse de la interrupción de una actividad (gritar a los empleados) o de una manera de pensar («tengo que ser perfecto»).

INTELIGENCIA EMOCIONAL   El coaching es inteligencia emocional (IE) puesta en práctica. Daniel Goleman acuñó el término IE en el libro que lleva ese título. Puede describirse como el rango de competencias emocionales, sociales y personales que influyen en nuestra capacidad para afrontar las exigencias y las presiones de la vida. Puede descomponerse en varias áreas de competencias, cada una de las cuales afecta a cómo abordamos las tareas, las actividades y las interacciones personales. El coaching consiste en desarrollar y utilizar nuestra IE. Todo cambio empieza en el interior. Desarrollar y acceder a nuestra IE puede transformar la CONCIENCIA que tenemos de nosotros mismos. Esto permite que nos autogestionemos mejor y seamos más conscientes de los demás y así ejercer un impacto más positivo y aumentar nuestra RESPONSABILIDAD PERSONAL.

JUEGO INTERIOR   En la década de 1970, el entrenador de tenis Timothy Gallwey desarrolló varios conceptos que contribuyeron al desarrollo del coaching, como la importancia de ser conscientes de los obstáculos internos (nuestros pensamientos, emociones y reacciones físicas, que con frecuencia son autogenerados). Gallwey se dio cuenta de la capacidad que tenía el aumento de la conciencia para reducir las interferencias que limitan el rendimiento. Afirmó que «el rendimiento equivale a nuestro potencial menos las interferencias» o **R = p - i.**

LLUVIA DE IDEAS   El coach sugiere hacer una lluvia de ideas con el coachee, sin mostrar APEGO a las ideas ofrecidas. Tanto el coach como el coachee hacen aportaciones. Como el coach anima al coachee a que aporte ideas, se convierte en una oportunidad para fomentar la creatividad y el ingenio del coachee.

MANTENER EL FOCO   El coach orienta la energía del coachee a los resultados deseados. *Véase también* PROGRAMA.

MENTORING   Compartir experiencia y consejos.

METÁFORA   Introducir el simbolismo y la imaginería (algo que no es literal, sino una figura retórica) ayuda al coachee a explorar emociones y asociaciones desde otro contexto (algo que ya conoce) y recurrir a ellas para construir una imagen o una sensación de lo que intentan expresar con palabras (lo que no sabe o no entiende). Cuando los coaches usan la metáfora, no piden únicamente al coachee que piense en una cosa «como si fuera» otra, sino que llevan al coachee a dar un paso más y lo invitan a imaginar o a sentir que una cosa «es» la otra (X = Y; por ejemplo: «Cuando pronuncie la conferencia, seré un diamante sobre el escenario. Mi mensaje será cristalino»). *Véanse también* ANALOGÍA, ACLARAR.

PÁLPITO   *Véase* INTUICIÓN.

PARÁFRASIS   El coach repite lo que ha dicho el coachee, pero usa palabras ligeramente distintas que no cambian ni la sustancia ni el significado, para demostrar que está escuchando lo que dice (el contenido), validar lo que ha dicho, ayudarlo a recordar y, quizás, corregir lo que ha dicho. *Véanse también* ACLARAR, REFLEJO, RESUMEN.

PERMISO   Al pedir permiso al coachee para abordar áreas nuevas, íntimas o sensibles, o antes de decir una verdad dura o de responder a una emoción intensa, el coach crea un entorno seguro, ayuda a construir CONFIANZA y se asegura de que el coaching sigue siendo colaborativo.

PETICIÓN   El coach invita al coachee a emprender una acción específica acerca de algo (por ejemplo: «Me gustaría que terminaras la tarea X antes de la fecha Y») y permite que el coachee diga «Sí, lo haré», «No, no lo haré» o haga una contraoferta. Normalmente, el ACUERDO refleja las maneras en que puede responderse a estas peticiones. *Véase también* HACER AVANZAR AL COACHEE.

PLANIFICAR   El coach confecciona un plan de coaching efectivo que integra a todo el coachee en conjunto, que aborda su PROGRAMA, preocupaciones y principales áreas de aprendizaje y desarrollo, y que establece objetivos cuantificables, asumibles, desafiantes y con límites de tiempo, que tienen el potencial de acercar al coachee a su resultado deseado. *Véase también* ESTABLECER EL OBJETIVO.

PNL (PROGRAMACIÓN NEUROLINGÜÍSTICA)   Es un modelo de comunicación interpersonal que se centra sobre todo en la relación entre las pautas de conducta exitosas y las experiencias subjetivas (sobre todo los patrones de pensamiento) que las sustentan. La cofundaron Richard Bandler y John Grinder en la década de 1970.

PREGUNTAS   *Véase* PREGUNTAS POTENTES.

PREGUNTAS ABIERTAS   Preguntas amplias y no limitantes (por ejemplo: «¿Qué quieres en realidad?» «¿De qué otras opciones dispones?») evocan claridad y autoconocimiento. *Véanse también* PREGUNTAS CERRADAS, PREGUNTAS POTENTES.

PREGUNTAS CERRADAS   Cualquier pregunta que pueda responderse con un «sí» o un «no». *Véanse también* PREGUNTAS ABIERTAS, PREGUNTAS POTENTES.

PREGUNTAS EFECTIVAS   *Véase* PREGUNTAS POTENTES.

PREGUNTAS POTENTES   El coach empieza formulando preguntas amplias e inclusivas que captan la atención, el pensamiento y la observación, y luego pasa a preguntas más focalizadas para aumentar la calidad, la claridad, el detalle y la precisión de enfoque y evocar así descubrimiento, autoconocimiento, aprendizaje nuevo, compromiso o acción hacia el resultado deseado del coachee. Las preguntas potentes reflejan curiosidad y ESCUCHA ACTIVA, siguen el PROGRAMA del coachee sin APEGO, desafían las ideas preconcebidas, crean un bucle de *feedback* y no transmiten juicios, culpas ni críticas.

PRESENCIA   *Véase* PRESENCIA DE COACHING.

PRESENCIA DE COACHING   Para crear una relación espontánea y profunda con el coachee, el coach ha de ser plenamente consciente y flexible. Esto significa estar abierto a no saber, a asumir riesgos y a experimentar con nuevas posibilidades. El coach ha de tener la seguridad suficiente para cambiar de PUNTOS DE VISTA y trabajar con emociones potentes (en lugar de quedar atrapado en ellas), acceder a su propia INTUICIÓN y usar el sentido del humor para aligerar la conversación y elevar la energía. Estar plenamente presente con el coachee es la principal competencia de coaching. *Véase también* BAILAR EN EL MOMENTO.

PROGRAMA   El coachee elige en qué centrar el proceso de coaching y el coach se aviene a este programa sin APEGO al resultado. Se mantiene la atención en el plan de coaching «general» o PROPÓSITO, los resultados deseados y las ACCIONES acordadas. En el coaching avanzado, el coach puede desafiar al coachee para que profundice más y descubra el problema, anhelo y programa reales. *Véase también* COLABORACIÓN.

PROFUNDIZAR EN EL APRENDIZAJE   El coach ayuda al coachee a encontrar el aprendizaje contenido en una acción previa o en la situación actual, con el fin de preparar el terreno para la acción siguiente. El coach puede invitar al coachee a «hacerlo ahora», mientras están juntos, y darle apoyo y CELEBRAR inmediatamente el éxito de la acción o el aprendizaje derivado de la misma.

PROPÓSITO   El propósito más elevado o el «porqué» que motiva a una persona es tan importante como el «cómo» o el «qué» hace, y es el factor unificador e integrador del cambio real.

PSICOTERAPIA   Apoyo terapéutico que explora bloqueos e influencias pasadas, sobre todo en lo relativo al pasado emocional. El coach ha de comunicar con claridad al coachee la diferencia entre coaching y psicoterapia y ser capaz de derivar al coachee a un psicólogo si es necesario.

PUNTOS DE VISTA   El coach comunica otros puntos de vista que amplían el modo en que el coachee ve algo para que pueda examinar su propio punto de vista e inspirar un compromiso para cambiar a una posición con más recursos y posibilidades. *Véanse también* SABIDURÍA CORPORAL, REESTRUCTURAR.

RECONOCIMIENTO   El coach percibe y articula un conocimiento profundo del *yo* interno del coachee, que emprende la acción, desarrolla la conciencia o tiene el anhelo. *Véase también* APRECIO.

REESTRUCTURAR   El coach ayuda al coachee a entender las cosas desde un punto de vista diferente. Un ejemplo podría ser: «Entonces, podrías considerar que eres una víctima de las circunstancias, pero otra manera de verlo sería...». *Véase también* ACLARAR.

REFLEJO   El coach hace un resumen de lo que cree haber entendido, usando exactamente las mismas palabras que el coachee para los conceptos clave. Este «reflejo» permite al coach comprobar que ha entendido bien y da al coachee la oportunidad de escuchar sus propias palabras y, si es necesario, corregir lo que ha dicho para expresarse con mayor precisión. *Véase también* ACLARAR, PARÁFRASIS, RESUMEN.

REITERAR   *Véase* REFLEJO.

RENDICIÓN DE CUENTAS   El coach CONFÍA en el coachee y lo hace responsable de los progresos en su manera de pensar, en su aprendizaje o en sus ACCIONES en relación con su PROGRAMA y sus objetivos, mediante estructuras y medidas de evaluación codiseñadas y acordadas desde el principio, sin culpabilización ni juicios de valor. El coach ayuda al coachee a crear estructuras de responsabilidad, adoptando la actitud de que «cada uno es responsable de su propio desarrollo». Algunas de las preguntas que contribuyen a la rendición de cuentas son: «¿Qué harás?», «¿Cuándo lo harás?» y «¿Cómo sabré que lo has hecho?». *Véase también* COMPROBAR EL PROGRESO.

RESPONSABILIDAD PERSONAL   La decisión personal de hacerse responsable y pasar a la acción. No puede imponerse, sino que ha de venir del interior. El coaching también consiste en crear CONCIENCIA y responsabilidad para poder desarrollar a las personas y su rendimiento. El aumento de la responsabilidad personal lleva a un aumento del potencial, de la seguridad en uno mismo y de la motivación interna. Esta es la base sobre la que pueden surgir la individualidad, la seguridad en uno mismo y la rendición de cuentas. *Véase también* INTELIGENCIA EMOCIONAL.

RESUMEN   El coach repite lo que ha dicho el coachee, pero más brevemente y sin cambiar la sustancia ni el significado. Esto demuestra que está escuchando lo que dice (el contenido), valida lo que ha dicho y permite que el coach interrumpa con suavidad cuando el coachee habla demasiado o se repite. *Véanse también* ACLARAR, PARÁFRASIS, REFLEJO.

REVISAR LAS ACCIONES   El coach ayuda al coachee a aumentar su aprendizaje y su nivel de conciencia, identifica posibles bloqueos y ofrece más apoyo y desafíos para alcanzar el objetivo. Cuando se revisan las acciones emprendidas y sus resultados, se aprende. Si los resultados no son los que el coach y el coachee esperaban o deseaban, el coach puede plantear al coachee la posibilidad de que haya un desfase entre lo que dice y lo que hace. No se trata de culpar ni de criticar, sino de ayudar al coachee a ver la realidad con más precisión. *Véanse también* RENDICIÓN DE CUENTAS, CELEBRAR, PROFUNDIZAR EN EL APRENDIZAJE, DISEÑAR ACCIONES.

SABIDURÍA CORPORAL   Conciencia de las sensaciones corporales derivadas de la actividad física o de una emoción, que guía al coach para actuar o mostrar curiosidad acerca de lo que le sucede al coachee. *Véase también* INTUICIÓN.

SÍNTESIS   El coach ayuda al coachee a expresar la esencia de su comunicación con rapidez, sin meterse ni quedar atrapado en largas descripciones. El dominio de la habilidad clave de ESCUCHA ACTIVA permite al coach sintetizar lo que ha oído del coachee, para aumentar la claridad y hacer avanzar la conversación.

TERAPIA *Véase* PSICOTERAPIA.

VALORES Los principios guía más importantes para nosotros y que estamos dispuestos a defender. Identificar y comprender los valores nucleares del coachee es crucial para la relación de coaching. El coach puede ayudar al coachee a aumentar el placer, el rendimiento y el bienestar general si declara sus valores y vive conforme a ellos a diario, preguntando por ejemplo: «¿Cómo podrías vivir según tu valor de integridad a diario en el trabajo?».

VENTILACIÓN EMOCIONAL El coach facilita que el coachee exprese una emoción, sin juicio y sin APEGO, para que pueda avanzar a la fase siguiente. El coach no usa este material para iniciar una conversación de coaching, sino que esta se reanuda una vez el coachee ha ventilado.

VISUALIZACIÓN Proceso por el que el coach ayuda al coachee a imaginar que ya ha conseguido o que ya ha sucedido lo que desea. Crear una visión potente que el coachee pueda imaginar como su «futuro deseado» es el primer paso para dar un impulso que lleve al coachee hacia donde quiere ir.

ANEXO 2
GUÍA DE PREGUNTAS DE COACHING

Esta guía reúne todas las preguntas que siempre resultan útiles a Performance Consultants en los procesos de coaching y las presenta agrupadas en bolsas etiquetadas por temas. Le invitamos a que recurra a ellas siempre que las necesite. La regla de oro es ser claro y breve. A veces, las preguntas más potentes llevan a un silencio largo; no sienta la necesidad de irrumpir con otra pregunta si hay una pausa prolongada. El silencio es oro. De verdad. La mayoría de las preguntas que siguen también funcionan de manera excelente en situaciones de grupo si sustituye el «tú/su» por «nosotros/nuestro». Aunque el coaching es mucho más que formular preguntas, es la habilidad más importante que ha de aprender un coach novel, ya que nos permite acceder a la sabiduría de los demás. Todo depende de la situación, así que cualquier pregunta puede funcionar con la intención y en las circunstancias adecuadas.

A medida que se vaya sintiendo más seguro, siga su intuición y permita que fluyan las preguntas potentes. No caiga en la tentación de intentar preparar la siguiente pregunta y confíe en que sabrá instintivamente qué ha de preguntar a continuación cuando llegue el momento.

BOLSA DE PREGUNTAS 1: AUTOCOACHING

Use esta secuencia de preguntas cuando quiera trabajar una dificultad específica, ya sea a título individual o en un equipo. Identifique algo que quiera lograr, mejorar o quizá resolver en el trabajo. Escriba las respuestas a cada una de estas preguntas, que habrá interpretado del modo que le parezca más adecuado a sus circunstancias. Las preguntas siguen la secuencia GROW: objetivos (*goals*), realidad (*reality*), opciones (*options*), voluntad (*will*).

- ¿Qué aspecto le gustaría trabajar?
- ¿Qué le gustaría haber conseguido cuando haya respondido a este grupo de preguntas (por ejemplo, un primer paso/estrategia/solución)?
- ¿Cuál es su objetivo con relación a este tema?

- ¿Cuándo va a conseguirlo?
- ¿En qué le beneficiará conseguir este objetivo?
- ¿Quién más se beneficiará y de qué modo?
- ¿Cómo serán las cosas si consigue su objetivo? ¿Qué verá/oirá/sentirá?
- ¿Qué acciones ha emprendido hasta ahora?
- ¿Qué le acerca a su objetivo?
- ¿Qué se interpone en el camino?
- ¿De qué abanico de opciones dispone para lograr su objetivo?
- ¿Qué más podría hacer?
- ¿Cuáles son las principales ventajas e inconvenientes de cada opción?
- ¿Por qué opciones se va a decidir?
- ¿Cuándo empezará a emprender cada acción?
- ¿Qué podrían hacer otros para ayudarlo y cuándo les pedirá ayuda?
- En una escala del uno al diez, ¿cuál es su grado de compromiso con cada una de las acciones?
- Si no es un diez, ¿qué necesita para que lo sea?
- ¿Qué se compromete a hacer? (*Nota*: No hacer nada y volver a este tema más adelante también es una opción).

BOLSA DE PREGUNTAS 2: ACUERDOS DE TRABAJO CONSCIENTES

Siga esta secuencia para instaurar acuerdos de trabajo conscientes con una persona o con un equipo. Todo el mundo ha de responder a todas las preguntas. Si es un equipo grande, los integrantes van respondiendo uno a uno hasta que todo el equipo sienta que la pregunta se ha respondido y que no hay nada más que añadir.

Cuando ya haya practicado varias veces, elija las que mejor le funcionen y cree su propia bolsa de preguntas para este propósito.

- ¿Cómo sería el éxito/sueño si trabajamos juntos?
- ¿Qué es lo peor que podría pasar?
- ¿Cuál es la mejor manera de trabajar juntos para alcanzar el éxito?
- ¿Qué debemos tener en cuenta para evitar que ocurra lo peor?
- ¿Qué actitudes queremos usted (o vosotros) y yo aportar a la conversación?
- ¿Qué permisos queremos usted (o vosotros) y yo?
- ¿Qué ideas preconcebidas tenemos usted (o vosotros) y yo?
- ¿Qué haremos cuando las cosas se compliquen?
- ¿Qué va bien/mal?
- ¿Qué necesitamos cambiar para que la relación sea más positiva/productiva?
- ¿Cómo podemos asumir ambos la responsabilidad de que esto funcione?

BOLSA DE PREGUNTAS 3: PEDIR PERMISO

Esta bolsa contiene distintas maneras de pedir permiso. Úsela siempre que la necesite.

- ¿Puedo añadir algo a lo que acaba de decir?
- ¿Qué le parece que hagamos una lluvia de ideas juntos?
- ¿Le parece bien que use un estilo de coaching?
- ¿Puedo preguntarle...?
- ¿Le ayudaría que le dijera lo que me parece entender cuando dice eso?
- ¿Puedo hacer una sugerencia?
- ¿Qué permisos queremos para esta conversación?

BOLSA DE PREGUNTAS 4: LAS 10 MEJORES PREGUNTAS EFECTIVAS

Este apartado contiene las diez preguntas que considero más efectivas. Es una lista de preguntas tan sencillas como profundas que puede tener siempre a mano.

1. Si yo no estuviera aquí, ¿qué haría usted? (Esta ha sido siempre mi pregunta preferida, que uso para demostrar a los cínicos que el coaching no tiene por qué eternizarse. Basta con una pregunta potente).
2. Si supiera usted la respuesta, ¿cuál sería? (No es una perogrullada, aunque lo parezca, porque lleva al coachee a mirar más allá del bloqueo). ¿Y si lo supiera? (En respuesta a «No lo sé»).
3. ¿Y si no hubiera límites?
4. ¿Qué le aconsejaría a un amigo que se encontrara en su misma situación?
5. Imagine que pudiera hablar con la persona más inteligente que conoce. ¿Qué le aconsejaría?
6. ¿Qué más? (Se usa al final de casi todas las preguntas, para suscitar más respuestas. Esto, seguido de un silencio, también puede suscitar más respuestas, porque deja al coachee espacio para pensar).
7. ¿Qué le gustaría explorar ahora?
8. No se me ocurre nada más. ¿Qué se le ocurre a usted?
9. ¿Cuál es el problema real? (A veces se usa para ayudar al coachee a salir de la historia y de la «cuenta de resultados»).
10. En una escala del uno al diez, ¿en qué grado se compromete a llevar a cabo esta acción? ¿Qué puede hacer para convertirlo en un diez?

Bolsa de preguntas 5: GROW

Esta bolsa contiene preguntas para cada una de las etapas del modelo GROW. Úsela siempre que lo necesite.

*Objetivo (**Goal**)*

El objetivo de la conversación

- ¿Qué quiere conseguir con esta conversación?
- ¿Cuál es el propósito de esta conversación?
- Me da la impresión de que tiene dos objetivos. ¿En cuál quiere centrarse primero?
- ¿Qué sería para usted haber invertido bien este tiempo?
- ¿Qué es lo que le resultaría más útil haber conseguido al final de esta conversación?
- Disponemos de media hora. ¿Qué quiere haber conseguido para entonces?
- Si tuviera una varita mágica, ¿dónde le gustaría estar al final de la conversación?

El objetivo para el problema

- ¿Cuál sería el mejor resultado posible?
- ¿Cómo le gustaría que fuera?
- ¿Cómo es ese resultado?
- ¿Qué se dirá a usted mismo?
- ¿Qué le permitirá hacer?
- ¿Qué le dirán otras personas?
- ¿Qué tendrá que no tiene ahora?
- Imagine que han pasado tres meses y que han desaparecido todos los obstáculos y ha logrado su objetivo:
    - ¿Qué ve/oye/siente?
    - ¿Cómo es?
    - ¿Qué le dicen los demás?
    - ¿Qué siente?
    - ¿Qué elementos nuevos hay?
    - ¿Qué es distinto?
- ¿Qué objetivo le inspiraría?
- ¿Qué resultado quiere obtener?

- ¿Qué le aportará personalmente?
- ¿Qué esfuerzos tendrá que hacer para alcanzar este objetivo? ¿Cuál es el marco temporal?
- ¿Qué objetivos intermedios puede identificar? ¿Cuál es el marco temporal para ellos?
- ¿Cómo podría descomponer este objetivo en subobjetivos más pequeños?
- ¿Qué significaría para usted conseguir esto?
- ¿Qué es lo más importante para usted de este proceso?
- ¿Qué más quiere?
- ¿Cuál sería un resultado fantástico para usted?
- ¿Cómo definiría el éxito?
- ¿Cómo definiría finalizar la tarea?
- ¿Hacia qué fin está trabajando?
- ¿Para cuándo tiene que haber conseguido este resultado?

Realidad (**Reality**)

- ¿Qué está pasando ahora?
- ¿Qué importancia tiene esto para usted?
- En una escala del uno al diez, donde diez es la situación ideal, ¿en qué número está ahora?
- ¿En qué número le gustaría estar?
- ¿Qué le parece esto?
- ¿Cómo le está impactando esto?
- ¿Qué le agobia?
- ¿Cómo afecta esto a otras áreas de su vida?
- ¿Qué hace ahora que le lleva hacia su objetivo?
- ¿Qué hace ahora que le impida avanzar hacia su objetivo?
- ¿Cuánto...?
- ¿Cuántos...?
- ¿A quién más afecta?
- ¿Cuál es la situación actual?
- ¿Qué sucede ahora «exactamente»?
- ¿Cuál es su mayor preocupación?
- ¿Quién más está implicado?
- ¿En qué medida depende directamente de usted el resultado?
- ¿Qué ha hecho hasta ahora?
- ¿Qué le ha impedido hacer más?
- ¿Con qué resistencias internas se ha encontrado a la hora de pasar a la acción?

- ¿De qué recursos dispone ya (habilidades, tiempo, entusiasmo, apoyo, dinero, etcétera)?
- ¿Qué otros recursos necesita?
- ¿Cuál es el «verdadero» problema?
- ¿Cuáles son los mayores riesgos?
- ¿Qué recursos tiene ya?
- ¿Cuál es su plan de momento?
- ¿En qué aspectos puede confiar en sí mismo?
- ¿De qué se siente más/menos seguro?

Opciones (**Options**)

- ¿Qué podría hacer?
- ¿Qué ideas tiene?
- ¿Qué alternativas tiene?
- ¿Hay algo más?
- Si hubiera algo más, ¿qué podría ser?
- ¿Qué le ha funcionado en el pasado?
- ¿Qué medidas podría tomar?
- ¿Quién podría ayudarlo?
- ¿Dónde podría encontrar la información?
- ¿Cómo podría hacerlo?
- ¿De qué otras maneras podría abordar el problema?
- ¿Qué más podría hacer?
- ¿Qué haría si tuviera más tiempo/control/dinero?
- ¿Qué haría si pudiera empezar de nuevo y desde cero?
- ¿A quién conoce que sea bueno en esto? ¿Qué haría esa persona?
- ¿Qué opciones darían los mejores resultados?
- ¿Qué solución le atrae más?
- ¿Qué podría hacer para evitar/reducir este riesgo?
- ¿Cómo podría mejorar la situación?
- Entonces, ¿cómo quiere hacerlo?
- ¿Qué piensa?
- ¿Qué más podría funcionar?
- ¿Qué ideas se le ocurren que pudieran funcionar?
- ¿Qué le ayudaría a acordarse?
- ¿Cuál sería una solución permanente?
- ¿Qué podría hacer para evitar que sucediera de nuevo?
- ¿Qué opciones tiene?

- Tengo algo de experiencia en este tema, ¿le ayudaría que le hiciera una sugerencia?

*Voluntad (**Will**)*

Fase 1: Determinar responsabilidades: definir acciones, marco temporal y sistemas de cuantificación del logro

- ¿Qué hará?
- ¿Cómo lo hará?
- ¿Cuándo lo hará?
- ¿Con quién hablará?
- ¿Adónde irá?
- ¿Hay algo que deba hacer previamente?
- ¿En qué grado se compromete a emprender esa acción?
- ¿Qué necesitaría para comprometerse?
- ¿Qué opción u opciones elige?
- ¿En qué medida le ayudará esto a alcanzar su objetivo?
- ¿Cómo medirá el éxito?
- ¿Cuál es el primer paso?
- ¿Cuándo va a empezar exactamente?
- ¿Qué le impide empezar antes?
- ¿Qué podría impedir que emprendiera usted esta acción?
- ¿Qué resistencias internas le dificultan pasar a la acción?
- ¿Qué hará para minimizar esos factores?
- ¿Quién más necesita conocer sus planes?
- ¿Qué ayuda necesita? ¿De quién?
- ¿Qué hará para conseguir esa ayuda?
- ¿Qué puedo hacer para ayudarlo?
- ¿Qué puede hacer para ayudarse a sí mismo?
- ¿Cuál es su grado de compromiso con esta acción (por ejemplo, en una escala del uno al diez)?
- ¿Quién emprenderá esa acción?
- ¿Cuál es el siguiente paso para usted?
- ¿Cuándo dará ese primer paso?
- ¿Cuándo lo habrá terminado?
- ¿Cuál es su grado de compromiso con esta acción?
- ¿Con qué obstáculos puede encontrarse para emprender esta acción?
- ¿A quién más puede pedir ayuda?

- ¿Qué más necesita?
- ¿Qué acciones específicas emprenderá?
- ¿Cómo sabrá que ha funcionado?
- ¿Cómo sabré yo que ha funcionado (rendición de cuentas)?
- ¿Cuál es la mejor opción (u opciones)?
- ¿Qué cambios hará?
- ¿Qué hará para asegurarse de que suceda?

Fase 2: Seguimiento y *feedback*: evaluar qué ha sucedido y explorar el *feedback* para crear aprendizaje

En la «Bolsa de preguntas 6» encontrará preguntas para comprobar el progreso y en la número 7, preguntas que permiten explorar el *feedback* y crear aprendizaje.

BOLSA DE PREGUNTAS 6: COMPROBAR EL PROGRESO

Estas preguntas permiten comprobar qué sucede en la fase de voluntad del coaching, cuando ya se ha establecido el objetivo, pero aún no se ha logrado.

- ¿En qué punto del proyecto/objetivo está?
- ¿Qué ha sucedido hasta ahora/desde que hablamos la última vez?
- ¿Cómo va?
- ¿Cómo se siente con sus avances hasta la fecha?
- ¿Qué le parecen sus avances hasta ahora?
- ¿Qué ha conseguido?

Habrá sucedido una de tres cosas, y las preguntas siguientes están agrupadas acorde a ello. Use las que necesite.

El coachee ha tenido éxito

- ¿Qué está funcionando bien y por qué?
- ¿Con qué está usted más satisfecho/a?
- ¿De qué se enorgullece más?
- ¿Qué ha conseguido?
- ¿Qué le ha llevado al éxito?
- ¿Qué le ha permitido llegar hasta aquí?
- ¿Qué habilidades, cualidades o puntos fuertes le han ayudado a conseguirlo?

- ¿Qué conductas han sido más efectivas?
- ¡Enhorabuena! Tómese unos instantes para celebrarlo.
- ¿Qué quiere celebrar de sí mismo?
- ¿Qué ha aprendido?
- ¿Con qué dificultades se ha encontrado? ¿Cómo las ha superado?
- ¿Qué puntos fuertes ha encontrado?
- ¿Qué capacidades ha desarrollado?
- ¿Qué es lo siguiente?

El coachee no ha tenido éxito

- ¿Qué ha sucedido (brevemente)?
- ¿Qué ha aprendido de esto?
- ¿Qué no está funcionando y por qué?
- ¿Con qué dificultades se ha encontrado?
- ¿Cómo ha abordado esas dificultades?
- ¿Qué nuevos recursos ha encontrado en usted?
- ¿Qué áreas de desarrollo futuro ha encontrado?
- ¿Qué quiere celebrar de sí mismo?
- ¿Qué quiere hacer la próxima vez?
- ¿Cómo avanzará a partir de aquí?
- ¿Qué carencias en cuanto a habilidades, conocimientos o experiencia le gustaría desarrollar?
- ¿Qué conductas querría cambiar la próxima vez?
- ¿Qué áreas de desarrollo le gustaría trabajar?
- ¿Cuál es el mayor obstáculo?
- ¿Qué es lo más efectivo que podría hacer para superar ese obstáculo?

El coachee no lo ha hecho

- ¿Qué ha sucedido?
- ¿Qué le ha impedido hacerlo?
- ¿Qué significa para usted?
- ¿Qué ha aprendido acerca de sí mismo?
- ¿Qué hará?

Todas estas preguntas tienen el objetivo de crear aprendizaje. En la «Bolsa de preguntas 7» encontrará preguntas para consolidar ese aprendizaje y profundizar en él.

Bolsa de preguntas 7: estructura GROW de *feedback*

Use estas preguntas siempre que lo necesite. Recuerde que la regla de oro para dar *feedback* es que, en cada paso de la estructura, primero interviene el coachee, y el coach añade luego su punto de vista.

*Objetivo (**Goal**): intención acordada*

Habla el coachee; formúlele preguntas que centren la atención y aumenten la energía

- ¿Qué quiere/queremos conseguir con esto?
- ¿Qué le ayudaría en este momento?

Habla el coach; añada su objetivo

- Quiero...

*Realidad (**Reality**): reconocer*

Habla el coachee; formúlele preguntas centradas en lo positivo

- ¿Qué está yendo/ha ido bien?
- ¿Qué le ha gustado de lo que ha hecho/de cómo lo ha hecho?
- ¿Qué ha funcionado bien?
- ¿Qué conductas han sido las más efectivas?
- ¿De qué se enorgullece más?
- ¿Qué capacidades concretas ha utilizado?
- ¿Qué cree que ha sido lo más importante para tener éxito?

Habla el coach; añada qué cree que ha funcionado bien

- Me gusta/ha gustado...
- Creo que lo que ha funcionado muy bien es cuando/cómo ha...
- Creo que ha superado todos los objetivos acordados y las expectativas cuando ha...
- Veo que se ha esforzado mucho en... aunque no haya logrado el objetivo al completo...

- Las capacidades que detecto son...

Opciones (**Options**): mejorar

Habla el coachee; formúlele preguntas para aumentar la responsabilidad personal sobre la mejora del rendimiento

- Si pudiera hacerlo de nuevo, ¿qué haría de otra manera?
- ¿Qué capacidades querría usar más en el futuro?
- ¿Qué conductas cambiaría la próxima vez?
- ¿Qué le ha impedido lograr/superar...?
- ¿Cómo lo superarías la próxima vez?
- ¿Qué le permitiría aumentar la frecuencia/congruencia/calidad en el futuro?
- A lo largo del año pasado, ¿qué habilidades o experiencias concretas le hubiera sido útil poseer?
- ¿Qué habilidades o experiencias importantes le faltan y le prepararían para oportunidades en el futuro?
- Si se ha desviado, ¿qué ha sucedido? ¿Qué puede hacer para mejorar esta situación?

Habla el coach; añada qué cree que puede hacer el coachee para llegar más lejos

- ¿Puedo hacerle una sugerencia?
- Creo que usted podría conseguir sus objetivos si...
- Creo que podría llegar más lejos si...
- ¿Qué le parecería...?
- Algunas de las maneras en que usted podría sacar más partido a sus capacidades son...
- Esta área de desarrollo es importante porque...

Voluntad (**Will**): aprender

Habla el coachee; formúlele preguntas que refuercen el aprendizaje y acuerden los pasos siguientes

- ¿Qué ha aprendido de esto?
- ¿Qué ha aprendido que pueda usar para avanzar?

- ¿Qué ha aprendido acerca de sí mismo?
- ¿Qué ha aprendido de los demás?
- ¿Qué sabe ahora de este proyecto/objetivo que no supiera antes?
- ¿Qué más podemos aprender?
- ¿Qué hará de otro modo la próxima vez?
- ¿Dónde más podría aplicar este aprendizaje?

Habla el coach; añada qué ha aprendido usted y qué hará de otro modo

- He aprendido...
- A partir de ahora...

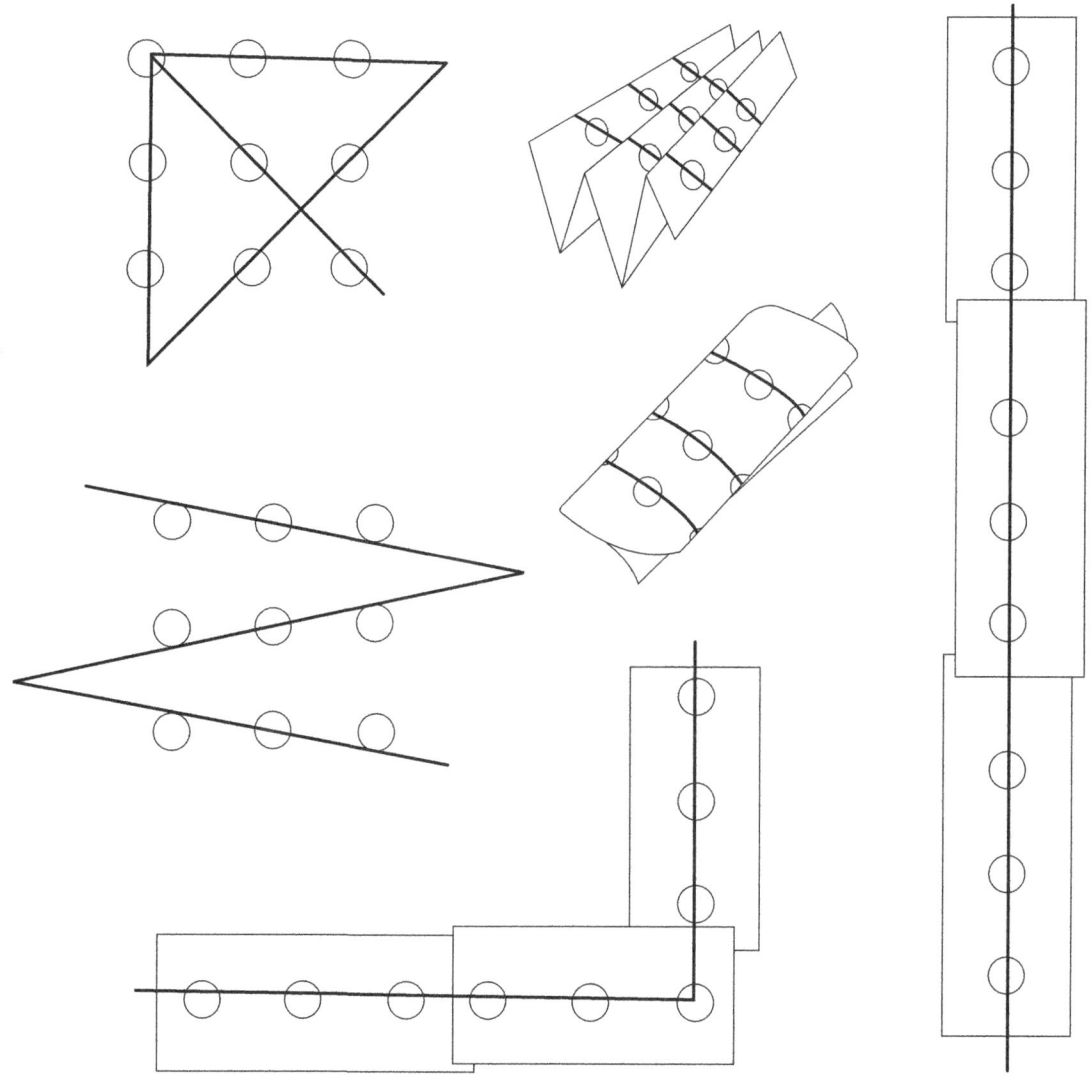

BIBLIOGRAFÍA

Barrett, Richard, *Liberating the Corporate Soul*, Butterworth-Heinemann, 1998.

Barrett, Richard, *Building a Values-Driven Organization*, Elsevier, 2006.

Barrett, Richard, *Evolutionary Coaching*, Lulu, 2014.

BBC News, «JP Morgan's Jamie Dimon warns world facing 'most dangerous time in decades», <https://www.bbc.co.uk/news/business-67104734>, 13 de octubre de 2023.

Bennis, Warren, *On Becoming a Leader*, Addison-Wesley, 1989.

Briceño, E., *The Performance Paradox*, Ebury Edge, 2023 (trad. cast. *La paradoja del rendimiento: Cómo aprender y crecer sin comprometer los resultados*, Sirio, 2024).

Bridges, William, *Transitions*, Da Capo Press, 2004.

The British Academy, «Principles for purposeful business», <www.thebritishacademy.uk/documents/224/future-of-the-corporation-principles-purposeful-business.pdf>, 2019.

The British Academy. «Policy & practice for purposeful business: The final report of the Future of the Corporation programme», <https://www.thebritishacademy.uk/publications/policy-and-practice-for-purposeful-business>, 2021.

Browne, John, *Connect*, WH Allen, 2016.

Canadian Union of Public Employees (CUPE), *Enough Workplace Stress*, Canadian Union of Public Employees, 2003.

Canfield, Jack, *The Success Principles*, Element, 2005.

Carayol, Tumaini, «Simone Biles' desire to innovate is frustrated by her own insular sport», *The Guardian*, <www.theguardian.com/sport/2021/jul/23/simone-biles-desire-to-innovate-is-frustrated-by-her-own-insular-sport>, 23 de julio de 2021.

Carson, Rick, *Taming Your Gremlin*, William Morrow, 2007 (trad. cast.: *Cómo domar a tu gremlin*, Barataria, 2014).

Chang, Richard, *The Passion Plan*, Jossey-Bass, 2001.

Chartered Management Institute y YouGov, «Taking responsibility: Why UK Plc needs better managers», <https://www.managers.org.uk/wp-content/uploads/2023/10/CMI_BMB_GoodManagment_Report.pdf>, 2023.

Childre, Doc, Howard Martin y Donna Beech, *The Heartmath Solution*, HarperCollins, 2000.

Collins, Jim, *Good to Great*, Random House Business, 2001 (trad. cast.: *Empresas que sobresalen*, Ediciones Gestión 2000, 2006).

Colvin, Geoff, *Talent Is Overrated*, Nicholas Brealey, 2008.

Comisión de Seguridad Química de Estados Unidos, «Toxic chemical release at the DuPont La Porte Chemical Facility», Informe de investigación, <www.csb.gov/assets/1/6/dupont_laporte_final_report.pdf>, 2019.

Conference Board, *The Conference Board CEO Challenge® 2016*, Conference Board, 2016.

Conference Board, «C-Suite Outlook 2023: On the edge», 2023, <www.conference-board.org/topics/c-suite-outlook/driving-growth-and-mitigating-risk-amid-extreme-volatility>.

Correa, Cristiane, *Sonho grande*, ed. Kindle, Primeira Pessoa, 2015.

Covey, Stephen, *The Seven Habits of Highly Effective People*, Simon & Schuster, 1989 (trad. cast.: *Los 7 hábitos de la gente altamente efectiva,* Paidós, 2015).

Day, Laura, *Practical Intuition*, Broadway Books, 1997.

Departamento de Defensa de Estados Unidos, «Emerging threats are shaping future of homeland defense», <https://www.defense.gov/News/News-Stories/Article/Article/3553150/emerging-threats-are-shaping-future-of-homeland-defense/>, 10 de octubre de 2023.

DiGirolamo, Joel y Tkach, Thomas, «An exploration of the coach approach to managing and leading», <https://coachingfederation.org/app/uploads/2020/04/CoachApproachWhitePaper_April2020.pdf>, 2020.

Dispenza, Joseph, *Evolve Your Brain*, Health Communications, 2009.

Dixon, Matthew y Adamson, Brent, «The dirty secret of effective sales coaching», *Harvard Business Review*, enero de 2011.

Edmondson, Amy, *The Fearless Organization: Creating psychological safety in the workplace for learning, innovation, and growth*, Wiley, 2018 (trad. cast. *La organización sin miedo*, Arpa Editores, 2024).

Edmondson, Amy, *Right Kind of Wrong: Why learning to fail can teach us to thrive*, Cornerstone Press, 2023.

Einzig, Hetty, *The Future of Coaching*, Routledge, 2017.

Emerald, David, *The Power of TED (The Empowerment Dynamic)*, Polaris, 2016.

Fundación Europea para la Mejora de las Condiciones de Vida y de Trabajo (Eurofound) y la Agencia Europea para la Seguridad y la Salud en el Trabajo (EU-OSHA), *Psychosocial Risks in Europe*, Oficina de Publicaciones de la Unión Europea, 2014.

Ewenstein, Boris, Bryan Hancock y Asmus Komm, «Ahead of the curve: The future of performance management», en *McKinsey Quarterly*, mayo de 2016.

Ferguson, Kirstin, *Head & Heart: The art of modern leadership*, Berrett-Koehler Publishers, 2023.

Forbes, Maira, «Google's Susan Wojcicki: The most powerful woman in advertising», *Forbes*, <www.forbes.com/sites/moiraforbes/2013/05/22/googles-susan-wojcicki-the-most-powerful-woman-in-advertising>, 22 de mayo de 2013.

Ford, Debbie, *The Right Questions*, HarperOne, 2004.

Foster, Patrick, y Stuart Hoult, «The safety journey: Using a safety maturity model for safety planning and assurance in the UK coal mining industry», *Minerals*, 3, 2013, pp. 59-72.

Gallup, «State of the Global Workplace: 2023 Report», <www.gallup.com/workplace/349484/state-of-the-global-workplace.aspx>, 2023.

Gallwey, Timothy, *The Inner Game of Golf*, Pan, 1986 (trad. cast.: *El juego interior del golf*, Sirio, 2012).

Gallwey, Timothy, *The Inner Game of Work*, Texere, 2000.

Gallwey, Timothy, *The Inner Game of Tennis*, 50th Anniversary Edition, Random House, 2024.

Gates, Bill, «The best guide to getting out of your own way», *GatesNotes*, <www.gatesnotes.com/The-Inner-Game-of-Tennis>, 21 noviembre de 2022.

Gladwell, Malcolm, *The Tipping Point*, Little, Brown, 2000.

Gladwell, Malcolm, *Outliers*, Little, Brown, 2008.

Goleman, Daniel, *Working with Emotional Intelligence*, Bloomsbury, 1999.

Goleman, Daniel, *Social Intelligence*, Random House, 2006.

Goleman, Daniel, *Emotional Intelligence: Why it can matter more than IQ*, Bloomsbury, 2020.

Goleman, Daniel, Richard Boyatzis y Annie McKee, *Primal Leadership: Learning to Lead with Emotional Intelligence*, Harvard Business School Press, 2002.

Goleman, Daniel, Richard Boyatzis y Annie McKee, *The New Leaders*, Little, Brown, 2002.

Grossmeier, J.; Fabius, Ray; Flynn, Jennifer P. *et al.*, «Linking workplace health promotion best practices and organizational financial performance», *Journal of Occupational and Environmental Medicine*, 58(1), 2016, págs. 16-23.

Hackman, Richard, Ruth Wageman y Colin Fisher, «Leading teams when the time is right», *Organizational Dynamics* 38 (3), 2009, pp. 192-203.

Hamel, Gary y Zanini, Michele, «Harnessing everyday genius», *Harvard Business Review*, <https://hbr.org/2020/07/harnessing-everyday-genius>, julio-agosto 2020.

Harris, Alma, «Teacher leadership, heresy, fantasy or possibility?», *School Leadership and Management*, 23 (3), 2003, pp. 313-324.

Hartmann, Thom, *The Last Hours of Ancient Sunlight*, Three Rivers Press, 1998.

Harvard Business School, «Jorge Paulo Lemann, A. B., 1961; Carlos A. Sicupira,

OPM 9, 1984; Marcel H. Telles, OPM 10, 1985», *Alumni Stories*, *<https://www.alumni.hbs.edu/stories/Pages/story-bulletin.aspx?num=1990>*, 2009.

Hawken, Paul, *Blessed Unrest*, Viking, 2007.

Hawken, Paul, Amory B. Lovins y Hunter Lovins, *Natural Capitalism*, Earthscan, 2000.

Hay Group, «Growing leaders grows profits», *Developing Leadership Capability Drives Business Performance*, noviembre de 2010.

Heifetz, Ronald, y Marty Linsky, *Leadership on the Line*, Harvard Business School Press, 2002.

Hemery, David, *Sporting Excellence*, Collins Willow, 1991.

Hill, Andrew, «Power to the workers: Michelin's great experiment», *The Financial Times*, 11 de mayo de 2017.

Hill, Andrew (2020) "Ask, don't tell: The transformational power of coaching," *Financial Times*, 13 January.

Homem de Mello, Francisco S., *The 3G Way*, 10x Books, 2015.

Hopkins, Andrew, *Failure to Learn*, CCH, 2008.

International Coach Federation and Human Capital Institute, *Building a Coaching Culture*, Human Capital Institute, 2014.

International Coaching Federation y PricewaterhouseCoopers, «2020 Global Coaching Study», <https://coachingfederation.org/research/global-coaching-study>, 2020.

International Coaching Federation y PricewaterhouseCoopers, «2023 Global Coaching Study», <https://coachingfederation.org/research/global-coaching-study>, 2023.

James, Oliver, *The Selfish Capitalist*, Vermilion, 2008.

Kahneman, Daniel, «Daniel Kahneman – Biographical», *<www.nobelprize.org/nobel_prizes/economic-sciences/laureates/2002/kahneman-bio.html>*, 2002.

Katzenbach, Jon, y Douglas Smith, *The Wisdom of Teams*, Harvard Business Press, 1993.

Kegan, Robert, y Lisa Laskow Lahey, *Immunity to Change*, Harvard Business School Publishing, 2009.

Kegan, Robert, Lisa Laskow Lahey, Matthew L. Miller y Andy Fleming, *An Everyone Culture*, Harvard Business Review Press, 2016.

Kimsey-House, Henry, Karen Kimsey-House, Phillip Sandahl y Laura Whitworth, *Co-Active Coaching*, Nicholas Brealey, 2011.

Kline, Nancy, *Time to Think*, Octopus, 1998.

Kline, Nancy, *More Time to Think: The power of independent thinking*, Cassell, 2015.

Knight, Sue, *NLP at Work*, Nicholas Brealey, 2002.

Laloux, Frederic, *Reinventing Organizations: A Guide to Creating Organizations Inspired by the Next Stage in Human Consciousness*, Nelson Parker, 2014.

Landsberg, Max, *The Tao of Coaching*, HarperCollins, 1997.

Lee, Graham, *Leadership Coaching*, Chartered Institute of Personnel & Development, 2003.

Lencioni, Patrick, *The Five Dysfunctions of a Team*, Time Business Series, 2009 (trad. cast.: *Las cinco disfunciones de un equipo*, Empresa activa, 2022).

Linde, «Linde biogenic CO2: A 'perfect fit' for climate work by Coca-Cola in Sweden», <https://www.linde-gas.se/en/news_ren/linde_stories/linde-biogenic-co2-perfect-fit-for-climate-work.html>, 2021.

Lundberg, Abbie y Westerman, George,)«The Transformer CLO», *Harvard Business Review*, enero-febrero 2020.

Maslow, Abraham, «A Theory of Human Motivation», *Psychological Review*, 50, 1943, pp. 370-396.

Maslow, Abraham, *Motivation and Personality*, Harper, 1954.

Mehrabian, Albert, *Silent Messages*, Wadsworth, 1971.

Mindell, Arnold, *Dreambody*, Lao Tse Press, 1998.

Mitroff, Ian, y Elizabeth A. Denton, *The Spiritual Audit of Corporate America*, Jossey-Bass, 1999.

Monbiot, George, *Heat*, Penguin, 2006.

Moss, Richard, *The Mandala of Being*, New World Library, 2007.

Neill, Michael, *You Can Have What You Want*, Hay House, 2009.

Nicholas, Michael, *Being the Effective Leader*, Michael Nicholas, 2008.

Peltier, Bruce, *The Psychology of Executive Coaching*, Routledge, 2009.

Perkins, John, *The Secret History of the American Empire*, Dutton, 2007.

Personnel Today, «Nando's spices up its leadership style», <https://www.personeltoday.com/hr/nandos-spices-up-its-leadership-style>, 2006.

Pilger, John, *Hidden Agendas*, Vintage, 1998.

Renton, Jane, *Coaching and Mentoring*, The Economist, 2009.

Riedel, George A., «Dick's Sporting Goods: Getting out of the gun business (B)», studio de un caso, *Harvard Business School*, <https://store.hbr.org/product/dick-s-sporting-goods-getting-out-of-the-gun-business-b/321025>, 2021.

Rock, David, y Linda Page, *Coaching with the Brain in Mind*, John Wiley, 2009.

Roddick, Anita, *Business as Unusual*, Thorsons, 2001.

Rogers, Jenny, *Coaching Skills*, Open University Press, 2016.

Russell, Peter, *The Global Brain*, Floris Books, 2007.

Schutz, William, C., *FIRO: A Three-Dimensional Theory of Inter-Personal Behavior*, Rinehart, 1958.

Seligman, Martin, *Learned Optimism*, Vintage Books, 2006.

Semler, Ricardo, *Maverick*, Random House, 2001.

Senge, Peter, *The Fifth Discipline*, Random House Business Books, 2006.

Senge, Peter, C. Otto Scharmer, Joseph Jaworski y Betty Sue Flowers, *Presence*, Nicholas Brealey, 2004.

Sisodia, Raj, David Wolfe y Jag Sheth, *Firms of Endearment*, Pearson Education, 2014.

Spackman, Kerry, *The Winner's Bible*, HarperCollins, 2009.

Speth, James, *The Bridge at the Edge of the World*, Yale University Press, 2008.

Tolle, Eckhart, *The Power of Now*, Mobius, 2001.

Tolle, Eckhart, *A New Earth*, Penguin, 2005.

Whitmore, Diana, *Psychosynthesis Counselling in Action*, Sage, 1999.

Whole Foods Market, «2022 Impact Report», <https://assets.wholefoodsmarket.com/www/missions-values/WholeFoodSustainabilityReport_2022.pdf>, 2023.

Zohar, Danah, e Ian Marshall, *SQ: Spiritual Intelligence*, Bloomsbury, 2001.

ÍNDICE ANALÍTICO Y DE NOMBRES

Los números en cursiva hacen referencia a las tablas y las figuras.

AGRADECIMIENTOS

Cualquier libro de este tipo es el resultado de la exposición del autor a muchas experiencias y personas, y al aprendizaje resultante de la misma. Sin duda, Tim Gallwey ha de encabezar la lista, cono creador del juego interior, la base del mejor coaching. Y Gita Bellin, cuyo pionero trabajo en la transformación personal y organizacional demostró la necesidad de que los líderes desarrollen habilidades interpersonales, mindfulness, atención enfocada y otras habilidades de transformación conductual. En ediciones anteriores mencionábamos a muchas otras personas que han contribuido y apoyado esta obra. No repetiremos sus nombres, sino que nos centraremos en las dos influencias principales que hemos recibido durante la preparación de esta edición ampliada.

En primer lugar están nuestros clientes. En Performance Consultants tenemos un lema: «Crecemos gracias a nuestros clientes». La colaboración que establecemos con ellos es lo que nos permite liderar la innovación en nuestra industria; exploramos su mundo y creamos soluciones que encajan con sus necesidades. Este trabajo ha informado gran parte de la revisión de este libro, y estaremos eternamente agradecidos a todas las personas que tuvieron una visión y nos llevaron a su organización para que las ayudásemos a hacerla realidad. Para nosotros, estas personas son como los «discos imaginales» de una oruga, que permiten que se transforme en mariposa. Al fin y al cabo, el coaching trata de cambio conductual, no de soluciones rápidas; la visión y las colaboraciones a largo plazo transforman las organizaciones. Queremos mencionar aquí algunas de estas colaboraciones a largo plazo. Nuestra colaboración con Medtronic empezó con la visión de John Collingwood y de Pamela Siliato, que más tarde dejaron Medtronic para explorar nuevas oportunidades. El trabajo prosigue bajo el liderazgo de Simon Lorasso y John Zehr para profundizar y ampliar las habilidades de coaching en toda la organización y proporcionar a los líderes en posiciones de gerentes y directores la actitud y las habilidades de coaching necesarios para crear relaciones basadas en la confianza, desarrollar el potencial de sus equipos y lograr un rendimiento excelente. Cuando estaban en Linde, James Thieme y Kai Gransee, nuestro actual Director Global de Rendimiento en Seguridad Laboral, tuvieron la visión de transformar la seguridad laboral introduciendo un estilo de coaching; esto fue lo que inspiró la curva de rendimiento y, en esta nueva edición, la curva de rendimiento en seguridad laboral. Y, en Johnson & Johnson, Sandra Humbles está a la cabeza del liderazgo transformativo en la organización, una perspectiva que estudios confirman que llevará a un rendimiento y un compromiso excelentes. Lena Glenholmes y Rodrigo Avelar de Souza, en Louis Vuitton, están transformando la experiencia de compra global del cliente desde la perspectiva del coaching.

En segundo lugar están los integrantes de extraordinario talento de Performance Consultants, que trabajan con nuestros clientes en todo el mundo. David Brown, nuestro presidente ejecutivo, apuntó a sir John Whitmore con el dedo hace ya muchas lunas, hizo que se levantara de su vida de butaca, desafió sus reservas y le proyectó al escenario ilimitado de las nuevas posibilidades y a muchos países de todo el mundo. Nuestro director de Asociaciones Globales con Clientes, Ben Slight, solía trabajar para nuestra editorial y hoy sigue defendiendo el libro, que mantiene su valor y relevancia para su amplio público. Flora Greenwood, nuestra asesora jurídica sénior, se aseguró de que respetáramos tanto nuestra propiedad intelectual y marcas registradas como las de terceros. Y nuestra directora de marketing, Serena Mariani, se encargó de que nuestro cambio de imagen se llevara a cabo a tiempo para la publicación. Frances MacDermott, jefa de Producto y de Digital, con experiencia editorial, aportó una reflexión y un rigor increíbles al material que aparece en este libro y añadió una profundidad fenomenal. En el capítulo 20, Kate Watson, nuestra directora de Transformación Organizacional, y Collette Murray, jefa de Consultoría, arrojan luz sobre el sistema vivo y el cambio cultural emocionalmente inteligente. Carolyn Dawson, nuestra líder de equipo de Global Associates, creó los diálogos sobre líderes y gerentes que aportan tanta luz sobre cómo es un estilo de coaching en la práctica en el lugar de trabajo y ha sido una caja de resonancia valiosísima durante todo el proyecto. Rebecca Bradley, máster coach certificada y asesora de la ICF desde hace ya mucho tiempo, aportó sus conocimientos a los diálogos de coaching y al glosario. Rebecca Jones aportó su talento a la creación del cuestionario sobre la curva de rendimiento. Con la experta orientación de la consultora sénior Lucy Gottelier, el análisis avanzado de Dragos Diac de los datos cuantitativos y cualitativos sirvió de base para nuestras actualizaciones basadas en datos de la tabla de la curva de rendimiento del capítulo 2. Raymond Marin ayudó a dar sentido y propósito a la vida en el capítulo 14. Sunica Getter y Anne-Marie Gonçalves Desai han aportado sus conocimientos sobre coaching de equipos al capítulo 16, y han conseguido que sea verdaderamente práctico. Jon Williams, que solía trabajar para Lloyds Bank, está especializado en coaching para la seguridad laboral y para el rendimiento Lean, que hemos presentado en los capítulos 17 y 18, así como en los diálogos de coaching que incluyen. Hetty Einzig, una de las facilitadoras con más talento de su época, ha aportado su experto ojo editorial y sus conocimientos en psicología para garantizar el rigor y la profundidad del manuscrito. Nadia Terribilini, la persona más joven del equipo, añadió su perspectiva única. Y quien se aseguró de que todos hiciéramos lo que teníamos que hacer ha sido Tamsin Langrishe, que ha liderado el proyecto y ha cuestionado el contenido cuando ha sido necesario.

Queremos dar las gracias a todos nuestros antiguos compañeros, que han contribuido de muchas maneras diferentes, entre ellos Janera Soerel, que señaló la perspectiva medioambiental, social y de gobernanza (ESG) a través de la cual las empresas se evalúan y comparan entre sí; Adina Bratescu, que editó con gran habilidad el capítulo 16, y Nadia Terribilini, que aportó su perspectiva única.

Finalmente, un agradecimiento especial a nuestros editores. Nicholas Brealey fue el primero que tuvo la visión de publicarnos. Sally Osborn trabajó con nosotros también en todas las ediciones anteriores y ha añadido todavía más lustre a esta. Holly Bennion, Meaghan Lim y el equipo de John Murray Business han contribuido a dar forma a esta edición. Creemos que esta última edición refleja cómo ha evolucionado el coaching en las empresas desde la primera vez que Sir John Whitmore lo presentó, en la década de 1980, y sienta las bases de su importancia en el futuro.

ACERCA DE LOS AUTORES

SIR JOHN WHITMORE

Sir John Whitmore fue el pionero del coaching en las organizaciones y el cofundador de Performance Consultants International, que lidera el mercado en el sector del coaching en todo el mundo. Fue el primero en llevar el coaching a las organizaciones a principios de la década de 1980 y uno de los creadores del modelo GROW, el modelo de coaching más usado en el mundo. La ICF honró la labor que llevó a cabo durante toda su vida nombrándolo presidente honorario. La contribución global de *sir* John Whitmore al coaching y al liderazgo ha ayudado a impulsar el cambio en las organizaciones. Con sus libros (sobre todo *Coaching*), talleres y conferencias, definió los principios del coaching para mejorar el rendimiento y facilitó su nacimiento. *Coaching* se considera la biblia del coaching y ha inspirado a millones de gerentes, líderes y coaches a sacar lo mejor de sí mismos y de otros durante cuatro décadas. Este libro se terminó antes de que falleciera en 2017, y sus colegas perpetúan su extraordinario legado.

TIFANNY GASKELL

Tiffany Gaskell es una autoridad internacional en coaching de rendimiento y transformación cultural. Es Coach Profesional Certificado (PCC) y Coach Coacitvo Profesional Certificado (CPCC) y lleva más de veinte años facilitando la transformación, desde el desarrollo de altos directivos y líderes hasta el fomento de condiciones de trabajo seguras en las fábricas. Innovadora y defensora de las formas de medir los beneficios del coaching y el impacto de los líderes en la cultura, el rendimiento y los resultados, Tiffany es la creadora del ROI del coaching para mejorar el rendimiento, Impact 360, la curva de rendimiento y la curva de rendimiento en seguridad laboral, descritos en el libro.

Tiffany es codirectora general de Performance Consultants, la empresa que fundó junto con Sir John Whitmore. Comenzó su carrera en la década de 1990 en Credit

Suisse y fue una de las pocas mujeres en la sala de operaciones. Su experiencia en la banca, su posterior máster en Administración de Empresas en la SDA Bocconi de Milán y su experiencia como coach profesional han forjado su convicción de que los líderes transformacionales que utilizan el coaching como eje de su estilo de liderazgo dirigen las organizaciones con mayor rendimiento y compromiso. Performance Consultants se asocia con empresas multinacionales para acelerar la transformación cultural mediante el desarrollo del potencial individual, lo que se traduce en un impacto positivo en el rendimiento, las personas y el planeta.